LE DROIT D'AUTEUR EN AFRIQUE

5-7, rue de l'Ecole polytechnique ; 75005 Paris

http://www.librairieharmattan.com
diffusion.harmattan@wanadoo.fr
harmattan1@wanadoo.fr

ISBN : 978-2-296-10593-5
EAN : 9782296105935

Laurier Yvon NGOMBE

LE DROIT D'AUTEUR EN AFRIQUE

Préface d'André Lucas

2e édition revue, augmentée et mise à jour

L'Harmattan

Etudes Africaines

Collection dirigée par Denis Pryen et François Manga Akoa

Dernières parutions

Roger KAFFO FOKOU, *Cameroun : liquider le passé pour bâtir l'avenir*, 2009.

André YABA, *Proverbes et idiotismes de sagesse des Bandzèbi. Gabon – Congo-Brazzaville*, 2009.

Ferdinand BAKOUP, *L'Afrique peut-elle gagner sa place dans la mondialisation ?*, 2009.

Bernard TCHIMBAMBELELA, *Le commerce mondial de la faim. Stratégie de rupture positive au Congo-Brazzaville*, 2009.

Essè AMOUZOU, *Pauvreté, chômage et émigration des jeunes Africains. Quelles alternatives ?*, 2009.

Damien MEKPO, *Pour une économie centrée sur l'Homme en Afrique*, 2009.

Momar CISSÉ, *Parole chantée et communication sociale chez les Wolof du Sénégal*, 2009.

Mamadou Aliou BARRY, *L'armée guinéenne. Comment et pour quoi faire ?*, 2009.

Papa Ibrahima DIALLO, *Les Guinéens de Dakar : migration et intégration en Afrique de l'Ouest*, 2009.

Jules Kouassi ADJA, *Evangélisation et colonisation au Togo : conflits et compromissions*, 2009.

Albert MOUTOUDOU, *Le retard des intellectuels africains : l'exemple du Cameroun*, 2009.

Charles GUEBOGUO, *Sida et homosexualité(s) en Afrique. Analyse des communications de prévention*, 2009.

Maïkoréma ZAKARI, *L'islam dans l'espace nigérien*, tomes 1 et 2, 2009.

Pierre BAMONY, *Des pouvoirs réels du sorcier africain*, 2009.

Motaze AKAM, *Une microsociologie du terrain*, 2009.

Joseph BOUZOUNGOULA, *Emploi, entrepreneurs et entreprise au Congo-Brazzaville*, 2009.

José P. Castiano, Severino E. Ngoenha et Gerald Berthoud, *Histoire de l'Education au Mozambique de la période coloniale à nos jours*, 2009.

Principales abréviations

ADPIC	*Aspects de droit de propriété intellectuelle qui touchent au commerce*
ARIPO	*African Regional Industrial Property Organization*
Art.	*Article*
Bull. dr. auteur (e. Bull. dr. auteur)	*Bulletin du droit d'auteur (e. Bulletin du droit d'auteur)*
c/	*Contre*
C. cass.	*Cour de cassation*
C. cass. Ass. Plén.	Cour de cassation, assemblée plénière
CDIP	Code de droit international privé
CEMAC	Communauté économique et monétaire des Etats d'Afrique centrale
Chr.	Chronique
CISAC	Confédération internationale des sociétés d'auteurs compositeurs
Comm.	Commentaires
Comm. Com. Electr.	*Communication, commerce électronique*
Concl.	Conclusions
CPI	*Cahiers de la propriété intellectuelle*
Dr. auteur	*Le droit d'auteur*
EIPR	*European Intellectual Property Review*
Ibid	*Ibidem*
IIC	*International Review of Intellectual Property, Competition Law and Tax Law*
IPQ	*Intellectual Property Quarterly*
J.- Cl.	*Jurisclasseur périodique*

JCP éd. G	*Jurisclasseur périodique (La semaine juridique), édition générale*
JDI	*Journal du droit international (Clunet)*
J. Priv. Prop. Law	*The Journal of Private & Property Law*
Jur.	*Jurisprudence*
JWIP	*The Journal of World Intellectual Property*
LDA	Loi sur le droit d'auteur
OAPI	Organisation africaine de la propriété intellectuelle
OMC	Organisation mondiale du commerce
OMPI	Organisation mondiale de la propriété intellectuelle
p.	Page
PLA	Propriété littéraire et artistique
Prop. Ind.	*La propriété industrielle*
Prop. int.	*Propriétés intellectuelles*
Rapp.	Rapport
Rev. Crit. DIP	*Revue critique de droit international privé*
Rev. Burkinabé de droit	*Revue burkinabé de droit*
RRJ	*Revue de la recherche juridique. Droit prospectif*
RIDA	*Revue internationale du droit d'auteur*
RDPI	*Revue de droit de la propriété intellectuelle*
RJT	*Revue Juridique Thémis*
RTD	*Revue tunisienne de droit*
S.	Suivant (s)
SALJ	*South African Law Journal*
Spéc.	spécialement
Trib.	*Tribunal*
UEMOA	Union économique et monétaire ouest-africaine

V.	Voir
Vol.	Volume
WCT	*WIPO Copyright Treaty (Traité de l'OMPI sur le droit d'auteur)*
WPPT	*WIPO Performances and phonograms Treaty (Traité de l'OMPI sur la protection des interprétations, des exécutions et des phonogrammes)*

PREFACE DE LA PREMIERE EDITION

Le droit d'auteur est à la mode. Ou plutôt, dans les tout derniers temps, la critique du droit d'auteur. Mais enfin, on en parle. Et les livres, chroniques et articles s'empilent, le plus souvent pour dire comment cela marche (ou ne marche pas) sur l'incontournable Internet.

Tout cela est fort stimulant, et, parfois, utile. Mais, en dehors des grandes controverses et d'Internet, il y a un espace pour d'autres approches et d'autres horizons. Jusqu'à maintenant, par exemple, on n'avait rien sur le droit d'auteur en Afrique. Pourtant la demande est forte et ancienne. Elle n'est pas satisfaite par les ouvrages existants. Les acteurs des industries culturelles, les apprentis juristes et même les praticiens du droit ont moins besoin de traités monumentaux et de monographies sur l'Accord ADPIC ou les Traités de l'OMPI que d'ouvrages d'initiation, de « sensibilisation » comme on dit volontiers aujourd'hui, de « mise en bouche », diraient les gastronomes.

Cette lacune est comblée, et bien comblée, avec l'étude de Laurier Yvon Ngombé. L'intéressé était bien placé pour réaliser ce coup de maître. Après avoir soutenu à l'Université de Nantes, en 2000, une thèse sur l'histoire du droit d'auteur (analyse de droit comparé français et américain), il explique en 155 pages, dans une langue élégante et précise, à partir d'une architecture très classique (mais cela s'imposait pour un ouvrage d'initiation) ce qu'est le droit d'auteur en Afrique. Son horizon est celui du continent africain dans son ensemble et l'Accord de Bangui de 1999 est sa boussole. Au-delà de l'analyse comparative, c'est aussi une synthèse. Il n'a pas beaucoup de jurisprudences nationales à exploiter, et ne prétend pas scruter dans le détail chaque loi. Bien entendu, il privilégie les sources africaines, plus nombreuses qu'on ne pourrait le penser, façon de rendre justice à ceux qui œuvrent déjà à la diffusion des connaissances dans cette discipline.

Il n'a garde d'oublier la dimension internationale du problème et présente donc, toujours d'un point de vue africain, les conventions intéressant le droit d'auteur, y compris l'Accord ADPIC, prenant également soin, ce qui est très opportun, d'évoquer les « aides internationales pour le développement du droit d'auteur en Afrique ».

L'ouvrage rendra grand service dans les universités, les prétoires et les milieux culturels. A propos de culture, il contribuera à diffuser en Afrique celle du droit d'auteur. Ainsi peut-on espérer que l'Afrique sera mieux à même de peser de tout son poids sur la scène internationale où se dessinent de plus en plus les enjeux de la discipline.

André Lucas
Professeur à la faculté de droit de Nantes

INTRODUCTION

1. Lacune. De nombreux domaines du droit en Afrique ont suscité très tôt l'intérêt et l'enthousiasme aussi bien des comparatistes d'Europe et d'Amérique que des juristes africains. C'est ainsi que le droit constitutionnel, le droit de la famille et, depuis quelques années, le droit des affaires, ont fait l'objet d'une littérature abondante. De nombreuses études de synthèses sur ces matières sont ainsi disponibles. Parmi les questions sur lesquelles il existe peu d'ouvrages synthétiques accessibles aussi bien aux spécialistes, aux étudiants qu'au grand public, il manque sans doute une étude, même sommaire, présentant une vue panoramique sur le droit d'auteur en Afrique.

2. Objet de l'ouvrage- Terminologie. – Droit d'auteur. Le présent ouvrage se propose de présenter une vue synthétique et comparative des textes africains sur le droit d'auteur, d'en préciser les cadres théoriques et d'en aborder les aspects pratiques. Bien que le titre ne le précise pas expressément, il sera question autant du droit d'auteur *stricto sensu* que des droits voisins.

Si on retient leurs définitions strictes, le droit d'auteur et les droits voisins peuvent être définis comme suit : le droit d'auteur est l'ensemble des prérogatives morales et/ou patrimoniales reconnues aux auteurs d'œuvres de l'esprit. Les droits voisins concernent les prérogatives morales et/ou patrimoniales reconnues aux « auxiliaires » de la création littéraire et artistique, à savoir les artistes-interprètes, les producteurs de phonogrammes et de vidéogrammes, ainsi que les entreprises de communication audiovisuelle. Pris dans une acception large, les mots *Droit d'auteur* englobent les droits dits voisins. Le présent ouvrage traite donc du Droit d'auteur *lato sensu* (que l'on nomme aussi "propriété littéraire et artistique" ou, en simplifiant, "propriétés artistiques").

3. Terminologie – Droit d'auteur et propriété intellectuelle. La propriété littéraire et artistique (dénommée également droit d'auteur, au sens large) est une partie de la propriété intellectuelle. La propriété intellectuelle inclut la propriété industrielle.

La propriété industrielle comporte, selon la Convention internationale signée à Paris en 1883 (et révisée plusieurs fois depuis), la protection des brevets, des marques, des dessins et modèles, des indications géographiques, du nom commercial et la protection contre la concurrence déloyale. Il faut désormais ajouter à cette liste les obtentions végétales, les circuits intégrés ainsi que les noms de domaines.

Pour marquer la différence entre la propriété littéraire et artistique d'une part et la propriété industrielle d'autre part, certains spécialistes proposent de parler des *propriétés intellectuelles (au pluriel)* et non de la *propriété intellectuelle.*

La propriété intellectuelle fait elle-même partie d'une catégorie plus large : la propriété incorporelle ou immatérielle (on emploie parfois l'expression au pluriel)[1]. Au-delà des propriétés intellectuelles, les propriétés incorporelles incluent, par exemple, le fonds de commerce.

4. Connaissance insuffisante de l'intérêt du droit d'auteur. L'intérêt et l'importance du Droit d'auteur sont encore méconnus du grand public en Afrique, malgré une riche activité culturelle. Ce paradoxe peut s'expliquer, entre autres raisons, par le fait que l'histoire du droit d'auteur en Afrique est encore récente.

5. Intérêt du rappel historique. Selon une opinion dominante l'histoire du droit d'auteur en Afrique ne commence pas avant la colonisation. En réalité on sait peu de choses sur la protection des œuvres de l'esprit en Afrique pendant la période pré-coloniale[2]. Les différentes hypothèses émises sont, de notre point de vue, de simples conjectures. Il n'est cependant pas inintéressant de les évoquer brièvement avant de donner un bref aperçu de l'émergence des systèmes actuels de protection du Droit

---

[1] On peut, sur la nature immatérielle du droit d'auteur, lire avec profit F. Hepp, *Le Droit d'auteur, propriété incorporelle ? : RIDA* 1958, n°19, p. 161

[2] La question peut d'ailleurs faire l'objet d'une étude intéressante.

d'auteur en Afrique. Les législations actuelles ayant un lien filial avec celles de France et d'Angleterre, un aperçu historique du droit d'auteur (en France) et du copyright (en Angleterre) n'est pas dénué d'intérêt.

I - Conjectures sur la protection des œuvres de l'esprit pendant la période pré-coloniale :

6. Hypothèse dominante - Distinction selon l'objet de la protection. Il convient d'abord de se demander quelles étaient les créations artistiques de cette époque, puis si elles étaient protégées et, le cas échéant, comment l'étaient-elles ? On a parfois distingué entre, d'une part, les œuvres musicales et les contes et, d'autre part, les œuvres sculpturales.

7.Œuvres lyriques. Les créations lyriques auraient été protégées alors que tel n'aurait pas été le cas pour les œuvres sculpturales. La raison tiendrait au fait que ces œuvres étaient des productions de deux castes différentes. Les contes et les chansons étaient des créations de la caste des griots (ou *djéli*). Il existait un conseil des griots dont la vocation était de protéger chaque sociétaire contre toute atteinte à son œuvre personnelle. Cette protection concernait aussi l'ensemble de la caste y compris pour des œuvres qui n'étaient pas propres à un sociétaire. Les sanctions qui pouvaient être prononcées contre tout individu qui ne demandait pas l'autorisation (laquelle était accordée moyennant remise d'un présent) d'utiliser la création allaient jusqu'au bannissement. Mais cette protection des œuvres lyriques bénéficiait à la seule caste des griots et ne s'appliquait pas au delà des frontières de l'ethnie[3]. Ce qui signifie que toute création de chanson, de poème ou de conte par une personne n'appartenant pas à la caste des griots ne pouvait bénéficier de protection. De même la caste des griots ne pouvait pas protéger ses œuvres contre des utilisations par une autre ethnie. Cette protection aurait concerné surtout les régions de l'Afrique où l'organisation sociale supposait une caste d'individus dont le métier était de chanter, dire des contes…

8. Œuvres sculpturales. En revanche, les sculptures auraient été tellement imprégnées de signification religieuse qu'elles ne pouvaient être

---

[3] V. S. Kamara, *Droit d'auteur et droits de l'homme au niveau international. Pays "riches" et pays "pauvres"* in *Droits d'auteur et Droits de l'Homme : Colloque International,* INPI, 1997, pp. 75-80, spéc. 77

protégées. « Considérée comme d'essence surnaturelle, la créativité en matière sculpturale était limitée par des créneaux esthétiques rigides, le créateur n'étant pas laissé à sa libre imagination puisque devant respecter les normes esthétiques et religieuses de l'ethnie. C'est pourquoi à ce niveau il n'y avait aucune protection »[4]. La fonction religieuse d'une œuvre d'art était-elle réellement incompatible avec une protection ? Au contraire, le caractère religieux de ces protections ne serait-il pas une raison de plus pour en prévoir la protection? Ce caractère religieux de l'Art africain a d'ailleurs souvent été exagéré[5].

On peut se demander si tous les objets sculptés avaient une fonction religieuse. Les analyses sur l'art africain se seraient focalisées sur l'art officiel et n'auraient ainsi pas pris en considération une partie de celui-ci[6]. Le regard sur l'art africain aurait beaucoup pâti, et continuerait de pâtir, de plusieurs poncifs sur la société africaine. Ainsi la pensée "collectiviste" de l'Africain. « C'est, écrit J.-G. Bidima, une lecture *occidentale,* mais *tribaliste :* l'individu en Afrique n'existe pas, seul le groupe existe, et le sculpteur, incapable de pensée, d'inspiration et d'aspiration personnelles, ne parle et ne sculpte qu'au nom de la tribu [...]. S'en tenir à la seule provenance tribale d'une sculpture, c'est oublier que celle-ci fut peut-être un contrepoint et une contradiction au sein du continuum tribal. L'œuvre est d'abord liée à une subjectivité, avec son histoire, sa sensibilité et sa position personnelle de classe ou de caste au sein d'une tribu ou d'un Etat africain »[7].

Ajoutons que l'activité artistique pouvait aussi englober les danses, les céramiques, les dessins... Aussi paraît-il possible d'émettre d'autres hypothèses concernant la protection des œuvres de l'esprit dans l'Afrique pré-coloniale.

9. Autres hypothèses sur l'histoire pré-coloniale. D'abord il était possible que les auteurs de chaque œuvre fussent identifiés à l'intérieur des castes ou des tribus respectives. Il n'était pas impossible qu'individuellement ils fussent récompensés. On peut en tout cas penser que les personnes réalisant ou créant des œuvres ainsi que celles les interprétant pouvaient en recevoir une contrepartie, sauf lorsqu'elles avaient un autre métier que

---

[4] S. Kamara in *Droits d'auteur et droit de l'homme,* cité *supra*

[5] J.-G. Bidima, *L'art négro-africain,* PUF, coll. " Que –Sais-je ?"1997, p.83 et s.

[6] J.-G. Bidima, *op.cit,* p. 97 et s.

[7] *op. cit.,* pp. 29 et 30

celui de sculpteur ou de griot. En effet, il est fort probable que les personnes dont la seule fonction dans la société était de créer des céramiques, de dire des contes ou de chanter pour la gloire du village ou l'honneur du roi devaient recevoir un tribut, si modeste soit-il, pour leur travail. Ensuite, rien ne permet d'affirmer (ni, il est vrai, de soutenir le contraire) que la seule protection possible était une protection collective au profit d'une caste ou d'une tribu.

Une chose paraît plus probable : les sanctions qui auraient existé étaient sans doute différentes de celles existant en Europe et en Amérique à la même époque. Il semble que, dans certaines tribus tout au moins, les sanctions étaient surtout « spirituelles ». Ainsi "la colère des ancêtres"[8]. Mais ces hypothèses concernent particulièrement l'Afrique de l'ouest. Rien ne permet d'être certain (même si la probabilité est forte) que les choses étaient organisées de manière identique en Afrique du Nord ou en Afrique centrale par exemple.

10. Synthèse. Il est difficile d'affirmer qu'il n'existait aucune protection des créations artistiques en Afrique. Respect était dû aux créations artistiques et des sanctions diverses prévues selon les coutumes applicables dans une famille, dans un clan ou un royaume[9]. On peut donc avancer qu'une protection des productions de l'esprit a pu exister (éventuellement avec une connotation religieuse) en Afrique, bien avant la colonisation. Ce qui est certain c'est qu'il n'y existait pas de protection semblable à celle en vigueur à la même époque en Europe, ou même en Amérique. La différence est moins à chercher dans le caractère religieux de l'art que dans l'organisation de la société et dans l'absence de marché et d'une organisation économique telle qu'on en trouvait en Europe ou en Amérique.

11. Changements liés à la colonisation. La colonisation bouleversera aussi bien l'organisation politique et économique que la fonction des objets d'art. Les lois européennes sur le droit d'auteur seront appliquées dans les

---

[8] V. *Savoirs traditionnels : Besoins et attentes en matière de propriété intellectuelle. Rapport de l'OMPI sur les missions d'enquête consacrées à la propriété intellectuelle et aux savoirs traditionnels (1998-1999),* OMPI, Genève, 2001, pp. 97 et s. et pp. 168 et s.

[9] V. les riches informations contenues dans l'article de P. Kuruk, *Le droit coutumier africain et la protection du folklore : Bull. dr. auteur,* Vol.36, n°2, 2002, p. 4.- V. également B. Sodipo, *Piracy and Counterfeiting. GATT, TRIPs and Developing Countries,* London, The Hague, Boston, Kluwer Law International, 1997, pp. 42 et s.

Etats colonisés. Elles inspireront ensuite ces Etats au lendemain des indépendances.

II - Aperçu des origines du droit d'auteur et du copyright

12. Intérêt du retour aux sources. L'histoire éclaire le présent et aide à sa compréhension. Une connaissance des origines du droit de la propriété littéraire et artistique est un outil permettant d'aider à mieux en comprendre l'esprit. Cet aperçu historique est également important dans un contexte africain, d'une part parce que de nombreuses règles sont universelles (du moins quasi-universelle) et, d'autre part, parce que certaines racines des législations africaines du droit d'auteur peuvent, d'une certaine manière, remonter aux origines du droit d'auteur et du copyright[10].

13. De la naissance de l'imprimerie au 18ème siècle. – Les privilèges des libraires. Il est possible, ce que proposent de nombreux spécialistes, de remonter à l'antiquité pour parler de l'histoire du droit d'auteur. Cela est fort intéressant. Pour autant, pour la compréhension du droit d'auteur en Afrique, il n'est pas nécessaire de remonter aussi loin.

Les premiers véritables balbutiements d'une législation protégeant « les productions de l'esprit » remontent aux quinzième et seizième siècles avec l'essor de l'imprimerie qui a favorisé la divulgation massive des imprimés. Pour permettre aux libraires ayant acquis le « droit de copie » consenti par l'auteur, le Roi, en France comme en Angleterre, délivrait ou permettait la délivrance de « privilèges » aux libraires (aujourd'hui on dirait éditeurs).

En vertu du privilège qui lui était délivré le libraire était la seule personne autorisée à imprimer un livre et à le vendre ou le faire vendre. En vertu de son privilège, le libraire pouvait obtenir la sanction de tout contrefacteur. Le privilège pouvait n'être que temporaire et être renouvelé par le Roi, selon son bon vouloir.

---

[10] Pour une étude plus approfondie lire particulièrement F. Rideau, *La formation de la propriété littéraire et artistique en France et en Angleterre : une convergence oubliée*, PUAM 2004.- M.C. Dock, *Genèse et évolution de la notion de propriété littéraire : RIDA* 1974, n°79, p.127.- G. Boytha, *The Justification of Protection of Author's Right as Reflected in Their Historical Perspective : RIDA* janv. 1992

Il faut donc noter qu'à l'origine un « droit de copie »[11] est reconnu, non pas à celui qui crée ou conçoit l'écrit, mais à celui qui le diffuse et qui a investi financièrement. Le privilège de librairie avait, en fait, pour finalité première la réglementation du commerce de la librairie. C'est d'ailleurs dans ce contexte que vont progressivement apparaître de nouvelles idées sur la propriété littéraire et artistique[12].

C'est en effet à l'occasion de ce que les historiens de la propriété littéraire et artistique ont appelé « la bataille des libraires » que le « droit » de l'auteur remplacera le « privilège » du libraire[13].

14. Le 18ème Siècle et l'idée du droit naturel de propriété de l'auteur. Au dix-huitième siècle, la théorie du *droit naturel* influence les auteurs, les législateurs et les philosophes qui vont défendre la propriété littéraire et artistique. C'est en se basant sur l'idée d'un *droit naturel* de l'auteur à tirer profit de l'exploitation de son œuvre que les premières revendications pour la protection du droit des auteurs vont apparaître, notamment en Angleterre, en France et aux Etats-Unis[14]. Les défenseurs du droit d'auteur mettaient alors en avant le fait que la protection due à l'auteur par le gouvernement est innée, qu'elle est une évidence de la nature.

15. La loi de la Reine Anne. La première loi protégeant la propriété littéraire et artistique est adoptée en Angleterre en 1709. Plus connue sous son intitulé abrégé (*Statute of Anne* ou Loi de la Reine Anne), cette loi avait pour but l'encouragement du savoir. Elle accordait ainsi une part prépondérante à l'intérêt public (considération qui ne sera pas absente, loin s'en faut, de la législation française). Pour autant elle reconnaissait, se basant sur le droit naturel, le droit exclusif de l'auteur à tirer profit de ses créations pendant un temps limité[15].

---

[11] Droit auquel la célèbre *Encyclopédie* de D'Alembert et Diderot consacrera un article sous la plume du libraire David

[12] Sur ce point, V. par exemple les développement consacrés à la propriété littéraire et artistique par Diderot dans la *Lettre sur le commerce de la librairie*(in Œuvres, Tome III, éd. Robert Laffont, coll. Bouquin, 1995, pp. 53-116)

[13] Le libraire désignant, à l'époque, l'éditeur

[14] L.Y. Ngombé, *Droit naturel, droit d'auteur français et Copyright américain : RIDA* 2002, n°194, p.3.- F. Rideau, *op.cit.* V. aussi, ancien (et désormais disponible en ligne), l'ouvrage de référence de E. Laboulaye et G. Guiffrey, *La propriété littéraire et artistique au XVIIIeme siècle,* Paris 1859

[15] R. Deezlay, *On the Origin of the Right to Copy : Charting The Movement of Copyright Law in the eighteenth Britain , 1695-1775,* Oxford, Hart Publishing 2004.- F. Rideau, *op.*

16. Les arrêts du conseil du roi et les lois révolutionnaires de 1791-1793. En France c'est en 1777, par des arrêts du Conseil du Roi (on pourrait dire par la législation royale) qu'est reconnue la protection des droits du créateur d'un écrit. Parmi ces arrêts, l'un, consacré à la durée des privilèges, reconnaît à l'auteur une protection perpétuelle et au libraire en tant que cessionnaire une protection temporaire. Par ailleurs, il établit une différence de nature entre le privilège de l'auteur et celui accordé au libraire. Dans le premier cas il s'agit d'une « grâce fondée en justice » et dans l'autre d'une « simple grâce »[16].

La révolution passera par là. Les privilèges seront abolis et l'auteur sera désormais titulaire de « droits ». En 1791, une loi consacrera le droit de représentation et en 1793 une deuxième loi portera sur le droit de reproduction. Les prérogatives reconnues à l'auteur ne seront plus perpétuelles mais temporaires[17].

Le droit d'auteur révolutionnaire sera appliqué en France jusqu'à l'adoption de la loi du 11 mars 1957. Dans l'intervalle le texte de 1793 aura subi quelques modifications, notamment pour augmenter la durée de protection(1866).

III - Aperçu de l'héritage colonial et de l'évolution post-coloniale

16. Lois applicables avant les indépendances. Avec la colonisation, les lois anglaises, belges, portugaises ou françaises étaient appliquées en Afrique (même si dans de nombreux domaines il existait des textes spéciaux pour les colonies). Tel était le cas des lois sur le droit d'auteur. Ainsi, en 1857, la France rendit applicable sa loi sur le droit d'auteur (loi de 1793) dans ses colonies, la Grande Bretagne en fit autant dès 1911 (*Copyright Act* de

cit. – E. Laboulaye, *Etudes sur la propriété littéraire et artistique en France et en Angleterre,* Paris, 1858

16 M.-C. Dock, *op.cit.,* p. 127 et s.

17 J.-M. Ducomte, *La Révolution française et la propriété littéraire et artistique* in *Propriété et Révolution* (G. Koubi), ed. CNRS, 1990, p. 109-126

1911) et le Portugal en 1940 (Loi de 1927 sur le droit d'auteur)[18]. Si les Etats encore sous colonisation française, portugaise ou britannique disposaient d'une législation sur le droit d'auteur grâce à un vote du parlement de la métropole, il existait dès avant 1960 certains Etats indépendants. Parmi ces Etats, certains se dotèrent d'une législation sur le droit d'auteur. Tel fut notamment le cas du Libéria en décembre 1911[19].

17. Lois applicables après les indépendances. Après les indépendances, les Etats africains ont généralement continué à appliquer les lois des anciennes métropoles avant d'adopter leurs propres lois sur le droit d'auteur. Ces dernières s'inspirent d'ailleurs généralement des textes du colonisateur (mais aussi des conventions internationales). Certains Etats n'ont adopté que tardivement leurs propres lois. A Madagascar, jusqu'à l'adoption de la loi de 1994, c'était encore la loi française du 11 mars 1957 qui s'appliquait. Le législateur malgache y avait cependant apporté quelques modifications et compléments. C'est ainsi qu'avaient été ajoutées à la liste des œuvres protégées par la loi de 1957 les œuvres du folklore. De même, ce n'est qu'en 2003 que le Tchad s'est doté de son propre texte de loi sur le droit d'auteur. Parmi les anciennes colonies britanniques, la Gambie a continué à appliquer la loi sur le droit d'auteur (*Copyright Act*) votée en 1911 par le parlement de la Grande Bretagne. Ce texte a été déclaré applicable en Gambie par l'annexe 2 de la déclaration d'indépendance (1964).

Pour tenir compte aussi bien de l'évolution du droit international de la propriété intellectuelle que des évolutions technologiques, de nombreuses lois ont été révisées ou remplacées[20].

18. Héritage - Droit d'auteur et Copyright. Dans le domaine de la propriété littéraire et artistique, on distingue généralement deux grand systèmes qui correspondent à deux approches de la protection du droit d'auteur. On oppose généralement au système dit du *droit d'auteur* celui

---

[18] Pour plus de détails V. M. Moreira Da Silva, *Le droit d'auteur et l'Afrique : RIDA*, sept. 1965, p.5.- V. également, M.-F. Mialon, *La protection des œuvres de l'esprit dans les pays d'Afrique noire et à Madagascar, Thèse* Paris, 1970, pp. 8 et s.

[19] M. Moreira Da Silva, article cité *supra*, pp. 9 et s.

[20] Pour un aperçu de l'évolution législative dans les Etats de l'organisation africaine de la propriété intellectuelle (OAPI), voir L.Y. Ngombé, *Trente ans de droit d'auteur dans l'espace OAPI : RJT* Vol. 47 (2007), p.759

dut du *Copyright*[21]. Le système du droit d'auteur (dit aussi continental, dominant dans les pays latin) est présenté comme privilégiant la protection du créateur de l'œuvre alors que le système du copyright (anglo-saxon) apparaît comme plus « marchand » et n'accordant que peu de place aux intérêts non-pécuniaires de l'auteur.

De fait, les anciennes colonies de pays de droit d'auteur ont généralement adopté le système latin de protection des œuvres de l'esprit alors que le système anglo-saxon du copyright imprègne les lois des anciennes colonies britanniques. C'est ainsi que, par exemple, dans les Etats d'Afrique francophone, malgré de nombreux changements, l'empreinte du droit d'auteur français reste visible[22].

19. Eléments de rapprochement. Néanmoins, au-delà de cet héritage colonial, certaines dispositions rapprochent davantage les lois africaines sur le droit d'auteur[23]. Les Etats africains ont bénéficié pour la rédaction de ces lois de la compétence d'experts internationaux. Pour permettre à l'ensemble des pays en développement d'avoir un modèle de texte, l'UNESCO et l'Organisation Mondiale de la Propriété Intellectuelle (OMPI) ont contribué à l'élaboration de la loi-type de Tunis sur le droit d'auteur à l'usage des pays en développement (1976). Cette loi-type, qui a servi de modèle dans les années 1970 et 1980, permet aux Etats auxquels elle est destinée de choisir pour chaque question entre l'approche anglo-saxonne et l'approche dite latine. En outre elle est conforme aux conventions internationales. Enfin elle prévoit (ce que reprendront la plupart des Etats africains) la protection du folklore par le droit d'auteur (art.6) et le domaine public payant (art.17). Les lois africaines sur le droit d'auteur sont donc aussi bien un héritage colonial que le fruit d'une coopération à l'échelle internationale. L'influence du droit international est encore plus marquée avec les modifications récentes intervenues dans la majorité des Etats africains.

---

[21] Sur la différence entre les deux systèmes, v. A. Françon, *Le droit d'auteur au delà des frontières. Une comparaison des conceptions civilistes et de Common Law : RIDA*, juill. 1991, p.3.- A. Strowel, *Droit d'auteur et copyright. Divergences et convergences. Etude de droit comparé*, Bruylant/LGDJ, 1993.- Pour une perspective historique, E. Laboulaye, *op. cit.*

[22] L.Y. Ngombé, *Le Droit d'auteur français hors de France : Comm. Com. Electr.* 2009, étude 9

[23] V. notre article *Propriétés artistiques et acculturation juridique. Réflexions sur la réception du droit d'auteur et du copyright en Afrique : RRJ*, 2002-4, p.2011

20. Sources. – Les sources du droit d'auteur en Afrique sont donc, au niveau national, les lois des différents Etats, applicables territorialement. A ces sources législatives il convient, bien sûr, d'ajouter les sources complémentaires telles que la jurisprudence ou, le cas échéant, les pratiques professionnelles et, éventuellement, les sources administratives. S'y ajoutent également les sources internationales que sont les différentes conventions et traités internationaux relatifs (intégralement ou partiellement) au droit d'auteur.

Enfin, il y a également les sources régionales. Certains Etats sont membres de l'organisation africaine de la propriété intellectuelle (OAPI). Il n'existe pas dans le cadre de cette organisation de juridiction régionale et donc pas de jurisprudence. Pour ces Etats, il existe une source régionale dans le corpus législatif de l'OAPI : l'Accord de Bangui et l'Annexe VII relative à la propriété littéraire et artistique. D'autres Etats africains font partie de *l'African Regional Industrial Property Organization* (ARIPO) qui a prévu en 2002 de légiférer prochainement sur la propriété littéraire et artistique.

21. Précisions.- Plan. Ce sont donc les législations des Etats africains sur le droit d'auteur (et les droits voisins) que le présent ouvrage se propose de présenter. L'accent sera davantage mis sur la loi que sur la jurisprudence. Pas seulement parce que la loi est supérieure à la jurisprudence dans la pyramide des sources du droit, mais aussi, hélas, parce que la jurisprudence en matière de droit d'auteur n'est pas encore abondante en Afrique (ou à tout le moins disponible). Néanmoins quelques décisions importantes seront analysées.

L'ambition du présent ouvrage n'est pas d'étudier de façon approfondie les différentes lois des Etats africains sur le droit d'auteur. Il s'agit plutôt de présenter sommairement le droit d'auteur en Afrique en évoquant brièvement l'objet de la protection (Titre I), Les bénéficiaires de la protection (Titre II), le contenu de la protection (Titre III), l'exploitation des droits (Titre IV), la gestion collective (Titre V) et les procédures et sanctions (Titre VI). L'approche choisie intègre une double comparaison : principalement une comparaison des lois africaines entre elles et accessoirement une comparaison des lois africaines avec celles d'autres continents. Le présent ouvrage porte sur les lois des Etats sans négliger les aspects régionaux (Titre VII) et internationaux (Titre VIII).

TITRE I

LES ŒUVRES PROTEGEES

22. Présentation sommaire. Une diversité de genres d'œuvres de l'esprit est prévue par les différents textes africains (Chapitre 2) sur le droit de la propriété littéraire et artistique. Pour être éligible à la protection par le droit d'auteur, ces créations doivent remplir certaines conditions (Chapitre 1).

Chapitre I

Les conditions de la protection

23. Aperçu général. Les conditions de la protection des œuvres de l'esprit sont sensiblement les mêmes d'un pays à l'autre. La principale condition exigée est l'originalité de la création. Il y a des caractéristiques qui sont, du moins dans une majorité de textes, sans conséquences. Elles ne font pas partie des conditions que doit remplir une œuvre pour être éligible à la protection par le droit d'auteur.

Certaines conditions peuvent être exigées, comme la nationalité ou la résidence ou encore la fixation matérielle de l'œuvre. On peut, pour simplifier, dire qu'il y a des caractéristiques indifférentes, des conditions éventuelles selon qu'il s'agit de tel ou tel pays d'Afrique et une condition *sine qua non* requise (en principe) dans l'ensemble des pays d'Afrique.

Section 1. Les caractéristiques indifférentes

24. Le genre, la forme d'expression, le mérite et la destination. Comme la majorité des lois sur le droit d'auteur à travers le monde, les textes africains sur le droit d'auteur prévoient que certains critères n'entrent pas en ligne de compte lorsqu'il s'agit de savoir si une production de l'esprit est protégeable par le droit d'auteur. Les caractéristiques qui sont sans incidence sur l'éligibilité d'une création à la protection par le droit d'auteur sont le genre, le mérite, la forme d'expression et la destination.

25. Indifférence du mérite (ou de la qualité). Le principe selon lequel le mérite de l'œuvre n'est pas pris en compte pour la protection d'une création est un principe universellement reconnu[1]. Il a été adopté notamment dans les lois du Togo (art.5), du Soudan (art.5), du Gabon (art.3), de la Libye (art.1), de l'Ethiopie (art. 1647.2 du Code civil). Sont ainsi protégées des chefs d'œuvres, comme des œuvres de moindre qualité. De même une œuvre qui paraîtrait n'avoir nécessité qu'un petit effort sera protégeable au même titre qu'une création supposant un travail très élaboré.

26. Exemple particulier –Musique congolaise. On peut, pour citer un exemple typiquement africain, évoquer les animations vocales qui accompagnent la partie dansante de la musique congolaise et qui sont souvent des mélodies courtes ou des cris scandés par un « animateur ». Les textes de ces « animations » sont souvent jugés médiocres, aussi bien par une grande partie des mélomanes que par les critiques. Il n'en demeure pas moins que leur seule qualité, si médiocre soit-elle ne justifierait pas leur exclusion du champ de la protection par le droit d'auteur.

Ces créations doivent cependant être originales[2] pour être éligibles à la protection par le Droit d'auteur. Au-delà du droit d'auteur le droit commun de la responsabilité civile pourrait aussi, si les conditions sont remplies, être appelé au secours d'un artiste ou d'un groupe victime d'une usurpation d'une création non originale. Il est vrai que dans la musique congolaise, ces « animations » constituent
un argument de vente pour les groupes musicaux et leurs producteurs.

27. Indifférence du genre et du mode d'expression. Le genre et le mode d'expression ne sont pas, non plus, des critères de protection par le droit d'auteur. Ainsi, les lois sur le droit d'auteur protègent indifféremment le genre épique ou le genre romanesque, le genre comique ou le genre dramatique...Elles protègent aussi bien les créations exprimées sous forme orale que sous forme écrite. De même, elles protègent les œuvres musicales comme les œuvres audiovisuelles, les œuvres photographiques comme les œuvres sculpturales...

---

[1] C. Colombet, *Grands principes du droit d'auteur et des droits voisins dans le monde. Approche de droit comparé*, 2ème édition, Litec/UNESCO, 1992, pp. 14-15

[2] Sur l'originalité, V. *infra* n°48 et s.

28. Indifférence de la destination (ou du but). Parfois il est aussi précisé, comme dans la loi française de 1957 (incorporée depuis 1992 dans le code de la propriété intellectuelle), que la protection est indépendante de la destination de l'œuvre. L'œuvre est éligible à la protection quelle que soit le but pour lequel elle a été créée. Peu importe que la création soit destinée à la publicité ou à l'information, à faire l'objet d'une vente ou d'une diffusion gratuite…

De même, les créations bénéficient-elles de la protection, qu'elles relèvent du domaine des beaux-arts ou qu'elles soient plutôt des créations des arts appliqués. De nombreuses productions des patrimoines nationaux des Etats africains pourraient d'ailleurs relever de la seconde catégorie. Le principe de la protection des œuvres d'art pur et des œuvres des arts appliqués est connu sous le nom de théorie de l'unité de l'art[3].

Les œuvres des arts appliqués peuvent, généralement, être protégées au titre d'un autre droit de propriété intellectuelle : le droit des dessins et modèles, régi dans les Etats de l'organisation africaine de la propriété intellectuelle (OAPI) par l'annexe IV de l'accord de Bangui, et dans les Etats de l'Organisation régionale africaine de la propriété industrielle (ARIPO) par le protocole d'Harare[4] . Il existe donc pour ces œuvres une double protection[5].

29. Accord de Bangui. A l'échelle du continent, l'annexe VII de l'accord de Bangui, texte régional sur la propriété littéraire et artistique, pose en son article 5 que « la protection est indépendante du mode ou de la forme d'expression, de la qualité et du but de l'œuvre ». La formule figurera sans doute aussi dans le futur texte de l'organisation régionale africaine de la propriété industrielle (ARIPO).

---

[3] Sur cette théorie, Y. Gaubiac, *La théorie de l'unité de l'Art : RIDA* janvier 1982, p.3

[4] Texte disponible dans la base CLEA du site Internet de l'organisation mondiale de la propriété intellectuelle (*www. wipo.org*) en versions anglaise et française.

[5] Pour les Etats de l'OAPI, l'annexe IV de l'accord de Bangui énonce clairement la possibilité de ce cumul de protection (art. 1.3). V. notamment, S. Ngo Mbem, *Les enjeux de la protection des dessins et modèles dans le développement en Afrique : le cas des pays membres de l'OAPI,* éditions L'Harmattan, 2008, 151 et s..- P. Bizitou, *Le nouveau régime de protection des dessins ou modèles industriels dans le cadre de l'accord de Bangui de 1977 créant l'organisation africaine de la propriété intellectuelle. Thèse; Paris II* 1986, T. 1, p.301 et s.

Section 2. Les conditions éventuelles

30. Enumération. Dans les lois africaines sur le droit d'auteur, certaines conditions peuvent éventuellement, selon les Etats ou selon les cas, être requises. Elles sont souvent la conséquence de l'héritage colonial en la matière. Ainsi la fixation matérielle de l'œuvre est exigée dans les anciennes colonies britanniques essentiellement (§1). D'autres conditions peuvent être exigées, y compris dans des pays ayant adopté le système du *droit d'auteur*, comme les formalités (§2) ou la résidence et la nationalité (§3). On peut aussi trouver dans certaines lois l'exigence du caractère documentaire ou artistique d'une catégorie d'œuvres (§4).

§1. La fixation matérielle de la création

31. Droit d'auteur et Copyright. Il existe de ce point de vue deux conceptions. La première conception est celle selon laquelle l'œuvre est protégée, qu'elle soit ou non matériellement fixée. C'est l'approche adoptée par le système du droit d'auteur. L'autre conception, caractéristique du système du copyright, est celle selon laquelle, une création n'accède à la protection qu'autant qu'elle est fixée sur un support matériel.

32. Transposition en Afrique. Ces deux conceptions semblent avoir imprégné les lois africaines sur le droit d'auteur. En effet, on peut relever essentiellement dans quelques textes d'anciennes colonies britanniques l'exigence de la fixation matérielle. L'œuvre n'étant alors protégée que si elle est fixée sur un support matériel. En revanche, les anciennes colonies françaises, par exemple, ont plutôt opté pour la protection indépendamment de la fixation matérielle de l'œuvre.

33. Influence du système du Copyright. On trouve ainsi l'exigence de la fixation matérielle dans la loi du Ghana (article I, alinéa 2 b.), dans la loi du Kenya (article 22.3. *b*), la loi de Maurice (art.3.1*b*) ou la loi nigériane (article 1.2.b). Aux termes de ces lois, parmi les conditions qu'une production de l'esprit doit remplir pour être protégée figure la consignation de ladite œuvre par écrit, son enregistrement ou sa fixation de toute autre manière sur un support matériel.

34. Influence du système du droit d'auteur. En revanche, dans les lois d'anciennes colonies de "pays de droit d'auteur" comme celles du Congo, de la Guinée, du Burundi ou de l'Angola, l'œuvre est protégée indépendamment de sa fixation matérielle. Et ces textes précisent, comme en droit français, que l'œuvre même inachevée est protégée par le droit d'auteur.

35. Cas d'exigence de la fixation matérielle dans les pays influencés par le système du droit d'auteur. Toutefois, même dans certaines lois inspirées par le modèle français, la fixation sur un support matériel est exigée pour certaines œuvres. Il s'agit notamment des chorégraphies et des pantomimes (V. par exemple Gabon, art.4, Bénin art.8). A l'opposé certains Etats anglophones comme la Tanzanie ont prévu la protection du simple fait de la création (art. 5.1), la fixation matérielle n'étant pas une condition de protection.

36.Critique de l'exigence de la fixation matérielle. Cette différence entre les Etats africains, et qui ne s'explique que par l'effet d'un héritage de traditions juridiques occidentales différentes, peut être atténué. On peut en effet se demander s'il est conforme à la tradition orale africaine d'exiger la fixation matérielle d'une œuvre pour en admettre la protection. De plus, les conditions économiques et technologiques actuelles ne favorisent pas toujours le respect de cette exigence. Il peut, dans ces conditions, paraître injuste d'exclure de la protection par le droit d'auteur une œuvre du seul fait de l'absence de fixation matérielle. On peut, en effet craindre que les conditions matérielles modestes de certains créateurs ne leur permettent pas la fixation préalable de l'œuvre sur un support.

De fait, la loi sur la propriété littéraire et artistique viendrait sanctionner les moins nantis en les privant, en fait, d'un moyen de gagner quelques subsides. Des raisons socioculturelles et économiques militent donc en faveur de l'adoption, dans l'ensemble des lois africaines, du principe de la protection indépendamment de la fixation matérielle de l'œuvre.

L'opportunité de l'application de cette règle, du moins à la lettre, en Afrique n'a pas manqué de se poser. La jurisprudence ghanéenne a dû répondre à cette question dans l'affaire CFAO c./ Archibald[6]. La cour suprême appliquant de manière stricte cette règle n'a pas admis la protection des œuvres d'un compositeur qui n'avait pas couché sur papier les mélodies de ses chansons et n'avait réussi à prouver que la fixation sur support écrit des paroles. Pourtant devant la juridiction du fond (*High Court*), le maintien de cette règle, dans un pays où le nombre d'analphabètes est important, avait été posé. On ne peut que regretter le maintien de cette règle dans de nombreuses lois africaines[7].

37. Intérêt probatoire. Il faut néanmoins reconnaître et souligner l'importance et l'intérêt de cette fixation comme moyen de preuve. Dans les lois prévoyant cette exigence pour les chorégraphies et les pantomimes, il peut être envisagé de ne plus en faire une condition de protection, mais un moyen de preuve. Il paraît donc souhaitable, de ce point de vue, de ne plus faire figurer cette exigence dans l'article énumératif des œuvres protégées, mais dans celui relatif à la preuve de la qualité d'auteur. Il est intéressant de rappeler que cette règle est inspirée de la loi française de 1957 et d'observer que la jurisprudence française a jugé qu'elle n'a qu'une portée probatoire.[8]C'est sans doute pour éviter d'en faire une condition de protection que le législateur burkinabé s'est contenté de citer les chorégraphies et pantomimes dans la liste des œuvres protégées, sans exiger leur fixation matérielle[9].

38. Folklore. Dans les lois prévoyant l'exigence de la fixation matérielle, on peut se demander ce qu'il en est pour les œuvres du folklore. Il semble que, dans certaines lois, cette condition n'est pas requise pour les œuvres du folklore. Ces dernières paraissent, dans certains textes, bénéficier de la protection par le droit de la propriété intellectuelle du simple fait qu'elles appartiennent au folklore. Il nous semble que leur fixation matérielle n'est pas requise . Une telle exigence conduirait à exclure la protection des œuvres du folklore dans un très grand nombre d'hypothèses.

---

[6] Supreme Court of Ghana, *CFAO v. Archibald*, February 28,, 1964: *Ghana Law Reports* 1964, p. 718

[7] V. cependant, parmi les lois des Etats anglophones, l'article 3.2 de de la loi du Lesotho disposant que : « la fixation matérielle par l'auteur d'une œuvre exprimée par ailleurs sous une forme susceptible d'être reproduite n'est pas une condition de protection de l'œuvre »

[8] CA Paris, 17 déc. 2003 : *Comm. Com. électr.* 2004, 2ème espèce, comm. n°51, obs. Ch. Caron

[9] LDA – Burkina Faso, art. 5

39. Accord de Bangui. – Projet ARIPO. A l'échelle du continent l'annexe VII de l'accord de Bangui[10], texte de l'Organisation africaine de la propriété intellectuelle (OAPI) prévoit la protection indépendamment de la fixation matérielle de la création. L'autre organisation régionale (ARIPO) va prochainement légiférer sur le droit d'auteur. Il est fort probable qu'elle retienne la fixation matérielle de l'œuvre parmi les conditions d'éligibilité à la protection.

§2. Les formalités

40. Comparaisons. D'une manière générale les différentes lois africaines sur le droit d'auteur ne prévoient pas l'accomplissement de formalités parmi les conditions de la protection. C'est ainsi que la loi Zambienne, qui en ses articles 38 et suivants prévoit des formalités d'enregistrement, dispose (article 39 alinéa 4) que le copyright est opposable à tous qu'il soit ou non enregistré (V. aussi Maurice, art. 3.3).

Aussi bien parmi les textes inspirés du système du droit d'auteur que parmi ceux inspirés par le système du copyright, cette exigence ne figure que dans des textes anciens. Tel était le cas, pour citer une ancienne colonie française, de la loi du Mali jusqu'en 1984[11]. Aux termes de l'article 32 de la loi malienne de 1977 « toute œuvre créée pour jouir de la protection instituée, doit être inscrite au registre de la propriété littéraire et artistique qui sera ouvert à cette fin auprès du ministre chargé de la culture ». Pourtant l'article 1er de la même loi disposait que l'œuvre est protégée du seul fait de sa création. La formule selon laquelle l'œuvre est protégée du seul fait de sa création figure dans la majorité des lois africaines inspirées de la loi française de 1957[12].

---

[10] V. *infra* n°307 et s.

[11] Le mali a voté en 1984 (loi n°84-26 AN-RM du 17 octobre fixant régime de la propriété littéraire et artistique en République du Mali) qui a abrogé le précédant texte datant de 1977. La nouvelle loi a été modifiée en 1994.

[12] Pour une application jurisprudentielle du principe de la protection indépendamment de l'accomplissement de formalités, V. le jugement du 28 juil. 1982 rendu par une juridiction d'Addis-Abeba (High Court) dans un conflit relatif à une traduction de l'œuvre de Cervantes : *Teklu Negash c./. Ashfaw Teffera and Ethiopian Printing Corporation (for Central Printing Press,* Affaire civile n°1511/78, citée par A. Endeshaw, *Intellectual Property Policy for non-Industrial Countries,* Aldershot, Brookfield, Singapore and Sidney, Darmouth, 1996, pp. 230-231

41. Loi-type de Tunis. La possibilité, pour les Etats africains, d'exiger ou non l'accomplissement des formalités comme condition de protection était prévue dans la loi-type de Tunis. L'article 5 d'inspiration latine (système du droit d'auteur) prévoit la protection indépendamment des formalités alors que l'article 5 *bis* tenant compte des règles applicables dans le système anglo-saxon (système du copyright) prévoyait quant à lui l'exigence de l'accomplissement de formalités.

42.Tendance à l'abandon de l'exigence des formalités comme condition de protection. La tendance générale, y compris dans le système du copyright[13], étant de prévoir la protection par le droit d'auteur indépendamment de l'accomplissement de formalités, on peut penser que les lois africaines finiront toutes par exclure le respect des formalités de la liste des conditions de protection. La non exigence des formalités comme condition de protection avait d'ailleurs été consacrée au niveau international par la Convention de Berne[14].

43. Intérêt et utilité de certaines formalités. Ce qui n'empêche pas, cependant, l'exigence de ces formalités dans l'intérêt du public ou pour faciliter la preuve de la titularité des droits. Cela est expressément exprimé dans certaines lois. Ainsi, la loi du Mozambique dispose que «l'enregistrement a pour fonction de porter l'œuvre et les droits protégés à la connaissance du public » (art. 56). Dans le même esprit les lois du Ghana (art.39), du Soudan (art.23) et des Seychelles (art.15) prévoient l'enregistrement afin de répertorier les œuvres, assurer la publicité des droits des titulaires et établir la preuve de la titularité des droits. Ces textes précisent que l'enregistrement n'est pas une condition de protection.

Sont généralement soumis à enregistrement les actes constitutifs, translatifs, modificatifs ou extinctifs de droit d'auteur, les titres et les noms des auteurs. Est parfois exigé (pour informer le public) l'enregistrement des nantissements ainsi que des saisies et confiscations touchant des droits d'auteur (ainsi : Mozambique art. 56) ou des

---

[13] V. en ce sens le nouveau texte ougandais (art. 4.2).- V. aussi la jurisprudence nigériane (et particulièrement l'affaire *ICIC Ltd. v. Ekko Delta Nig. Ltd.*) rapportée par J.O. Asein, *Nigerian Copyright, Law and Practice*, Abuja, Nigerian Copyright Commission, 2004, pp.309-321

[14] Sur cette convention, V. *infra* n°354

associations d'auteur (ainsi : Ghana, art. 39). La généralisation de l'enregistrement de tous les actes (y compris les nantissements) relatifs aux propriétés intellectuelles et particulièrement des propriétés artistiques) ne pourrait être qu'heureuse[15].

44. Dépôt légal. Hormis les formalités éventuelles qui seraient prévues par la loi sur le droit d'auteur (et qui ne sont pas, en général, une condition de protection), il existe aussi des formalités au titre du dépôt légal. Indépendamment du droit d'auteur, les textes relatifs aux formalités du dépôt légal prévoient généralement des sanctions à l'encontre de la personne sur qui pèse l'obligation de procéder au dépôt auprès de l'organisme compétent.

§ 3. La résidence et la nationalité

45. Eventualité de l'exigence – Conséquences de l'application des conventions internationales. Peuvent aussi être exigées comme condition de la protection, sous réserve de l'application d'une convention internationale, la nationalité ou la résidence dans le pays de protection. Il est plus souvent requis que l'auteur ou le titulaire du droit soit ressortissant du pays de protection.

Du fait de l'adhésion de la majorité de ces Etats aux Conventions de Berne et/ou Universelle, la résidence ou la nationalité requise sera celle de l'un des pays partie à l'une de ces conventions (V. par exemple, Congo, art.2 ; Zambie art.9.1). Il convient cependant de préciser que si la majorité des Etats africains a adhéré à la convention de Berne ou aux deux conventions, il est quelques Etats (anglophones généralement) qui n'ont adhéré qu'à la Convention Universelle.

Enfin, pour les Etats membres de l'organisation africaine de la propriété intellectuelle (OAPI), ces conditions sont satisfaites par les ressortissants et résidents de tout Etat membre quel que soit l'Etat membre dans lequel ils réclament la protection[16].

---

[15] Sur ces nantissements, v. notamment L.Y. Ngombé, *Sûretés mobilières et propriétés intellectuelles dans les Etats de l'OHADA et de l'OAPI. Un aspect de la concurrence de législations supranationales en Afrique : RRJ* 2006-4

[16] Annexe VII de l'accord de Bangui de l'OAPI, article 3.- V. *infra* n°354 et s.

§ 4. Le caractère documentaire ou artistique

46. Influence du droit français. Pour la protection des œuvres photographiques, certaines lois africaines prévoient, parmi les conditions de protection, le caractère artistique ou documentaire de l'œuvre[17]. Cette règle paraît inspirée de la loi française du 11 mars 1957 qui ne posait cette condition que pour les œuvres photographiques (art. 3). La loi française a abandonné cette condition (loi du 3 juillet 1985).

Parmi les lois africaines exigeant le caractère artistique ou documentaire des photographies, on peut citer celles du Togo (art.6.11), du Congo (art.7) et du Gabon (art.4). L'exigence de cette condition s'explique sans doute par le phénomène de mimétisme législatif que l'on observe souvent dans les Etats africains. Le législateur français a abandonné cette exigence depuis 1985[18]. Cette condition ne figure pas dans la convention de Berne et n'est pas prévue par l'annexe VII révisé de l'accord de Bangui.

47. Nécessité de la mise en conformité avec l'accord de Bangui. Il est souhaitable qu'à la faveur d'une mise en conformité avec l'accord de Bangui révisé en 1999 cette condition ne soit plus exigée pour la protection des œuvres photographiques et que ces œuvres soient soumises, comme les autres, au critère de l'originalité.

Les lois des Etats membres de l'OAPI, adoptées ou révisées après 1999 ont abandonné cette exigence. Tel est le cas, par exemple, de la loi du Tchad, du nouveau texte du Sénégal ou de celle du Cameroun. En revanche, la nouvelle loi béninoise[19] (2006) n'a pas subi de modifications sur ce point. Ce qui est pour le moins surprenant, si l'on songe que ce texte s'est mis en conformité avec le texte régional sur quasiment toutes les questions. Il est fort probable qu'il s'agisse d'un oubli.

---

[17] Ce qui suppose qu'une œuvre photographique ne saurait être protégée si elle ne revêt ni un caractère documentaire, ni un caractère artistique. Il sera difficile de vérifier le caractère artistique d'une œuvre sans porter sur elle un jugement de valeur. Dans ce cas le juge ne risquera-t-il pas de faire appel (contrairement à la prescription de la loi) à la notion de mérite?

[18] V. *Code de la propriété Intellectuelle*, art. L. 112-2

[19] LDA –Benin (art. 8, 11°)

Section 3. La condition *sine qua non* : l'originalité

48. Protection de la forme. Reprenant, sur ce point aussi, les lois de leurs anciennes métropoles, les Etats africains prévoient dans leurs lois sur le droit d'auteur une condition *sine qua non* de la protection : l'œuvre doit pour être protégée revêtir une forme originale. Ce qui signifie d'abord que c'est la forme exprimant l'idée qui permet à une création d'accéder à la protection, à l'exclusion du fond ou de l'idée. Le principe de la non protection des idées est une évidence. Aussi de nombreuses lois ne le rappellent pas. Néanmoins quelques textes en portent la mention. On peut dire qu'il s'agit d'un principe général du droit d'auteur. Principe résumé dans la formule selon laquelle les idées « sont par essence et par destination de libre parcours »[20].

Le principe est rappelé par des instruments internationaux tels que l'accord de l'Organisation mondiale du commerce (OMC) sur les aspects de droit de propriété intellectuelle qui touchent au commerce (ADPIC) à l'article 9.2 et par le traité de l'organisation mondiale de la propriété intellectuelle (OMPI) sur le droit d'auteur (WCT) à l'article 2.

La protection des idées par le droit d'auteur constituerait un frein à la création et une entrave à la liberté d'expression.

Si l'idée en elle-même n'est pas protégeable par le droit d'auteur, dès qu'elle commence à être traduite sous une forme, même inachevée[21], la protection du droit d'auteur peut être invoquée, à condition que cette forme revête un caractère original.

Par exemple, l'idée du musicien africain Zao de fustiger la guerre à travers une satire sur les *anciens combattants* n'est pas protégée par le droit d'auteur. D'autres musiciens, d'autres créateurs, peuvent reprendre la même idée. En revanche, Zao a donné à son idée la forme d'une œuvre musicale rendue publique depuis. C'est cette forme que protègent les lois sur le droit d'auteur et qu'il est interdit de reprendre sans l'autorisation de son créateur.

49. Originalité de la forme. Si le droit d'auteur ne protège que la forme. Encore faut-il que cette forme soit originale. La condition d'originalité est

---

[20] H. Desbois, *Le droit d'auteur en France*, Dalloz, 3ème édition, 1978, p.22

[21] Du moins selon une majorité de lois

posée par les textes, soit de façon implicite, soit de manière explicite[22]. Dans certaines lois inspirées par la législation française l'exigence de l'originalité n'est expressément posée que pour les titres[23]. L'originalité est néanmoins requise pour toutes les créations.

La notion d'originalité doit être distinguée de celle de nouveauté. Il arrive néanmoins en pratique que des créations soient à la fois nouvelles et originales. Il est vrai que l'originalité n'exclut pas la nouveauté. Pour autant, la nouveauté n'équivaut pas à l'originalité. Les lois africaines sur le droit d'auteur paraissent, pour leur majorité, écarter le critère de la nouveauté et s'en tenir à l'originalité de l'œuvre[24].

La distinction est parfois très subtile et la frontière, à la vérité, souvent ténue. En effet, le droit d'auteur protège des œuvres de l'esprit, donc des créations. Or, ces créations dont l'originalité est requise pour prétendre à la protection ne sont pas forcément dépourvues de nouveauté. La création suppose, souvent, un minimum de nouveauté. Un spécialiste du droit d'auteur n'écrivait-il pas que « créer, c'est faire quelque chose qui n'existe pas ? »[25]Et faire quelque chose qui n'existe pas, n'est-ce pas, dans une certaine mesure tout au moins, faire quelque chose de nouveau ? Néanmoins, la notion juridique d'originalité, du moins selon une approche subjective, ne se base pas sur cet aspect. C'est plus la différence, la singularité, que la nouveauté qui est retenue, même si les deux notions peuvent se recouper. Juridiquement, les notions de nouveauté et d'originalité sont bien distinctes[26].

---

[22] LDA – Sénégal, art.7

[23] LDA- Cameroun, art.6 ; LDA Bénin, art. 10.- On peut regretter que de nombreuses lois africaines, sans doute par mimétisme, aient repris tel quel le texte français alors que ce texte est d'application difficile. La difficulté vient du fait qu'il est difficile de déceler l'originalité dans un mot unique ou dans une association de quelques mots. Il faut bien avoir à l'esprit que protéger un mot par le droit d'auteur le rend indisponible (il ne peut plus être utilisé librement par une autre personne). De nombreux spécialiste propose de ne recourir qu'au droit des marques et à la protection contre la concurrence déloyale (ce que prévoit, imitant la loi française, certains textes africains sur le droit d'auteur) pour la protection des titres.

[24] Sur la nouveauté et l'originalité, v. le texte camerounais qui définit l'œuvre originale comme celle qui dans ses éléments caractéristiques ou dans sa forme se distingue d'une œuvre antérieure. La distinction avec la notion de nouveauté est encore plus délicate.

[25] A. Gastambide, *Traité théorique et pratique des contrefaçons en tout genre,* Paris 1837, p.49 (cité par Ch. Caron, *Droit d'auteur et droits voisins,* Litec 2006, n°53)

[26] Même si une rigueur sémantique inviterait à parler davantage d'une nuance que d'une différence entre les deux notions.

50. Deux conceptions de la notion d'originalité. Il semble que deux acceptions de l'originalité ont été adoptées en Afrique. La première conception, celle des pays de copyright, est dite objective et la deuxième, celle des pays de droit d'auteur, est qualifiée de subjective[27].

La conception dite objective de l'originalité s'entend de l'absence de copie d'une autre œuvre. Elle prend généralement en compte l'effort, le travail accompli par celui qui réclame la protection. Ainsi, l'originalité s'entend de l'habileté, du travail et de l'effort (*Skill, labour, and effort*). L'œuvre originale étant celle qui n'est pas une simple copie d'une œuvre antérieure.

Dans son acception subjective, l'originalité est généralement définie comme l'expression ou la marque de la personnalité de l'auteur. L'œuvre originale est alors celle qui porte l'empreinte de la personnalité de l'auteur. La notion d'originalité a néanmoins dû être adaptée pour accueillir de nouvelles créations telles que les programmes informatiques[28].

Certaines lois Africaines paraissent illustrer l'adoption de ces deux approches de la notion d'originalité.

51. Influence de la conception subjective. Ainsi on trouve affirmée une conception plutôt subjective, par exemple, dans la loi rwandaise (art. 1er), la loi djiboutienne (art.6), la loi béninoise (art. 1er) qui définissent l'œuvre originale comme celle qui dans ses éléments caractéristiques et dans sa forme, ou dans sa forme seulement, permet d'individualiser son auteur. En fait aux termes de ces textes l'œuvre est originale si dans sa forme on peut individualiser son auteur.

Cette définition semble se rapprocher de celle du droit français en ce qu'elle se réfère à la personne de l'auteur. Il semble à première vue que par individualisation (du fait de la forme de l'œuvre) de l'auteur on peut entendre empreinte de l'apport intellectuel personnel de l'auteur. L'approche subjective est aussi affirmée, plus nettement, dans la loi

---

[27] Pour une comparaison des deux approches, V. A. Strowel, *Droit d'auteur et Copyright : divergences et convergences. Etude de droit comparé,* Bruylant/LGDJ, 1993, n°293 et s., V. particulièrement n°302 et s. pour l'approche subjective (française) et n° 356 et s. pour l'approche objective (britannique).

[28]V. *Affaire. Pachot,* C. cass., Ass. Plén, 7 mars, 1986, rapp. Jonquières : *Dalloz* 1986, Jur., p.405, Concl. Cabannes, note Edelman ; *JCP,* éd. G., II, 20631, note J.-M. Mousseron, B. Teyssié et M. Vivant.- V. aussi A. Lucas et P. Sirinelli, *La notion d'originalité en droit français : JCP,* éd. G., 1990, I, 3681

malienne dont l'article 8 définit l'œuvre comme « toute création originale qui est la manifestation de la personnalité de son auteur » ou encore dans le texte sénégalais dont l'article 7 définit l'originalité comme « la marque de la personnalité de l'auteur ».

52. Influence de la conception objective. En revanche, c'est une autre approche que l'on trouve dans la loi kenyane, par exemple, dont l'article 22.3 *a*, qui prévoit l'originalité parmi les conditions de la protection paraît comporter en filigrane la définition de cette notion :
« [...] si des efforts suffisants ont été déployés, lors de la création de l'œuvre pour lui donner un caractère d'originalité ».

On relèvera, dans cette définition implicite de la notion d'originalité, la référence à un effort suffisant[29]. L'originalité semble ici être définie (implicitement) non pas par rapport à la personnalité de l'auteur mais par rapport au travail ou à l'effort accompli[30]. Ce qui est plus proche de l'acception objective de l'originalité que de son acception subjective. D'une manière générale, les lois des anciennes colonies britanniques portent en filigrane une définition proche de celle du droit anglais. Dans tous les cas en l'absence de définition, la propension des juristes de ces pays sera de se référer au droit anglais[31], droit encore applicable dans ces pays jusqu'aux indépendances.

53. Appréciation sur le choix d'une définition dans le texte de loi. Certaines lois, définissent donc la notion d'originalité. Sur ce point aussi on peut déplorer, une fois de plus, la transposition, sur le continent africain, de l'opposition droit d'auteur/copyright.

On peut se demander si il n'eût pas été plus simple de laisser la notion se préciser au fil de la jurisprudence (même si la sécurité juridique exige plutôt une définition).

En laissant cette tâche à la jurisprudence, on aboutira sans doute à des définitions diverses. Aussi peut-on se demander si il ne serait pas heureux de trouver une définition unique à l'échelle régionale que reprendraient les lois nationales. Il reste que même dans une telle hypothèse, cela n'empêchera pas des interprétations différentes d'un Etat

---

[29] V. également Nigeria, art.1.2.*a* et Ouganda, art. 4.3

[30] Sur la notion d'originalité au Nigeria, V. J. Asein, *The Nigerian Copyright Act,* Publication of The Nigerian Copyright Council, Ibadan, Sam Bookman, 1994, pp. 17-18

[31] V. par exemple pour le Ghana, A. O. Amegatcher, *Ghanaian Law of Copyright,* Accra, Omega law Publishers, 1993, p. 14

à un autre. La démarche ne semble néanmoins pas inutile. Le texte de l'organisation africaine de la propriété intellectuelle propose une définition, d'inspiration plutôt subjective, que les textes votés récemment dans l'espace OAPI ont d'ailleurs repris.

Il sera intéressant de voir quelle définition proposera, le cas échéant, l'autre organisation régionale de la propriété intellectuelle (l'ARIPO) qui devrait adopter très prochainement un texte sur le droit d'auteur[32].

54. Evolution technologique – Discussions théoriques actuelles. En France où l'approche subjective avec la notion d'«expression de la personnalité » a été érigée en principe, on a pu souligner « le désarroi conceptuel qui menace le concept fondateur d'originalité »[33]. C'est que l'empreinte de la personnalité n'est pas toujours évidente à prouver. Aussi peut-il sembler plus simple d'adopter une approche objective de la notion d'originalité. La question continue à susciter débat, car pour certains auteurs l'approche objective, telle qu'elle résulte de la jurisprudence anglaise du début du vingtième siècle, n'est pas en conformité avec la convention de Berne[34].

55. Difficulté de l'application de la notion d'originalité. La difficulté de la définition de l'originalité s'illustre parfois par des déductions curieuses. Un jugement du tribunal de première instance de Cotonou rendu dans une affaire opposant la chanteuse Angélique Kidjo à un compositeur béninois a reconnu à des œuvres musicales leur caractère original du seul fait de leur enregistrement à la SACEM[35]. On ne peut déduire d'un tel enregistrement l'originalité d'une création musicale. En effet, cela conduirait, par un raisonnement *a contrario*, à présumer dépourvues d'originalité des œuvres qui n'auraient pas été enregistrées. Ce qui irait à

---

[32] L'ARIPO dont le champ de compétence était initialement limité à la propriété industrielle a reçu mandat de ses membres pour légiférer sur le droit d'auteur.

[33] A. Lucas, in *Propriétés Intellectuelles,* Oct.2002, n°4, p.49 et s., spéc.p.50

[34] V. sur ce point D. Gervais, *The Compatibility of the "Skill, and Labour" Originality Standard With the Berne Convention and the Trips Agreement:: EIPR,* Vol. 26, n°2 (2004), pp. 75 et s.

[35] Trib. 1ère instance Cotonou, 8ème ch. Civ. 8 avr. 1998 : *Bull. dr. auteur,* vol.36, n°2, 2002 p.63, comm. H. G. Adoukonou: « Attendu que [...]-ces deux œuvres ont été enregistrées au répertoire de la Société des auteurs compositeurs et éditeurs de musique (SACEM) [...]-à partir de cet instant ces deux œuvres acquièrent un caractère original et sont de ce fait protégées en tant que droit de propriété incorporelle [...] »

l'encontre du principe selon lequel l'œuvre est protégée du seul fait de sa création. Principe inscrit dans de nombreuses lois africaines, y compris la loi béninoise.

On peut certes tirer des conséquences de l'enregistrement d'une chanson au répertoire d'une société de perception et de répartition des droits. Ainsi, on peut présumer la paternité et l'antériorité de l'œuvre enregistrée la première et considérer que c'est à l'auteur de l'œuvre supposée postérieure d'apporter la preuve qu'il n'a pas copié l'œuvre présumée préexistante (ou ayant fait l'objet d'un enregistrement antérieur).

En revanche, pour ce qui est de l'originalité de la première œuvre elle est présumée. L'auteur de l'œuvre attaquée, dont les paroles ou/et la musique sont identiques à la première, peut alors démontrer l'absence d'originalité de l'œuvre enregistrée antérieurement. C'est d'ailleurs ce que tenta de faire en l'espèce Angélique Kidjo qui pour nier l'originalité des œuvres du demandeur soutint que le demandeur n'avait fait que puiser dans le folklore béninois. Mais cet argument n'a pas convaincu les juges. En effet, relève à juste titre le tribunal, bien qu'elles puisaient leurs paroles dans le folklore béninois, ces œuvres avaient été composées par la partie demanderesse et ne perdaient pas du seul fait de cet emprunt leur caractère original. Il s'agit en fait dans ce cas d'une adaptation du folklore.

C'est également au sujet de l'adaptation du folklore qu'ont eu à se prononcer les juges éthiopiens qui pour conclure à l'absence de contrefaçon ont admis l'originalité de deux œuvres musicales, inspirées de la même chanson traditionnelle. Ici l'originalité de la deuxième adaptation par rapport à la première a été reconnue par le fait que leur comparaison, à laquelle ont participé des experts (désignés par la juridiction saisie par le demandeur), révélait de nombreuses différences entre les deux œuvres. Ce qui permettait aisément de les distinguer[36].

56. Définition unique dans les Etats de l'OAPI. On peut penser qu'une définition unique de la notion (qui sera néanmoins sujette à diverses interprétations) sera adoptée dans l'espace OAPI et qu'elle correspondra à

---

[36] Alemayehu Fanta c/. Alemayehu Eshete (affaire civile n°350/64), citée par A. Endeshaw, *Intellectual Property Policy for non-Industrial Countries,* Aldershot, Brookfield, Singapore and Sidney, Darmouth, 1996, p. 230

la définition retenue par le législateur régional et que certains textes nationaux ont reproduite mot pour mot[37].

57. Folklore. De nombreuses lois africaines citent parmi les œuvres protégées les « œuvres du folklore national ». La question de leur originalité paraît ne pas se poser. Ces œuvres doivent, semble-t-il, être des créations artistiques relevant du folklore tel que défini par les lois sur le droit d'auteur. C'est en tout cas une interprétation que suggèrent certaines lois. Ainsi, la loi du Rwanda qui dispose : « les œuvres du folklore sont protégées au même titre que les œuvres originales ».

[37] Tel est le cas, notamment, du texte béninois.

Chapitre II

Diversité des œuvres protégées

58. Aperçu général –Particularité. Les lois africaines sur le droit d'auteur protègent, comme dans les lois européennes et américaines, les œuvres littéraires, artistiques et musicales. Les œuvres informatiques ne sont expressément prévues que dans certains textes. La particularité des lois africaines (du moins par rapport aux lois européennes) consiste dans la mention, parmi les œuvres protégées, des œuvres du folklore. Les œuvres remplissant les conditions de protection sont protégées, y compris lorsqu'elles ne sont que des œuvres dérivées. Certaines créations sont exclues de la protection, qu'elles soient ou non originales.

Section 1. Œuvres littéraires, artistiques, musicales et audiovisuelles

59. Enumération. Les lois africaines, comme la quasi totalité des lois sur le droit d'auteur, citent parmi les œuvres protégées : les œuvres littéraires qu'elles soient écrites ou orales, les œuvres dramatiques, les œuvres artistiques (parmi lesquelles figurent les œuvres picturales, sculpturales et photographiques ainsi que les œuvres d'architecture), les œuvres d'arts appliqués (créations remplissant en même temps des fonctions utilitaires et ornementales), les œuvres scientifiques, les œuvres chorégraphiques, les œuvres musicales(qui sont les œuvres les plus diffusées en Afrique), les œuvres cinématographiques et les œuvres audiovisuelles d'une manière générale.

De nombreuses lois ne citent pas les œuvres audiovisuelles mais les seules œuvres cinématographiques. On peut affirmer qu'elles protègent l'ensemble des œuvres audiovisuelles. Il y a sur ces œuvres peu de différences entre les Etats africains et pas davantage de différences avec les lois des Etats des autres continents[1]. Quelle que soit l'énumération légale des œuvres protégées, elle n'est pas limitative. Ainsi toute création, à condition de répondre au critère de l'originalité, peut être protégée. Peuvent ainsi être protégés le personnage d'un roman ou d'une bande dessinée par exemple, le nom d'un groupe musical[2], un festival éventuellement...

Section 2. Œuvres des folklores nationaux

60. Point de convergence. La protection du folklore et du patrimoine national est l'un des points de convergence entre les lois africaines sur le droit d'auteur. Les lois africaines prévoient, qu'elles soient inspirées du système anglo-saxon du copyright ou du système latin du droit d'auteur, parmi les œuvres protégées : le folklore national, les expressions du folklore ou les œuvres du folklore[3]. Pratiquement toutes les lois africaines mentionnent dans la liste énumérative des œuvres protégées, les créations littéraires et artistiques issues du folklore[4] ou du patrimoine culturel traditionnel[5].

---

[1] V. pour une comparaison plus générale C. Colombet, *Grands principes du droit d'auteur et des droits voisins dans le monde, approche de droit comparé,* 2ème édition, Litec/UNESCO, 1992

[2] Pour les noms de groupes musicaux, les nombreux litiges (qui ne se résolvent d'ailleurs pas toujours par la voie judiciaire) que l'on constate particulièrement en Afrique centrale invitent à suggérer, pour mieux se prémunir, de déposer le nom du groupe comme marque. Qu'il s'agisse de la protection par le droit d'auteur ou par le droit des marques, il sera judicieux de songer à la question de la titularité, notamment en ayant recours au contrat pour prévenir certaines difficultés à venir quant à l'utilisation du nom du groupe.

[3] V. L. Y. Ngombé, *Propriétés artistiques et acculturation juridique. Réflexions sur la réception du droit d'auteur et du copyright en Afrique : RRJ,* 2002-4, pp. 2011 et s., spéc. p.2023 et s.

[4] V. par exemple Egypte (art. 138.7, Loi sur la propriété intellectuelle)

[5] LDA – Algérie, art.2

61. Historique. L'histoire de la protection du folklore par le droit de la propriété littéraire et artistique remonte au début des années soixante. La première date importante est celle de la "réunion africaine d'étude sur le droit d'auteur" (organisée par l'union de Berne et l'Unesco) qui s'est tenue du 5 au 10 août 1963 à Brazzaville au Congo[6]. Dès 1966, la loi tunisienne sur le droit d'auteur prévoit la protection des œuvres du folklore. En 1967, c'est la Bolivie qui inclut dans sa loi sur le droit d'auteur les œuvres du folklore musical parmi les œuvres protégées et y consacre de nombreuses dispositions à la question[7]. Les pays sous développés, dans leur ensemble, vont œuvrer pour une protection internationale des œuvres du folklore par le droit d'auteur. Ce qui va aboutir à l'adoption de l'article 15, alinéa 4 de la Convention de Berne (acte de Paris, 24 juillet 1971)[8]. Certes ce texte, proposé pour la première fois à la faveur de la révision de la convention à Stockholm en 1967[9], ne mentionne pas expressément le folklore, mais il y fait clairement allusion[10].

62. Instruments internationaux. L'idée de la protection du folklore fut reprise dans la loi-type de Tunis[11] qui servit de modèle à la plupart des pays africains puis dans les *Dispositions types de législation nationale sur la protection des expressions du folklore contre leur exploitation illicite et autres actions dommageables* adoptée en 1982 par l'Unesco. A ces textes, il faut aujourd'hui ajouter, principalement, la convention pour la protection et la promotion de la diversité culturelle[12]. Il convient

---

[6] V. Recommandations de cette conférence in *RIDA,* oct. 1963 p.242 et s., aux pp.244-245

[7] La législation bolivienne en la matière est considérée comme un modèle (V. pour une présentation de ces dispositions), K. Nikiéma, *La protection des expressions du folklore par la propriété intellectuelle, Thèse paris II,* 1988, pp. 417-432)

[8] Sur la Convention de Berne et le droit international de la propriété littéraire et artistique, V. *infra* n°335 et s..

[9] V. D.M. Shrader, *Analysis of the Protocol Regarding Developing Countries: Bulletin of The Copyright Society of The USA,* Vol. 17, 1970, p.160.- A. Françon, *Le droit d'auteur et les pays en voie de développement : JDI,* 1968, p. 889

[10] V. H. Desbois, A. Françon, A. Kéréver, *Les conventions internationales du Droit d'auteur et des droits voisins,* Dalloz, 1976, n°147 et s, pp. 165 et s.- S. Ricketson, *The Berne Convention for the Protection of Literary and Artistic Property : 1886-1986,* Kluwer, London, 1987, n°6.82 et s., pp. 313 et s.

[11] Art. 6.- Sur cette loi, E. Abdallah, *Principes fondamentaux de la loi-type de Tunis : Dr. auteur,* 1977, p.294

[12] Sur ce texte, A. Dorion, *La convention sur la diversité des expressions culturelles et la propriété intellectuelle. Panacée ou placebo ? : CPI,* Vol. 19, n°1, 2007, p.231

également de signaler les travaux en cours au niveau de l'Organisation mondiale de la propriété intellectuelle (OMPI) sur cette question.[13]Les avis sur ces travaux sont partagés. Certains auteurs ont suggéré le maintient pur et simple de la protection du folklore et du domaine public tel que prévu par les lois sur le droit d'auteur[14].

63. Débat doctrinal. – Généralités. Les avis sont partagés concernant l'opportunité de la protection du folklore par le droit de la propriété littéraire et artistique. Selon certains spécialistes, le droit d'auteur est inadapté pour la protection du folklore[15] ou insuffisante[16]. Aussi de nombreux auteurs proposent pour le folklore une protection spéciale (*sui generis*)[17]. Pour d'autres en revanche, il est heureux que le droit d'auteur accueille les œuvres du folklore y compris sur le plan international[18].

En réalité, il paraît excessif d'exclure par principe les créations du folklore de la protection par le droit d'auteur[19]. Il peut en effet s'agir de créations littéraires et artistiques comme toute autre. En revanche, on peut concevoir le principe de l'exclusion des éléments du folklore qui ne peuvent être définis comme des œuvres au sens du droit d'auteur.

64. Débat doctrinal. – Justifications de la protection. Pour justifier la protection du folklore, les Etats africains (parmi d'autres) considèrent,

---

[13] *Propriété intellectuelle, ressources génétiques, savoirs traditionnels et expressions culturelles traditionnelles ou expressions du folklore. Document d'information* édité par l'OMPI.- V. aussi le document WIPO/GRTKF/IC/9/4 de l'OMPI, disposnible sur le site de l'OMPI.

[14] R.. Roman Perez, *Comparaison entre le système du domaine public et le modèle du projet de dispositions pour la protection des expressions culturelles traditionnelles/expressions du folklore de L'OMPI : RIDA*, Avr. 2007, p.66

[15] V. par exemple, A. Lucas-Schloeter, *Protection juridique du folklore, J.-Cl.*, PLA, Fasc.1962 (2003), n°15.- A.O. Amegatcher, *La protection du folklore par le droit d'auteur, une contradiction dans les termes : Bull .dr. auteur,* vol. 36, n°2, 2002, p.36.- E.S. Nwauche, *A Critical Evaluation of The Provisions of Nigerian Copyright Law on Folklore: IIC,* 2002, p. 599.

[16] C. Masouyé, *La protection des expressions du folklore* : *RIDA,* janv. 1983, p.3.

[17] V. notamment C. Masouyé, *La protection des expressions du folklore*, précité - P. Kuruk, *Le droit coutumier africain et la protection du folklore : Bull. dr. auteur,* Vol.36, n°2, 2002, p. 4, à la p.27

[18] V. notamment H. Desbois, A. Françon et A. Kéréver, *op.cit.,* n°149, p. 168

[19] Même si cette exclusion de principe peut figurer en filigrane dans certaines lois, ou être expressément prévue. La loi bulgare (loi du 29 juin 1993) par exemple dispose expressément que le folklore (y compris donc les œuvres du folklore, qu'elles soient ou non originales) n'est pas protégé par le droit d'auteur.

notamment, qu'il est juste que les retombées économiques de l'exploitation de leurs folklores puissent leur revenir[20]. De même, ces Etats souhaitent protéger l'aspect culturel des créations appartenant à leur patrimoine national. Ce qui est tout à fait possible au moyen d'un droit moral[21].

65. Débat doctrinal. -Titularité. Les opposants à ce type de protection ont notamment soutenu que les auteurs des folklores ne sont pas connus. Mais, les tenants d'une protection du folklore par le droit d'auteur ont admis que l'on puisse considérer que l'auteur du folklore est la communauté (représentant l'un de ses membres) ou le pays dont est issu le folklore. Il ne s'agit certes que d'une fiction juridique permettant de désigner le titulaire du droit. Cela suffit à répondre à l'une des objections contre la protection des œuvres du folklore par le droit d'auteur.

66. Débat doctrinal. - Durée. La question la plus difficile concernant la protection du folklore par le droit d'auteur semble être celle de la perpétuité de la protection souhaitée par les Etats désirant protéger leurs folklores[22]. Il est actuellement admis qu'en matière de droit d'auteur, le principe est celui d'une protection limitée dans le temps. Pour autant, il convient de bien avoir à l'esprit que si le principe d'une protection limitée dans le temps a été adopté c'est pour prendre en compte les divers intérêts en cause[23]. Il paraît donc concevable que d'autres intérêts que ceux qui ont justifié une protection temporaire soient pris en compte, y compris pour justifier une protection perpétuelle. Ce qui est déjà le cas avec le droit moral. La durée de protection peut donc être ajustée en tenant compte des intérêts à protéger. C'est, en partie, en considération de cet argument, qu'un spécialiste a proposé de remplacer la durée temporaire actuellement en vigueur aux Etats-Unis par un système de protection renouvelable indéfiniment[24].

---

[20] V. notamment F. Shyllon, *Conservation, préservation et protection juridique du folklore en Afrique. Un tour d'horizon : Bull. dr. auteur,* vol. 32, n°4, 1998, p.40.- B. Ndoye, *La protection des expressions du folklore au Sénégal : Dr. auteur,* 1989, p.396.

[21] Y. Gendreau, *Pour un renouveau du droit moral à travers les revendications des autochtones : Propr. intell.* n°14, janv. 2005, p.15

[22] V. L.Y. Ngombé, *Brèves observations sur la protection du folklore par le droit d'auteur : RRJ* 2004, n°4, pp. 2367 et s., spéc. 2372

[23] Sur ce point, F. Pollaud-Dulian, *La durée du droit d'auteur : RIDA* avr. 1998, pp. 83 et s

[24] R.A. Posner, *How Long Should A Copyright Last ?: Journal of the Copyright Society of the USA,* Vol. 50, 2003, p. 1

La propriété littéraire et artistique n'étant pas par essence limitée dans le temps, l'objection fondée sur la perpétuité de la protection du folklore peut donc être écartée. La protection du folklore par le droit d'auteur entre en fait dans le cadre de l'institution d'un domaine public payant. Cette approche de la propriété intellectuelle, adoptée notamment dans les Etats africains et sud américains, ne paraît pas si incompatible avec les autres règles du droit d'auteur. Mais le droit d'auteur n'est pas le seul moyen de protéger le folklore, particulièrement s'il est considéré dans sa globalité.

67. Difficulté de l'approche globale. La question de la protection du folklore est souvent abordée de manière globale et le folklore envisagé comme une unité. La démarche est compréhensible. Mais la difficulté, du moins sur le terrain du droit d'auteur, vient justement, pour une large part, de ce souci d'appréhender le folklore dans sa globalité pour le soumettre à un régime unique[25]. En effet, le folklore inclut les créations artistiques telles que les tapisseries ou les sculptures, les devinettes, les créations musicales, les créations littéraires tels que les poèmes, les contes… Mais il peut aussi comprendre des techniques de coiffure, des emplois thérapeutiques de plantes, des méthodes de préparations culinaires, des savoirs relatifs à l'environnement et à la conservation de la biodiversité.

68. Nécessité de limiter la protection par le droit d'auteur aux expressions littéraires et artistiques. Seule donc une partie du folklore peut être appréhendée par la propriété littéraire et artistique qui est, selon nous, du moins pour ces créations, l'une des meilleures protections possibles. Les autres branches du droit de la propriété intellectuelle peuvent accueillir d'autres formes d'expression du folklore. Et, au-delà, d'autres formes de protection juridique, hors de la propriété intellectuelle, peuvent contribuer à l'effectivité de la protection du folklore[26]. Les éléments du

---

[25] La critique de l'approche globale par un régime unique peut d'ailleurs être faite au droit *sui generis* qui, de toute façon, ne répondrait pas à toutes les questions. V. sur ce point, S. K. Verma, *Protecting Traditional Knowlegde. Is a Sui Generis System an Answer ?: JWIP,* Vol. 7, n°6, 2004, p. 765

[26] V. l'approche similaire suggérée par les travaux de l'Organisation mondiale de la propriété intellectuelle. V. particulièrement, l'art. 10 des dispositions de fond figurant dans les *Dispositions révisées relatives à la protection des expressions culturelles traditionnelles ou expressions du folklore* (document WIPO/GRTKF/IC/9/4)

folklore cités dans les lois africaines sur le droit d'auteur ne sont d'ailleurs que des créations littéraires ou artistiques. Sur ce point, ces lois sont à l'abri de toutes critiques.

69. Mise au point. Une mise au point est donc nécessaire afin de préciser à l'intérieur du folklore ce qui ressortit au domaine de la propriété littéraire et artistique. Aussi il nous paraît plus approprié de parler, en droit d'auteur, d'œuvres du folklore. Ne seraient ainsi protégées par le droit d'auteur que les œuvres du folklore alors que les autres expressions du folklore seraient soumises à d'autres régimes. La protection du folklore par le droit d'auteur est donc possible[27]. De nombreux Etats africains ont ainsi pris le parti de prévoir dans leurs législations une protection par le droit d'auteur. Elle est en outre reconnue au niveau régional.

70. Accord de Bangui.- Instruments internationaux L'annexe VII de l'accord de Bangui consacre de nombreux articles à la protection du folklore, d'abord au titre du droit d'auteur, puis au titre de la promotion et de la protection du patrimoine. La protection du folklore est également reconnue à l'échelle internationale. C'est aux œuvres du folklore que renvoie l'article 15(4) de la Convention de Berne. Mais on peut considérer que jusqu'ici cette disposition est restée lettre morte. Au niveau international on peut également citer la Convention pour la sauvegarde du patrimoine immatériel (2003).

71. Définition. – Terminologie. Les différents Etats définissent généralement les œuvres du folklore comme l'ensemble des productions littéraires et artistiques créées sur le territoire de l'Etat concerné par des auteurs anonymes, inconnus ou oubliés présumés ressortissants de cet Etat ou d'une communauté ethnique du même Etat. Certaines lois visant ces créations littéraires et artistiques ont retenu une autre terminologie.

---

[27] V. pour une vue d'ensemble et une comparaison des points de vue : K. Nikiema, *La protection des expressions du folklore par la propriété intellectuelle,* Thèse paris II, 1988.- J. G. Weiner, *Protection of Folklore. A Political Challenge : IIC,* Vol. 18, n°1, 1987, p.56.- C. Masouyé, *art. cité supra.*- F. Shyllon, *art. cité supra.*- H.P. Sambuc, *Protection internationale des savoirs traditionnels : la nouvelle frontière de la propriété intellectuelle,* éd. L'Harmattan, 2003 V. également A. Lucas-Schloeter, *Protection juridique du folklore : Juris-Classeur,* PLA, fascicule 1962 (2003).- L. Y. Ngombé, *Brèves observations sur la protection du folklore par le droit d'auteur : RRJ* 4-2004, p.2367 – S. Choisy, *L'appropriation de la culture* in *Droit D'auteur et culture* (sous la direction de J.-M. Bruguière), Dalloz 2007, p. 95

Ainsi, le législateur algérien a préféré aux vocables « Œuvre du Folklore » ou « expressions du folklore », ceux « d'œuvre du patrimoine culturel traditionnel ». Cette terminologie a notre préférence, autant parce qu'elle paraît plus précise que parce que le mot « folklore » a parfois été, hélas, frappé de péjoration.

L'expression « œuvre du patrimoine culturel » a été retenue, par exemple, par le législateur burkinabé en 1999. La définition retenue par le texte burkinabé est intéressante dans la mesure où elle n'est pas réductrice comme le texte de la Convention de Berne (art. 15). En effet, alors que l'allusion au folklore dans le texte de la Convention de Berne ne concerne que les œuvres d'auteurs inconnus d'un Etat ou d'une communauté, le texte burkinabé inclut les œuvres d'auteurs connus. En toute logique, du point de vue du droit d'auteur, lorsque l'œuvre appartient au patrimoine culturel national (donc au folklore) elle n'appartient à l'Etat qu'au-delà de la soixante-dixième année après le décès de l'auteur[28]. Il est évident que l'anonymat n'est pas un critère décisif pour qu'une œuvre fasse partie du folklore ou du patrimoine national. En France par exemple on sait que Fabre d'Eglantine (écrivain du 18ème siècle) est l'auteur de la chanson *il pleut bergère,* laquelle fait manifestement partie du folklore (ou en tout cas du patrimoine culturel) français. On pourrait faire les mêmes observations concernant de nombreuses pièces musicales composées par Mozart pour l'Autriche.

72. Problèmes pratiques. On peut se demander si certains problèmes pratiques ne risqueraient pas de se poser. Chaque Etat protège le folklore qui est le sien. Pour des créations séculaires il pourrait se poser des questions. En effet, les créations étaient plutôt tribales ou ethniques, puisque les Etats sous leur forme actuelle ne sont apparus en Afrique qu'avec la colonisation, laquelle a favorisé un partage qui a séparé des ethnies entre deux ou plusieurs Etats. Le folklore Téké par exemple peut faire partie du folklore de la République du Congo, du folklore de la RDC ou de celui du Gabon. Il est vrai que la question ne se posera qu'à l'échelle régionale. Nous y reviendrons plus loin (V. *infra* Titre IV).

73. Entre Droit d'auteur et nouveau droit voisin ? Il convient aussi de relever que des textes récemment adoptés ou modifiés continuent, pour la majorité, à protéger les œuvres du folklore par les dispositions relatives au

---

[28] LDA- Burkina Faso, art. 88

droit d'auteur. Le nouveau texte burkinabé ne cite plus les œuvres du folklore parmi les créations protégées par le droit d'auteur mais prévoit un droit « sur les expressions du patrimoine culturel traditionnel». Il s'agit, en fait, d'un simple changement formel car les règles applicables sont exactement les mêmes que celles que prévoyait l'ancien texte aux termes duquel les œuvres du folklore étaient protégées par le droit d'auteur. Le législateur burkinabé maintient en tout cas la protection du folklore dans le texte sur la propriété littéraire et artistique. Le texte tchadien, sans y consacrer un titre spécial, et bien qu'il ne cite pas les expressions du folklore parmi les œuvres protégées, prévoit des dispositions qui laissent penser qu'il prévoit, lui aussi, un droit ressemblant au droit d'auteur *stricto sensu (*un droit *sui generis).* A y regarder de plus près, les lois citant les expressions du folklore parmi les œuvres protégées, continuent à protéger une partie du folklore par le droit d'auteur tout en le soumettant (ou plutôt en continuant à le soumettre) à des règles particulières. La loi namibienne, en revanche, range explicitement le folklore parmi les objets protégés au titre des droits voisins du droit d'auteur. En effet, la cinquième partie de ce texte est consacrée à la protection des interprètes, producteurs de phonogrammes et expressions du folklore. On reste tout de même dans le cadre du droit d'auteur *lato sensu.*

74. Cumul et complémentarité des protections. Si les Etats africains, dans leur grande majorité, protègent le folklore au titre du droit d'auteur, cela n'exclut pas un cumul de protection avec un *droit sui generis.* C'est d'ailleurs ce qui est prévu par l'accord de Bangui, puisque le texte régional sur la propriété littéraire et artistique prévoit la protection du folklore au titre du droit d'auteur et au titre de la protection du patrimoine culturel. Certaines législations ont clairement adopté la même approche. Ainsi, l'article 2.3 de la loi ivoirienne du 28 juillet 1987 portant protection du patrimoine culturel cite les œuvres du folklore et renvoie expressément à la définition de la loi sur le droit d'auteur[29]. Même lorsque le mot folklore n'est pas employé dans certaines lois relatives à la protection du patrimoine culturel, de nombreuses œuvres du folklore sont citées. Ainsi dans la loi nigérienne, la protection du patrimoine culturel concerne par

---

[29] Le texte visé est celui de 1978 (dont le texte de 1996 n'a pas modifié la définition des œuvres du folklore).

exemple : « les tableaux, peintures et dessins faits entièrement à la main sur support et en toutes matières[...] »[30]

Parfois encore, la définition est si large qu'elle englobe forcément les œuvres du folklore (et les expressions du folklore qui ne peuvent être considérées comme des œuvres de l'esprit). La loi gabonaise par exemple protège « les biens culturels créés ou trouvés sur le territoire national »[31]. Le texte malgache vise « toute création littéraire et artistique »[32]. Ce qui inclut, sans l'ombre d'un doute, les œuvres du folklore. Pour aboutir à la protection la plus efficace possible, il a été proposé de protéger les folklores africains par le droit coutumier[33]. La proposition est fort intéressante, mais ne résout que partiellement les difficultés relatives à la protection du folklore. Le droit coutumier de la communauté d'origine sera sans doute une efficace protection complémentaire au niveau national. Mais la protection par le droit d'auteur, ou plus largement par la propriété intellectuelle, répondra mieux aux problèmes liés à l'exploitation internationale des œuvres du folklore.

Il faudra, aussi, sans doute , prendre en compte pour aboutir à une protection efficace, l'éventualité de l'application de la règle de réciprocité[34]. La question évoluera de manière plus sensible lorsque les réflexions et les travaux au niveau international auront abouti. Il est alors fort probable que le principe d'une complémentarité des protections, et même d'un cumul, finisse par être retenu. Quant au droit *sui generis* (c'est-à-dire spécifique), s'il est retenu – ce qui est de plus en plus probable –, la question est de savoir de quel droit de propriété intellectuelle existant il peut s'inspirer. Si la tendance générale est à prendre pour modèle le droit d'auteur, certains auteurs ont proposé de s'inspirer de la législation relative aux indications géographiques[35].

---

[30] Niger :loi n°97-003 du 30 juin 1997 relative à la protection, la conservation et la mise en valeur du patrimoine culturel national, art. g. *ii*

[31] Gabon :loi n°2/94 du 23 décembre 1994 portant sur la protection des biens culturels, art. 3

[32] Madagascar : ordonnance n° 82-029 relative à la protection, la sauvegarde et la conservation du patrimoine culturel national, art. 1er

[33] V. P. Kuruk, *Le droit coutumier africain et la protection du folklore : Bull. dr. auteur,* Vol.36, n°2, 2002, p. 4

[34] V. P. Kuruk, *Bridging the Gap Between Traditional Knowledge and Intellectual Property Rights. Is Reciprocity an Answer?: JWIP,* Vol. 7, n° 3, 2004, p. 429.- V. aussi LDA Niger, art.60

[35] Sur ce point, V. notamment B. Sherman and L. Wiseman, « Towards an Indigenous Public Domain? » in L. Guibault, P.B. Hugenholtz (eds.), *The Future of the Public*

75. Droit d'auteur et règles particulières. Tous les textes africains prévoyant la protection des œuvres du folklore soumettent lesdites œuvres à un régime particulier relativement à leur exploitation (V. *infra* Titre IV). Cette soumission des œuvres du folklore[36] à des règles particulières est l'une des raisons de la réticence de certains spécialistes quant à la place de ce type de créations dans le champ de la propriété littéraire et artistique. Sur ce point, on pourrait objecter qu'il existe d'autres créations soumises à des règles particulières. Tel est le cas des bases de données et surtout, dans un tout autre registre pourrait-on dire, des logiciels par exemple.

Section 3. Logiciels

76. Absence de mention dans certaines lois. Seules certaines lois africaines sur le droit d'auteur citent parmi les œuvres protégées les programmes d'ordinateurs. C'est le cas, notamment des lois du Cameroun (art.3.1.a. citant les programmes d'ordinateur parmi les œuvres écrites), du Togo (art.6.14), du Soudan (art.5.1)g), de la République Sud Africaine (art. 2.1.*i*) ou de la Zambie (art.7.a.*iv*). L'absence de mention des logiciels (et des bases de données électroniques) dans certaines lois africaines s'explique simplement par le fait qu'elles sont anciennes.

77. Protection implicite. Il n'est pas exclu que les logiciels[37] soient protégés par les lois africaines qui n'en font pas une mention expresse. En effet les listes des œuvres protégées dans les différentes lois africaines ne sont pas limitatives. Aux juges africains d'appliquer les textes existants à des œuvres non prévues par les textes, comme l'ont fait avant eux des juridictions européennes confrontées aux mêmes problèmes[38]. Se posera

---

Domain. Identifying the Commons in Information Law, Kluwer Law International, 2006, p. 259

[36] Expression à laquelle on peut substituer celle d'*œuvres du patrimoine national,* cette dernière n'étant pas frappée de péjoration comme a pu l'être le vocable « folklore ».

[37] Sur la protection des logiciels en Afrique V. notamment R. Kiminou, *La protection du logiciel en droit africain : Penant,* 1990, p. 246.- D. Wafo, *La protection, par le droit d'auteur, du logiciel en Afrique : Penant,* 1996, p. 156

[38] Amegatcher, *Op. cit.,* p.11

alors la question de l'originalité des logiciels. Les pays africains ayant adopté une approche subjective de la notion d'originalité seront certainement les plus confrontés au problème. C'est pourquoi il est souhaitable de prévoir expressément la protection des logiciels.

78. Logiciels. -Texte régional – Textes internationaux. L'accord de Bangui prévoit, suivant en cela l'exemple de l'accord ADPIC[39] (art.10) et le traité de l'OMPI du 20 décembre 1996 (art.4), la protection des programmes d'ordinateurs au titre des œuvres écrites (art.5.1)*i*). Cette prescription internationale oblige les Etats africains (du moins leur grande majorité) à prévoir la protection des logiciels par le droit d'auteur.

79. Mise en conformité. Les Etats africains n'ayant pas expressément prévu la protection des logiciels, notamment parmi les membres de l'OAPI, pourront soit en prévoir la protection au titre des œuvres écrites, soit, à la faveur d'une révision de leurs lois, ajouter à la liste des œuvres protégées les programmes d'ordinateurs (en adoptant par exemple l'approche française).

Section 4. Les enregistrements sonores

80. Influence du système du copyright. Autre illustration de la transposition de l'opposition entre Droit d'auteur et *Copyright* en Afrique, la mention des enregistrements sonores parmi les œuvres protégées au titre du droit d'auteur dans les lois des anciennes colonies britanniques alors que dans les anciennes colonies françaises ces enregistrements sont protégés au titre des droits voisins et ne sont pas considérés comme des oeuvres. Les lois ghanéenne (article 1, alinéa 1 d) et Kenyane (art.22.1*e*), par exemple, citent parmi les œuvres protégées les enregistrements sonores.

---

[39] Aspects des droits de propriété intellectuelle qui touchent au commerce.

Section 5. Les œuvres dérivées

81. Définition. - Enumération légale. Il s'agit d'œuvres qui, bien qu'originales, empruntent à des œuvres préexistantes. Les œuvres dérivées peuvent relever de l'une des catégories citées plus haut. Sont notamment protégées en tant qu'œuvres dérivées :

- les transformations tels que les traductions, les adaptations, les arrangements (pour le domaine musical), les œuvres inspirées du folklore[40];
- les compilations, anthologies, encyclopédies et recueil divers (notamment recueil d'expressions du folklore) de même que les bases de données[41], généralement définies comme une compilation de données.

Ces œuvres doivent, pour être protégées au titre du droit d'auteur, être originales. Pour une base de donnée par exemple, l'originalité pourra résulter du choix et de la disposition des matières.

82. Exemples. Peuvent ainsi être protégées en tant qu'œuvres dérivées une anthologie de la musique africaine, une traduction d'une fable de La Fontaine dans une langue africaine, une encyclopédie des savoirs ancestraux, une adaptation cinématographique d'un roman de Sembene Ousmane, une version instrumentale moderne d'une chanson traditionnelle, etc.

Section 6. Œuvres non protégées

83. Enumération. Les lois sur le doit d'auteur citent généralement un certain nombre d'objets, qui pourraient être éligibles à la protection par le droit d'auteur mais qui en sont exclus par la volonté de la loi. Il s'agit en général des objets suivants: les textes officiels, les décisions de justice, les sujets d'examens publics, les discours parlementaires. On peut à cette liste ajouter, pour certains Etats tout au moins, les œuvres du folklore.

---

[40] V. par exemple l'affaire *Kidjo* citée *supra*

[41] V. notamment Accord de Bangui, Annexe VII, art. 6.1.*ii*

TITRE II

LES BENEFICIAIRES DE LA PROTECTION

84. Panorama. Les règles attributives de la titularité des droits d'auteur sont, en principe, les mêmes dans les différentes lois africaines. Toutefois, il est généralement dérogé à ces principes pour certaines catégories d'œuvres ou pour tenir compte du fait que l'œuvre a été créée dans le cadre d'un contrat de travail ou d'un contrat de commande.

Chapitre I

Règles attributives de la titularité initiale des droits

85. Principe et incidence du lien d'engagement. Une règle est admise par la majorité des lois africaines, c'est celle de l'attribution de la titularité initiale des droits d'auteur au créateur de l'œuvre. Tel est le principe. Mais l'existence d'un contrat de travail ou d'un contrat de commande a parfois (dans certaines lois tout au moins) un effet automatique sur la titularité des droits. De même, le mariage de l'auteur pourrait avoir des effets particuliers concernant la titularité des droits d'auteur.

Section 1. L'attribution initiale des droits au créateur de l'œuvre

86. Créateur –Titulaire initial des droits. Toutes les lois africaines, ou presque, posent le principe selon lequel l'auteur d'une œuvre de l'esprit est la personne physique qui l'a créée et que cette personne (le créateur de l'œuvre) est le premier titulaire des droits sur cette oeuvre. L'Annexe VII de l'accord de Bangui pose clairement le principe à l'article 28 ainsi libellé : « l'auteur d'une œuvre est le premier titulaire des droits moraux et patrimoniaux ».

87. Présomption de la qualité d'auteur. Pour faciliter la preuve de cette qualité d'auteur, de nombreuses lois prévoient une présomption en vertu de laquelle l'auteur est la personne sous le nom de laquelle l'œuvre est publiée[1]. Il s'agit d'une présomption simple. Elle peut donc être renversée par la preuve contraire.

88. Œuvre de collaboration. Coauteurs. En principe lorsque l'œuvre est créée en concertation par plusieurs auteurs, c'est le même principe qui s'applique. Les différents créateurs sont alors coauteurs d'une œuvre de collaboration. A ce titre, il sont tous titulaires initiaux des droits sur l'œuvre.

89. Œuvre de collaboration. – Exploitation – Rapports entre les coauteurs. L'œuvre de collaboration est régie par certaines règles particulières pour tenir compte de la pluralité de créateurs. Ainsi, l'exploitation de l'œuvre, est en principe, soumise à l'autorisation de tous les créateurs[2]. En cas de désaccord entre les auteurs, il appartient généralement au juge de statuer.

Néanmoins lorsque les apports des auteurs sont séparables, et seulement dans ce cas, il est généralement prévu qu'une exploitation séparée est possible, chaque auteur ayant la propriété de sa contribution à l'œuvre commune. Tel est généralement le cas lorsque les contributions relèvent de genres différents. Ainsi, pour une chanson, l'exploitation séparée de la musique et des paroles[3]. Il est souvent précisé que cette possibilité d'exploitation séparée des contributions n'est possible qu'autant qu'elle ne porte pas préjudice à l'exploitation de l'œuvre commune.

90. Œuvre composite. Le principe de l'attribution de la titularité initiale des droits d'auteurs au créateur est encore appliqué dans le cadre d'une œuvre composite. Par œuvre composite on désigne une œuvre nouvelle incorporant une œuvre préexistante, sans la collaboration de l'auteur (ou des auteurs) de cette dernière. Toutes les lois africaines mentionnant l'œuvre composite disposent, comme le législateur français[4], que l'œuvre

---

[1] V. par exemple, Mozambique, art.21

[2] V. par exemple Togo, art.31 al.1

[3] V. par exemple Libye, art. 29

[4] Loi du 11 mars 1957, art.9 al.2 (*Code de la Propriété Intellectuelle*, art. L.113-4)

composite est la propriété de l'auteur qui l'a réalisée ou créée, sans préjudice de l'auteur de l'œuvre préexistante.

L'auteur de l'œuvre composite doit donc respecter les droits de l'auteur de l'œuvre préexistante. Ainsi, un auteur désirant adapter une œuvre préexistante doit, en principe, en demander l'autorisation au titulaire des droits. L'accord de l'auteur de l'œuvre première (ou plutôt de ses ayants droit) n'est pas nécessaire lorsque l'œuvre préexistante est dans le domaine public.

Section 2. L'incidence du contrat de commande et du contrat de travail

91. Contrat de commande et contrat de travail Le principe selon lequel l'œuvre appartient à titre originaire au créateur de l'œuvre ne s'applique pas toujours en cas de création dans le cadre d'un contrat de commande ou d'un contrat de travail.

Ces deux contrats sont généralement désignés dans certaines lois africaines sur le droit d'auteur sous leurs appellations anciennes de contrat de louage d'ouvrage et de contrat de louage de service. Le contrat de louage de d'ouvrage est aujourd'hui connu sous la dénomination de contrat d'entreprise. Le contrat par lequel une œuvre est commandée à un auteur est un contrat d'entreprise. Quant au contrat de louage de service, il désigne le contrat de travail[5]. L'auteur qui conclut l'un ou l'autre de ces contrats crée dans un « lien d'engagement » qui, pour certains législateurs, doit avoir une incidence sur la titularité des droits d'auteur.

92. Différentes approches. Deux règles s'opposent. Celle selon laquelle l'existence de l'un ou l'autre de ces contrats n'a aucune incidence sur la titularité des droits et celle selon laquelle les règles attributives de la titularité des droits sont modifiées par l'effet de l'un au moins de ces contrats.

---

[5] Plutôt que de reprendre, parfois par pur mimétisme, une terminologie ancienne, certains législateurs gagneraient a opté pour un vocabulaire plus compréhensible, notamment par les entrepreneurs de la culture et par les créateurs d'œuvres de l'esprit.

La première solution est conforme à la conception humaniste de la propriété littéraire et artistique (le système du droit d'auteur) alors que la seconde correspond à une approche marchande de la protection des arts et des lettres. L'acculturation juridique dans ce domaine explique que les Etats francophones aient, en général, opté pour l'approche humaniste alors que les Etats anglophones ont en général opté pour l'approche marchande. Mais le clivage ne se résume pas à cet héritage colonial, puisqu'on trouve parmi les anciennes colonies françaises certains Etats ayant opté, sur ce point, pour la règle en vigueur dans les pays de copyright. La tendance générale est d'ailleurs à l'adoption de l'approche anglo-saxonne.

93. Indifférence du lien d'engagement. Parmi les Etats affirmant que nonobstant l'existence d'un contrat de commande ou d'un contrat de travail, les droits d'auteur appartiennent à titre originaire au créateur de l'œuvre, on peut citer les lois du Gabon[6], de Madagascar[7] et du Tchad[8].

On peut encore citer l'exemple particulier du Nigeria. Bien que le Nigeria soit une ancienne colonie britannique inspirée du système du *Copyright*, sa loi sur le droit d'auteur porte que : en cas d'œuvre de commande ou d'œuvre réalisée dans le cadre d'un contrat de travail, l'auteur est présumé titulaire initial des droits (V.art.9 à 11). Un auteur nigérian a ainsi pu écrire à ce propos que la loi consacre véritablement le copyright des auteurs[9]. Cependant lorsque l'œuvre est réalisée pour un

---

[6] articles 2 et 18 de la loi N°1/87 du 29 juillet 1987

[7] Le texte malgache mérite d'être cité, pour sa simplicité et son originalité aussi bien dans le style de rédaction (différent de la phrase du texte français repris par de nombreuses lois) que dans le vocabulaire plus moderne. Aux termes de ce texte, la règle de la titularité initiale au profit du créateur « s'applique aussi aux œuvres créées dans le cadre de travail ou de contrat de commande ». Le législateur malgache abandonne les termes plutôt désuets de contrat de louage d'ouvrage et de contrat de louage de services.

[8] art. 11 de la loi du 2 mai 2003

[9] Sodipo,. *Ownership of Copyright Under the 1988 Decree : J. Priv. Prop. Law,* Vol. 13-14-15, 1990-1991, p.90.- Pour une vue d'ensemble sur cette loi, A.G. Adeyinka, *Intellectual Property in Developing Countries : Nigeria's Copyright Decree 1988,* in *The Law and Economic Development in Third World,* New York, Praeger, 1992, pp.43-83 Et plus particulièrement sur les révisions intervenues en 1999, F. Shyllon, *Recent Developments in Copyright Law and Enforcement Procedure in Nigeria : IIC* 2001, Vol. 32, p. 298. Sur le droit d'auteur au Nigéria en général, on peut consulter avec intérêt l'ouvrage très documenté (notamment en jurisprudence nigériane reproduite en Annexe) de J.O. Asein, *Nigerian Copyright, Law and Practice,* Abuja, Nigerian Copyright Commission, 2004

journal, un magazine ou un périodique d'une manière générale, le titulaire initial des droits est la personne physique ou morale, pour le compte de laquelle l'œuvre a été réalisée. Cette "concession" accordée à une catégorie particulière d'employeur ou de commanditaire a été jugée très critiquable[10]. Elle crée en effet une discrimination dont on a peine à trouver la justification.

94. Incidence du lien d'engagement. – titularité initiale au profit du commanditaire ou de l'employeur. Parmi les Etats qui paraissent inspirés, sur ce point en tout cas, par le système du *Copyright* on peut citer la Zambie dont la loi sur le copyright porte qu'en cas de contrat de commande et de contrat de travail (sauf pour les émissions de radiodiffusion ou les programmes distribués par câble) « l'employeur ou la personne ayant commandé l'œuvre est le titulaire originaire du droit d'auteur » (article 10.3). On peut aussi citer les lois de l'Angola (art. 16), du Botswana (art. 10.3), du Ghana (art.7), du Kenya (art.13), du Malawi (art.12) ou de l'Ouganda, (art.8). On peut encore citer l'exemple de la loi algérienne. La loi algérienne prévoit qu'en cas de contrat de travail (art.19) ou de contrat de commande (le texte emploie l'expression de « contrat d'entreprise » [art.20]), l'employeur ou la personne qui a commandé l'œuvre est « investie des droits d'auteur ».

95. Incidence du lien d'engagement. – Présomption de cession au profit du commanditaire ou de l'employeur. L'existence d'un contrat de travail ou de commande est parfois considérée non pas comme modifiant radicalement la règle de la titularité originaire mais comme opérant transfert automatique des droits patrimoniaux. La nouvelle loi du Cameroun par exemple[11] a opté pour le transfert automatique des droits à celui pour le compte de qui l'œuvre est créée (art.12.1). Les lois du Lesotho[12] (art.14.4) et de l'île Maurice (art. 7.5) portent la même disposition.

Les lois marocaine, béninoise, burkinabé et sénégalaise, par exemple, prévoient aussi une présomption de transfert des droits à

---

[10] B. Sodipo, *art. précité*, p.91

[11] Loi n°2000/11 du 19 décembre 2000. Sur ce texte, Ch. Seuna, « La nouvelle loi camerounaise relative au Droit d'auteur et aux Droits voisins », *RIDA* n° 192, Avril 2002, p.394

[12] Pour un aperçu de la loi du Lesotho, V. T. Kikine, *Lettre du Lesotho. L'ordonnance n°13 de 1989 sur le droit d'auteur : Dr. auteur,* 1991, p.198 et s.

l'employeur pour les œuvres créées dans le cadre d'un contrat de travail (la présomption étant exclue pour les œuvres de commande). La rédaction de certains textes laisse penser qu'il s'agit d'une présomption irréfragable (par exemple, Bénin, art. 5 al. 3, Sénégal, art.18). En effet, il n'est pas prévu, dans certains textes, la possibilité d'écarter la présomption par une stipulation contractuelle. En revanche, d'autres textes (ainsi la loi camerounaise, art. 12.1), prévoient que la présomption de cession peut être écartée par une stipulation contractuelle contraire.

On peut être frappé par le fait, par exemple, que la loi d'un pays de *Copyright* comme l'Ouganda (art.8) prévoit clairement la possibilité d'une stipulation contractuelle contraire alors que de nombreux pays francophones ne le prévoient pas. Il s'agit généralement de pays membres de l'OAPI.

96. Accord de Bangui. L'annexe VII de l'accord de Bangui, dans sa version révisée (1999) s'est rapprochée du système anglo-saxon puisque l'article 31 pose que pour les œuvres créées dans le cadre d'un contrat de travail ou d'un contrat de commande l'auteur est le titulaire originaire (maintien théorique de l'approche française), mais que « cette œuvre est considérée comme transférée à l'employeur dans la mesure justifiée par les activités habituelles de l'employeur ou de cette personne physique ou morale au moment de la création de l'œuvre [13]»

La rédaction du texte régional semble ne pas permettre l'insertion, dans le contrat de travail ou de commande, d'une clause permettant d'écarter ce transfert automatique des droits. La règle paraît dès lors plutôt faire bon marché des droits des créateurs. Cette première impression est atténuée par le fait que le texte limite la portée de la cession aux activités habituelles de l'employeur ou du commanditaire au moment de la création. A la vérité, c'est une maigre consolation. Il est heureux que certains textes nationaux inspirés par le texte régional aient pris la précaution de prévoir la possibilité d'une stipulation contractuelle contraire[14].Malgré le caractère quasi-illusoire d'une clause contraire, il est, en effet, préférable que les textes de lois qui optent, comme l'OAPI, pour une approche anglo-saxonne, sur ce point, prévoient expressément le

---

[13] Comp. loi anglaise de 1988 et lois africaines inspirées par le système anglo-saxon du copyright.

[14] V. notamment Bénin, art. 5 al.3

caractère simple de la présomption de cession dont bénéficie l'employeur ou le commanditaire.

97. Difficulté pour l'auteur d'insérer une clause écartant la présomption de cession. Il est tout à fait concevable, et même indispensable, que l'intérêt des investisseurs soit pris en compte concernant la maîtrise de l'œuvre. En effet, l'investissement financier permet souvent sinon la création (œuvre audiovisuelle par exemple), du moins la diffusion de l'œuvre (livre par exemple).

La présomption de transfert tend cependant à accorder plus de protection à l'employeur au détriment de l'auteur, partie faible (du moins en général) au contrat. Seuls quelques rares auteurs pourront imposer à leurs cocontractants, employeur ou client, d'écarter la présomption légale.

Section 3. Incidence éventuelle du mariage de l'auteur

98. Application des textes relatifs aux régimes matrimoniaux. Lorsque l'auteur est marié, selon le régime matrimonial auquel il est soumis, une incidence est possible sur la titularité des droits. En Afrique tout dépendra de la loi applicable dans chaque Etat. Sur cette question les interrogations paraissent plus nombreuses que les réponses légales.

99. Régimes de séparation et régimes de communauté. Selon que l'auteur sera marié sous un régime de séparation des biens ou de communauté des biens les règles peuvent varier. En principe, la situation la plus simple est celle de la séparation de biens. Dans ce cas l'auteur sera seul titulaire des droits sur ses créations ainsi que sur les fruits et produits desdites créations. La situation sera moins évidente en cas de communauté de bien.

100. Principes généraux appliqués à la propriété littéraire et artistique. Dans de nombreuses lois inspirées du droit français il est précisé que dans le régime de la communauté légale, les biens de la communauté sont ceux acquis à partir du mariage des époux. Sont exclus de la communauté, les biens acquis avant le mariage, ceux reçus en successions ou libéralités (aussi bien avant qu'après le mariage), les biens à caractère personnel et les biens exclusivement attachés à la personne[15].

Selon certains auteurs, le droit d'auteur (qu'il s'agisse du droit moral ou des droits patrimoniaux[16]) sont des droits exclusivement attachés à la personne et doivent donc être considérés comme des biens propres aussi bien des créations faites avant que pendant le mariage[17]. Ce qui a l'avantage pratique de la simplicité et le mérite théorique de la prise en compte de la spécificité des propriétés artistiques.

Mais ce n'est pas la seule interprétation possible. En effet, il n'est pas exclu que l'on puisse considérer que le droit moral (notamment le droit de divulgation, c'est-à-dire le droit pour l'auteur de rendre son œuvre publique) est exclusivement attaché à la personne tout en soumettant les droits patrimoniaux à un autre régime. Ainsi pourraient par exemple être considérés comme des biens communs les tableaux réalisés par un peintre pendant le mariage.

101. Produits et fruits – Gains et salaires. Certains textes, tout en posant le principe selon lequel les fruits et produits des biens propres n'entrent pas dans la communauté, disposent que les gains et salaires entrent dans la communauté. En considérant les droits d'auteurs comme des biens propres, n'excluent-on pas (si l'on considère les redevances d'auteurs comme des fruits ou produits de ces biens) de la communauté des revenus de ceux qui n'auraient pour seule activité lucrative que la vente de leurs créations ou la cession de leurs droits d'auteur ? Mais cette inquiétude peut être apaisée (partiellement) par le fait que dans tous les cas l'auteur doit contribuer aux charges du ménage.

On peut également s'interroger sur la condition des femmes auteurs, lorsqu'elles sont mariées selon la loi d'un Etat confiant la gestion de leurs biens au mari.

---

[15] V. par exemple Madagascar (Loi n°67-030 du 18 décembre 1966 relative aux régimes matrimoniaux et à la forme des testaments), art.17 et 18 ; Congo, *Code de la famille,* art. 212-213 ; Burkina Faso, *Code des personnes et de la famille,* art. 321

[16] Sur cette distinction, V. *infra,* titre. III

[17] V. pour le Burkina, sous l'empire de l'ancienne loi (les réflexions peuvent être transposées à certains Etats n'ayant pas tranché la question) K. Nikiéma, *Le droit d'auteur et les régimes matrimoniaux en droit burkinabé,* Rev. Burkinabé de droit, n° 25, 1994, pp. 9-44

102. Polygamie. Par ailleurs, on peut aussi s'interroger sur le cas des mariages polygames autorisés par de nombreuses lois africaines[18]. Dans le cas où les droits d'auteurs sont considérés comme des biens communs, ils seront alors (semble-t-il) communs au mari et aux co-épouses[19]. Si, ce qui paraît le choix le plus logique, seules les redevances d'exploitation entrent dans la communauté, on peut imaginer que les choses seraient tout de même compliquées. Par ailleurs, lorsqu'il sera jugé (par application de la loi) ou convenu (conformément à un contrat de mariage) que les fruits des droits d'auteur entrent dans la communauté quel sera le sort de ces fruits lorsqu'ils proviendront de l'activité artistique de l'une des épouses? Certains textes répondent à cette question en interdisant l'utilisation des revenus d'une épouse par le mari pour les besoins d'une autre. Dans certains cas, cette interdiction risque de n'être que théorique.

103. Qualification légale. – Biens propres. Certains textes récents ont prévu, ce qui facilite les choses, que les droits d'auteur sont des propres quel que soit le régime matrimonial applicable à l'auteur (Bénin, Burkina Faso, Madagascar, Sénégal et Tchad, notamment). Cette qualification ne concerne que le monopole d'exploitation et ne concerne pas les produits pécuniaires provenant de l'exploitation des œuvres. Ces produits (ainsi que les fruits) demeurent soumis au droit commun des régimes matrimoniaux lorsqu'ils ont été perçus pendant le mariage[20].

---

[18] Une option de polygamie est par exemple prévue par l'art. 133 du Code de la famille et des personnes au Sénégal et par l'article 121 du Code de la famille au Congo (bien que ce texte reconnaisse l'égalité entre l'homme et la femme à l'art. 5 de son préambule).

[19] On peut penser que la question se posera rarement dans des Etats qui, comme le Sénégal, ont choisi comme régime matrimonial de droit commun la séparation des biens ou lorsque la loi place, comme au Congo, sous le régime de la séparation des biens les époux mariés sous le régime de la polygamie.

[20] V. LDA - Burkina, art. 20, LDA Sénégal (art.12) qui prévoit le même principe selon une formulation différente puisque le texte sénégalais pose que « lorsque l'auteur est marié sous le régime de la communauté , le droit moral et les droits patrimoniaux lui restent propres » et qu'en revanche les revenus provenant de l'exploitation tombent en communauté. -V. aussi LDA- Tchad, (art. 30) et LDA – Madagascar (art.29) qui ne mentionnent pas, comme bien propre, le droit d'auteur dans son ensemble mais précise : droit de divulgation, droit de fixer les conditions d'exploitation et droit de défendre l'intégrité de l'œuvre. Ce qui pourrait soulever des questions d'interprétation.

Chapitre II

Titularité de certaines catégories d'œuvres

104. Plan. Quelques fois, par souci de simplification, mais aussi pour tenir compte de la particularité de certaines œuvres, certains législateurs prévoient des règles spéciales concernant la titularité desdites œuvres. Ainsi les œuvres audiovisuelles, les œuvres du folklore, les créations des agents publics, les œuvres collectives, les programmes informatiques.

Section 1. Œuvres audiovisuelles

105. Soumission à des règles particulières. Comme dans la majorité des lois sur le droit d'auteur, les textes africains prévoient en général des règles particulières concernant la titularité des œuvres audiovisuelles. Sur ce point, comme sur d'autres, on relèvera l'influence des lois des anciennes métropoles. L'approche particulière quant à la titularité des œuvres audiovisuelles se trouve aussi à l'échelle régionale, dans l'annexe VII de l'accord de Bangui[1].

---

[1] Sur le texte régional et les lois des Etats membres, V. L. Y. Ngombé, *L'œuvre audiovisuelle dans les Etats de l'organisation africaine de la propriété intellectuelle (OAPI) : CPI,* Vol. 17, n°2, Mai 2005, p.337 (article disponible en version anglaise au *Journal of World Intellectual Property,* Vol. 9, n°4, 2006, p.545)

106. Titularité au profit du producteur. Au niveau des Etats, certains textes posent que l'œuvre audiovisuelle appartient à titre originaire à la personne physique ou morale qui a la responsabilité de sa première fixation, c'est-à-dire le producteur. Ce choix est, notamment, celui des lois des Etats suivants : Guinée (art. 9), Togo (art.9), Tunisie[2] (art.38), Maurice (art.7.6), Angola (art.16.3.a).

107. Œuvre de collaboration spéciale présumée cédée au producteur. D'autres lois, insistant sur le caractère personnaliste du droit d'auteur, réaffirment la titularité initiale des droits au profit de l'auteur (ou plus précisément des auteurs). Toutefois, suivant en cela l'exemple français, elles prévoient une présomption de cession au profit du producteur. Et, l'œuvre audiovisuelle étant une création plurale, elles prévoient une liste d'auteurs présumés au nombre desquels figurent toujours le réalisateur et le scénariste[3]. Cette approche a été adoptée dès 1954 dans la loi égyptienne[4]. Le législateur égyptien n'est jamais revenu sur ce choix[5].

De nombreux Etats d'Afrique, francophones pour la plupart, ont, depuis, adopté la même approche. On citera par exemple la loi de la République démocratique du Congo[6]. Aux termes de ce texte l'œuvre audiovisuelle « appartient en commun » (ce qui en fait sans ambiguïté une œuvre de collaboration) aux personnes physiques ayant contribué à sa création. On relèvera que ce texte cite notamment (art.16-6°) le dessinateur principal pour les dessins animés[7]. La mention de l'auteur des dessins parmi les auteurs présumés des dessins animés figure dans d'autres textes africains.

---

[2] V. N. Mezghani, *Le droit d'auteur sur les œuvres cinématographiques en Tunisie : RIDA,* oct. 1985, p.3

[3] Figurent également dans la liste des auteurs présumés : l'auteur du texte parlé (ou des dialogues), le compositeur de la musique composée spécialement pour l'œuvre audiovisuelle et même l'auteur (ou les auteurs) de l'œuvre originale (si elle est encore protégée) dont est tirée l'œuvre audiovisuelle.

[4] V. R. Lançon et J. Vilbois, *Le droit d'auteur en Egypte* : *RIDA* n°V, oct. 1954, p.91

[5] M.F. Makeen., *The Protection of Audiovisual Works under the Copyright Laws of Egypt and Lebanon*: J. Copyr. Soc'y Vol. 55, n°2-3, 2008, p.223

[6] Ordonnance loi N°86-033 du 5 avril 1986, article 16 (texte en cours de révision. Le même principe est retenu dans le texte en cours d'élaboration).

[7] Ce qui rappelle l'article 14 *d* de la loi belge citant l'auteur graphique.

C'est le cas des lois algérienne[8],malienne[9] et djiboutienne[10]. Dans ces lois, inspirées par l'exemple français, à la liste des auteurs présumés s'ajoutent, en général, les auteurs dit « assimilés ». Il s'agit des auteurs des œuvres originaires en cas d'adaptation audiovisuelle. La rédaction de la majorité des textes prévoyant cette assimilation permet de déduire que seuls les auteurs de l'œuvre adaptée en bénéficient, à l'exclusion de ceux dont l'œuvre est simplement utilisée dans l'œuvre audiovisuelle.

Certains textes paraissent ambigus. Ainsi, la loi béninoise qui dispose que « les auteurs des œuvres préexistantes adaptées ou utilisées pour les œuvres audiovisuelles sont considérés comme étant assimilés [aux coauteurs de l'œuvre audiovisuelle] ». L'assimilation ne joue, en principe, que si l'oeuvre préexistante est encore protégée. Il est intéressant de relever que le nouveau texte sénégalais ne prévoit pas l'assimilation de l'auteur de l'œuvre adaptée à un co-auteur de l'œuvre audiovisuelle. Ce qui est heureux[11]. Hormis ces auteurs toute autre personne ayant apporté une contribution en tant que créateur pourra être considéré comme co-auteur si elle en apporte la preuve. Par ailleurs, rien ne semble s'opposer à ce qu'elle profite de la présomption de qualité d'auteur si l'œuvre est publiée avec son nom mentionné dans la liste des créateurs.

Il paraît plus simple de renoncer à cette assimilation, tel que l'a fait le législateur sénégalais.

108. Accord de Bangui. Au niveau régional, l'annexe VII de l'accord de Bangui opte pour une solution qui n'est pas sans rappeler l'article L.113-7 du Code de la propriété intellectuelle français. En effet, le texte africain, en son article 32, cite, parmi les personnes contribuant à la création de l'œuvre audiovisuelle, celles qui sont présumées auteurs et prévoit une présomption de cession au profit du producteur.

Cependant on peut se demander s'il n'était pas plus logique de soumettre l'ensemble des œuvres à la règle selon laquelle en cas de contrat de commande ou de contrat de travail, l'œuvre échoit à la

---

[8] art. 16

[9] art. 13 de la loi 1984 (l'article 10 de la précédente loi, votée en 1977, attribuait la titularité initiale au producteur)

[10] art. 25.2

[11] V. nos critiques de cette assimilation, qui ne se trouve dans les textes africains que par pur effet de mimétisme, dans *L'œuvre audiovisuelle dans les Etats membres de l'organisation africaine de la propriété intellectuelle : CPI* Vol. 17, n°2, 2005, p.337 (spéc.342-343)

personne qui l'a commandée ou à l'employeur. La solution retenue par les rédacteurs de l'accord de Bangui nous paraît avoir sa place dans un texte refusant de considérer que la seule existence d'un contrat de commande ou d'un contrat de travail puisse modifier les règles d'attribution de la titularité des droits. Or le texte africain opte pour la solution qui se rapproche de la doctrine du *work made for hire* (théorie selon laquelle l'œuvre appartient à celui pour le compte de qui elle est réalisée). Ayant pris ce parti, le texte régional aurait dû abandonner la règle inspirée du droit français. Et dans ce cas, soit l'œuvre audiovisuelle serait réalisée en concertation entre plusieurs auteurs sans que certains soient subordonnés à d'autres de sorte que tous ceux qui auraient fait un apport créatif seraient les coauteurs de l'œuvre. Soit, deuxième possibilité, les créateurs contribueraient dans le cadre d'un contrat de commande ou d'un contrat de travail, auquel cas l'œuvre appartiendrait (par l'effet du transfert automatique des droits prévu pour les œuvres créées sous l'empire de l'un de ces deux contrats) au client ou à l'employeur.

Dans tous les cas il aurait été souhaitable de mener une réflexion plus globale sur les œuvres nécessitant un apport financier très important pour éviter une multiplication de cas particuliers[12]. Il est possible sur cette question, comme sur bien d'autres, de mener des réflexions plus approfondies pour aboutir à une règle commune sur l'ensemble du continent. L'effort peut en tout cas être accompli dans les Etats membres de l'organisation africaine de la propriété intellectuelle (OAPI)[13].

Section 2. Œuvres du folklore national

109. Débat doctrinal. La particularité du folklore ou des expressions du folklore a conduit les législateurs africains à déroger à la règle selon laquelle l'œuvre de l'esprit appartient à titre originaire à la personne physique qui l'a créée. Les opposants à la protection du folklore par le droit d'auteur ont toujours prétendu que le folklore n'était pas une œuvre

---

[12] Pour une critique de la multiplication de régimes particuliers, L.Y. Ngombé, *Les régimes dérogatoires aux « principes généraux » de titularité des droits d'auteur : RRJ* 2005-3, p.1343

[13] V. notre article *L'œuvre audiovisuelle dans les Etats de l'organisation africaine de la propriété intellectuelle (OAPI) : CPI,* Vol. 17, n°2, 2005, p.337

faute d'auteur identifié, ce à quoi les partisans d'une telle protection ont objecté que l'auteur du folklore était la communauté dont il émanait[14].

Certes, une communauté n'est pas un auteur au sens où on l'entend dans les lois européennes notamment. Pour autant ne peut-on pas admettre que le folklore est une œuvre plurale dont on ne connaît pas (ou pas toujours) avec précision les coauteurs mais dont on est certain qu'ils appartiennent tous à la même communauté et que pour cette raison l'œuvre est considérée comme appartenant à ladite communauté? C'est une approche qui correspond parfaitement à une vision africaine de la protection des créations de l'esprit.

110. Réponse légale. La question de la titularité est résolue en général par l'attribution des droits à l'Etat. L'Etat, par l'intermédiaire de l'un de ses représentants, agit alors comme un auteur[15]. En fait, pour les créations anciennes, l'ensemble des folklores des différentes communautés ethniques composant un Etat constitue le folklore de cet Etat.

Certains textes précisent, en revanche, que les droits attachés au folklore appartiennent à la communauté dont il émane. La loi namibienne par exemple dispose que « la publication, la reproduction ou la distribution d'un exemplaire d'une expression du folklore [...] est soumise à l'autorisation de la communauté dont est issu le folklore (art. 58.1) ». Cette disposition pourrait inspirer, du moins faut-il l'espérer, d'autres Etats africains. Il est évident qu'au niveau national, il vaut mieux confier la gestion des droits de propriété intellectuelle sur une œuvre du folklore à la communauté dont il est l'émanation[16].

111. Difficultés de mise en œuvre. Mais, ainsi qu'il a été noté plus haut, les différentes communautés dont émane le folklore peuvent être présentes dans plusieurs Etats (V. l'exemple du groupe ethnique des Tékés cité *infra*). La question de la titularité d'un tel folklore peut se poser, et pas seulement en théorie.

---

[14] V. par exemple J. Ramon Obon Leon, *Le droit d'auteur considéré comme moteur du développement : Bull. dr. auteur,* Vol. 16, n°4, 1982, pp.21 et s. spéc. pp.28 et s.

[15] A.O. Amegatcher, *Ghanaian Copyright Act,* Ibadan, Omega Law Publishers, 1993, pp. 21 et s., spec. 22-23

[16] Sur la répartition entre organe de la communauté d'origine du folklore et structure nationale, V. notre article *Protection of African Folklore by Copyright Law. Questions That Are Raised in Practice : J. Copyr. Sc'y,* Vol. 51, n°2, p. 437

Supposons qu'une personne ressortissante du Burundi et habitant Bujumbura (capitale du Burundi) décide d'interpréter une chanson que l'on peut considérer comme faisant partie du folklore Téké. Ledit interprète, conformément à la loi, déclare à la société de gestion collective locale le folklore et verse les droits correspondants. La société de gestion collective du Burundi devra rétrocéder les redevances perçues à sa société sœur gérant les droits relatifs au folklore interprété. Etant donné que la communauté Téké est présente aussi bien au Congo, en RDC qu'au Gabon, à qui la société de gestion collective du Burundi devra-t-elle reverser les droits ?

La question ne s'est probablement jamais posée. Gageons, cependant, qu'au fur et à mesure de l'effectivité de l'application des lois sur le droit d'auteur en Afrique le problème ne manquera pas d'être soulevé. L'importance de cette question de « l'identification et de l'appartenance des expressions du folklore » avait justifié qu'elle fût mise à l'ordre du jour de la *consultation régionale UNESCO/OMPI pour l'Afrique sur la protection du folklore* à la fin du siècle dernier[17].

Section 3. Œuvre collective

112. Définition. Nombreuses sont les lois africaines qui prévoient, parmi les œuvres dérogeant au principe de la titularité initiale du créateur de l'œuvre, l'œuvre collective. Aux termes de la majorité des textes, l'œuvre collective doit répondre aux critères suivants :

- être créée à l'initiative et sous la direction d'un entrepreneur (personne physique ou morale),
- être publiée sous le nom de cet entrepreneur,
- résulter d'une fusion des contributions
- être créée dans des conditions telles qu'il est impossible d'attribuer à chacun des créateurs un droit sur l'ensemble.

---

[17] Cette consultation organisée en application d'un plan d'action adopté par le forum mondial UNECSO/OMPI sur la protection du folklore organisé à Phuket (Thaïlande) du 8 au 10 avril 1997, s'est déroulée à Pretoria du 23 au 25 mars 1999 et réunissait 23 participants (parmi lesquels aussi bien des pays francophones qu'anglophones). Sur cette consultation V. *Bull. dr. auteur,* Vol. 33, n°4, 1999, pp.44 et s. Il est, par ailleurs, intéressant de consulter régulièrement le site de l'OMPI aussi pour les informations relatives aux travaux sur le folklore que pour les documents d'études disponibles en ligne.

L'œuvre collective figure généralement dans les lois des anciennes colonies françaises, mais certains Etats non francophones, tel que l'Egypte, l'ont adoptée.

113. Régime. L'œuvre collective est la propriété de la personne physique ou morale à l'initiative de laquelle elle a été créée et qui la publie sous son nom[18]. Toutefois, les participants, auteurs des différentes contributions, conservent chacun sur sa création un droit moral. De même chaque participant ou contributeur a la possibilité d'exploiter séparément sa contribution, à condition de ne pas faire concurrence à l'œuvre collective.

114. Accord de Bangui. L'annexe VII de l'accord de Bangui précise même que « le premier titulaire des droits moraux et patrimoniaux sur une œuvre collective est la personne physique ou morale à l'initiative de laquelle l'œuvre a été créée et qui la publie sous son nom » (art.30). En réalité, même dans les textes ne le prévoyant pas expressément c'est le titulaire de l'œuvre collective qui exerce le droit moral sur l'œuvre collective considérée dans son ensemble[19].

Néanmoins, la mention de la titularité initiale du droit moral à une autre personne que le créateur de l'œuvre a de quoi surprendre et mérite que l'on y s'attarde. Le principe de l'inaliénabilité du droit moral, affirmé d'ailleurs par l'annexe VII de l'accord de Bangui, n'est-il pas indissociable du principe de la titularité du droit moral par le seul créateur de l'œuvre ? Ce principe n'existe-t-il pas pour permettre que le droit d'auteur soit toujours attaché à la personne du créateur ? On en voudrait pour preuve l'article 31 de l'Annexe VII de l'accord de Bangui aux termes duquel en cas de création dans le cadre d'un contrat de commande ou d'un contrat de travail, seuls les droits patrimoniaux sont considérés comme transférés à l'employeur.

Faut-il penser que le droit moral sur une œuvre collective n'est pas inaliénable ? Ou bien doit-on admettre que même dans ce cas, y compris quand l'œuvre est la propriété d'une personne morale, le droit moral est inaliénable ? Autre question : si le droit moral de l'entrepreneur ne porte que sur l'œuvre collective envisagée dans sa globalité, en quoi peut-il consister concrètement? Sur le titre de l'ouvrage certainement, sur

---

[18] V. par exemple, Egypte (art. 175 Loi sur la propriété intellectuelle)

[19] V. A. Strowel, *Droit d'auteur et copyright, divergences et convergences. Etude de droit comparé,* Bruylant/LGDJ, 1993, n°257

la paternité[20] et la divulgation de l'œuvre et sur la disposition des différentes contributions dans l'œuvre collective. Le droit moral (de même, en principe que le droit patrimonial) sur chaque contribution prise individuellement appartient à son créateur, ce qui interdit toute atteinte par le titulaire de l'œuvre collective au droit moral de chaque contribution prise individuellement.

115. Observations critiques. Inspiré donc par l'exemple français, le texte régional a repris parmi les œuvres plurales l'œuvre collective. Cette œuvre déjà considérée par Henri Desbois comme une intruse « dans une loi pétrie d'humanisme » ou comme une « anomalie »[21], ne cesse de soulever des interrogations sur sa raison d'être dans la législation française (et dans la majorité des lois des pays dit de *droit d'auteur*)[22]. On a ainsi pu écrire qu'avec l'œuvre collective « qui aboutit, en réalité, à l'attribution d'un droit d'auteur à un non-créateur » il y a « un saut qualitatif, une mathématique de l'absurde, une rupture logique que rien ne permet de couvrir »[23]. On peut déjà reprendre les mêmes interrogations et les mêmes critiques concernant un texte largement inspiré par l'esprit du droit d'auteur français.

On peut aussi se demander si ayant prévu au profit de l'employeur ou du commanditaire le transfert automatique des droits patrimoniaux, il était encore utile de prévoir la catégorie des œuvres collectives. En d'autres termes, les cas visés par l'œuvre collective ne sont-ils pas déjà couverts par les règles de l'article 31 (article sur lequel il est, par ailleurs, possible d'émettre des critiques) ? Prenons deux exemples principaux, à savoir : un dictionnaire et un périodique. L'éditeur ou le directeur de la publication est soit l'employeur (ou son représentant), soit le commanditaire de l'article à paraître. Par application de l'article 31 du texte de l'OAPI, il sera donc considéré comme avoir reçu les droits patrimoniaux sur les différentes contributions. Titulaire des droits sur

---

[20] Sur le droit à la paternité de l'œuvre collective en Egypte par exemple, M.F. Makeen, *Moral Rights Protection Under Egyptian Author's Right : IIC* 2007, n°1, p. 51, spéc. p. 58

[21] H. Desbois, *Le droit d'auteur en France,* 3ème édition Dalloz, 1978, n°166

[22] Pour un aperçu comparatif, V. par exemple, J. Fometeu, *Recherches... infructueuses sur l'autonomie de l'œuvre collective : Revue Lamy Droit de l'Immatérierl,* n°43, nov. 2008.- A. Latreille, *La notion d'œuvre collective ou l'entonnoir sur la tête : Comm. Com. Electr,* 2004, n°5, p.14

[23] P. Gaudrat, *Les démêlés intemporels d'un couple à succès. Le créateur et l'investisseur : RIDA,* oct. 2001, p.71 et s. à la p.193

chaque partie de l'œuvre à paraître n'est-il pas *de facto* titulaire des droits sur l'ensemble ? Les différents auteurs resteront titulaires de leur droit moral (sur leurs contributions personnelles), mais il est évident que chacun en ce qui le concerne ne pourra pas faire échec à l'exploitation de l'ensemble.

Il est possible de se détacher des textes des anciennes métropoles et d'apporter une réponse générale aux questions de la titularité aussi bien des œuvres plurales que des « œuvres créées dans un lien d'engagement ». Non pas que les solutions retenues en Europe ou en Amérique ne soient pas bonnes, mais parce qu'il est possible d'aborder autrement les difficultés et d'éviter certains tâtonnements. En France, par exemple, les différentes dérogations sont apparues au fur et à mesure de l'évolution de la technique et des conditions de création. Les lois africaines ne passent pas forcément par ces mêmes étapes (pour l'instant) et il est possible d'envisager autrement les questions en prenant le temps de la réflexion. Il ne s'agit pas d'être obsédé par le besoin de se singulariser, mais d'adopter des règles idoines, efficaces et cohérentes. Il nous semble tout à fait envisageable de concevoir des textes qui ne prévoient pas la catégorie « œuvres collectives », surtout si un régime de présomption de cession est prévu au profit de la personne à l'initiative de laquelle l'œuvre est créée.

On peut comprendre l'hésitation du législateur français a abandonner l'œuvre collective (dans une loi, qui rappelons-le, ne prévoit pas une présomption de cession pour l'ensemble des créations dans le cadre d'un contrat de travail ou d'un contrat de commande). Rien en revanche ne justifie que les législateurs africains persistent dans le mimétisme. Il faut donc saluer le choix du législateur sénégalais de ne pas avoir prévu l'œuvre collective et d'avoir réduit le nombre de « régimes dérogatoires » aux « principes généraux de titularité » des droits d'auteur.

Section 4. Créations des agents publics

116. Exemples. Aux termes de certaines lois, les œuvres créées par des agents publics dans le cadre de leur mission appartiennent à l'Etat. Ainsi, la loi du Malawi prévoit que lorsqu'une œuvre est créée dans le cadre d'un emploi au service de l'Etat ou d'un louage d'ouvrage avec l'Etat, les droits d'auteur sur cette œuvre appartiennent à l'Etat (art.12). On peut aussi citer l'article 31 de la loi du Burkina aux termes duquel le droit d'auteur sur les œuvres créées et publiées sous le nom et aux frais d'une administration de l'Etat ou d'une collectivité publique appartient à ladite administration ou collectivité. De même, l'article 4.1 de la loi du Nigeria dispose : « le copyright est accordé[...] sur chaque œuvre qui est susceptible de protection par le copyright et qui est faite par le gouvernement, une autorité étatique ou un organisme international désigné, ou sous leur direction ou contrôle ». Relevons, enfin, que la loi tchadienne prévoit que le droit d'auteur sur ces oeuvres appartient à l'Etat, à la collectivité publique ou à l'établissement public à caractère administratif pour les logiciels créés par leurs agents dans le cadre de l'exercice de leur fonction (art.19 al.2).

Section 5. Programmes d'ordinateurs

117. Observations. Certains Etats africains, comme Madagascar, le Tchad ou Djibouti, prévoient que les droits d'auteur sur les logiciels créés par des salariés dans le cadre ou pour les besoins de l'entreprise qui les emploient appartiennent à l'employeur. De même les bases de données appartiennent aux producteurs desdites bases de données. Cette disposition particulière est généralement prévue par les textes prévoyant que les œuvres créées dans le cadre d'un lien d'engagement ne sont pas *ipso facto* présumées avoir été cédées à l'employeur ou au commanditaire. Un régime particulier est alors prévu pour les logiciels et les bases de données.

Section 6. Œuvres des élèves et stagiaires des établissements artistiques

118. Répartition des droits pécuniaires selon le règlement de l'établissement. Dans certaines lois il est prévu que les élèves et stagiaires créant les œuvres en demeurent propriétaires alors que « les droits pécuniaires provenant de la divulgation » de ces œuvres est soumise au règlement de l'établissement d'accueil[24]. On peut, par exemple, imaginer l'application de cette règle notamment pour des établissements au sein desquels des œuvres d'art sont créées par des élèves avec les moyens de l'école ou du centre d'apprentissage.

[24] LDA – Burkina, art. 32 ; LDA –Djibouti, art. 21.2

Chapitre III

Titularité des droits voisins

119. Enumération. Les titulaires des droits voisins sont les artistes interprètes, les producteurs de phonogrammes et de vidéogrammes et les organismes de radiodiffusion.Quelques rares textes prévoient aussi par les titulaires de droits voisins, les éditeurs. A cette liste il faut ajouter, pour certains Etats, les producteurs de bases de données et même, plus rarement la communauté d'origine d'un folklore ou l'Etat[1].

120. Précisions. Les artistes–interprètes sont, d'une manière générale, ceux qui représentent, récitent, déclament, jouent ou exécutent une œuvre littéraire ou artistique. Entrent dans cette catégorie par exemple, les musiciens, chanteurs ou acteurs.

Quant au producteur de phonogrammes, il s'agit de la personne physique ou morale qui a l'initiative de la première fixation d'une séquence de son alors que le producteur de vidéogrammes est la personne physique ou morale qui a l'initiative de la première fixation d'une séquence d'images sonorisées ou non.

Par organisme de radiodiffusion il faut entendre toute entreprise exploitant une station de radio ou de télévision. Il s'agit donc en fait des entreprises de communication audiovisuelle.

Les éditeurs contribuent à la diffusion des œuvres de l'esprit, comme les producteurs de musique ou les artistes-interprètes. Cependant très peu de lois sur le droit d'auteur prévoient un droit voisin au profit des

---

[1] Lorsque les œuvres du folklore sont protégées par un droit voisin. L'hypothèse sera, semble t-il de plus en plus fréquente.

éditeurs. Ils sont pourtant, avec les acteurs de théâtres, les plus anciens auxiliaires de la création. La loi égyptienne et le nouveau texte sénégalais prévoient, ce qui n'est que justice, parmi les titulaires des droits voisins, les éditeurs. On peut souhaiter que cette catégorie de bénéficiaires soient prévues par les lois actuellement en cours de révision. Historiquement, les éditeurs sont les premiers investisseurs et diffuseurs d'œuvres de l'esprit comme le sont aujourd'hui les producteurs de disques ou les organismes de radiodiffusion. Il est donc logique qu'ils soient, eux-aussi titulaires de droits voisins.

Titre III

LE CONTENU DE LA PROTECTION

121. Distinction. On peut pour présenter brièvement les différents droits conférés se baser sur la distinction entre le droit d'auteur et les droits voisins De plus, conformément au champ de la propriété littéraire et artistique défini par les textes de l'OAPI (accord de Bangui), le contenu de la protection comporte aussi les droits sur les expressions du patrimoine culturel.

Chapitre I

Droit d'auteur

122. Dualité. Les droits de propriété littéraire et artistique comportent d'une part des prérogatives d'ordre patrimonial (pour les non juristes, on pourrait dire d'ordre économique, en s'inspirant du vocabulaire anglais) et d'autre part des prérogatives d'ordre intellectuel et moral (que l'on qualifie d'extrapatrimoniales, par opposition aux prérogatives d'ordre patrimonial).

En Afrique, la terminologie adoptée par une grande majorité de textes (et par l'annexe de l'accord de Bangui relative au droit d'auteur) distingue entre les droits patrimoniaux et les droits moraux (au pluriel). Pour autant, il n'est pas rare que ces derniers soient désignés au singulier. On parle alors de droit moral, pour en souligner l'unité. La question peut être débattue, et même longuement[1]. Nous en ferons cependant l'économie[2].

Nous privilégierons, pour notre part, l'emploi du singulier à celui du pluriel. C'est ainsi qu'après avoir évoqué les droits patrimoniaux (section 1), nous évoquerons le droit moral (section 2).

---

[1] V. notamment C. Caron, *droit moral ou droits moraux : Les Petites Affiches* 2007, n°244, p.28

[2] Même si nous soulignons plus loin que les textes faisant allusion, dans leurs intitulés, aux droits moraux et non à un droit moral emploient néanmoins le singulier dans certaines dispositions.

Section 1. Les Droits patrimoniaux

123. Premier aperçu. Il s'agit des prérogatives économiques en vertu desquelles l'auteur exerce sur sa création son pouvoir ou, plus précisément, son droit exclusif de « propriétaire » de l'œuvre. Il peut ainsi, notamment, décider des conditions d'exploitation de son oeuvre et en tirer les fruits (on parle aussi de monopole d'exploitation). Ces droits sont en principe cessibles et transmissibles.

124. Plan. De nombreux droits patrimoniaux sont reconnus aux auteurs (§1) pour une durée limitée, à l'exception notable des droits sur le folklore (§2). Ces droits comportent cependant des limites et des exceptions (§3).

§1. Enumération des droits patrimoniaux

125. Enumération sommaire. D'une manière générale, l'auteur a le droit exclusif d'autoriser la reproduction, la traduction, l'adaptation, l'arrangement ou la transformation, la distribution, la location ou le prêt public de son oeuvre.

L'auteur a aussi le droit exclusif d'autoriser la représentation ou l'exécution publique de son œuvre, d'autoriser l'exportation ou l'importation des exemplaires de son œuvre, d'en autoriser la communication au public par radiodiffusion, par câble ou par tout autre moyen (notamment par l'Internet).

126. Droit de reproduction. Le droit de reproduction est généralement défini comme le droit pour l'auteur d'autoriser la fixation matérielle (c'est-à-dire sur un support tel qu'un livre, un tableau, un objet en trois dimensions ou même la mémoire d'un ordinateur) de son œuvre par tous procédés en permettant la communication indirecte au public. Ce droit existe sous plusieurs formes. Ainsi le droit de reproduction par reprographie, le droit de reproduction mécanique (droit en vertu duquel l'auteur autorise par exemple la fixation de sa chanson sur un phonogramme).

127. Droit de traduction. - Droit d'adaptation. – Droit de transformation. L'auteur a aussi le droit exclusif de traduire ou d'autoriser la traduction de son œuvre dans une autre langue. De même a-t-il le droit d'autoriser toute transformation ou adaptation de son œuvre. Ainsi un écrivain a-t-il le droit exclusif d'autoriser l'adaptation cinématographique de son roman, un musicien un nouvel arrangement d'une pièce musicale...

128. Droit de représentation ou d'exécution. Le droit de représentation est le droit en vertu duquel l'auteur autorise l'exécution, la représentation de son œuvre directement au public, notamment par sa récitation, sa déclamation, son interprétation...Ainsi la représentation d'une pièce de théâtre. Le droit de représentation porte également sur le droit pour l'auteur d'autoriser la projection d'une œuvre audiovisuelle ou sa télédiffusion.

Ce droit ne concerne que la représentation ou l'exécution publique de l'œuvre. La notion de public peut dans certains cas être sujette à débat. En effet, comme nous le verrons plus loin, l'autorisation de l'auteur n'est pas requise lorsque la représentation est privée.

129. Droit de distribution. Cette prérogative a été récemment incluse dans les lois africaines (celles ayant subi des modifications récentes) conformément aux nouveaux instruments internationaux sur le droit d'auteur et à la tendance internationale générale.

Il s'agit du droit pour l'auteur d'autoriser la distribution de son exemplaire par la vente ou par tout autre transfert de propriété. Ce droit permet à l'auteur de maîtriser la commercialisation de son œuvre[3].

De nombreuses lois, notamment parmi celles des Etats de l'organisation africaine de la propriété intellectuelle sont muettes concernant l'épuisement de ce droit. Par épuisement du droit de distribution on entend l'impossibilité pour l'auteur de se prévaloir, pour le même original ou les mêmes exemplaires, de son droit pour une nouvelle mise en circulation.

Certains textes prévoient expressément l'épuisement du droit de distribution. Tel est, par exemple, le cas des lois de Maurice, de Madagascar et du Niger qui prévoient que lorsqu'une œuvre a été publiée dans le cadre de la vente d'exemplaires au public, ces exemplaires peuvent

---

[3] V. par exemple, Niger, art. iv, Tchad art. 31.4, Tanzanie, art. 9.1.c.

faire l'objet d'une revente sans autorisation de l'auteur ni versement d'une rémunération[4].

Dans la majorité des Etats est consacré l'épuisement communautaire des droits (l'auteur ne peut s'opposer à des ventes sur un territoire d'un Etat de la communauté une fois qu'il en a autorisé la vente dans un autre Etat de la même communauté). C'est la règle applicable notamment dans l'Union Européenne[5].

Plus rarement est consacré la règle de l'épuisement international. Dans ce cas, il suffit que l'auteur ait autorisé la commercialisation dans un seul pays pour que la vente soit licite dans l'Etat consacrant cette règle, sans autorisation de l'auteur, ni rémunération[6]. C'est le parti pris par le législateur Egyptien. En effet, aux termes de l'article 147, alinéa 4 de la loi unifiée sur la protection des droits de propriété intellectuelle, le droit pour le titulaire des droits d'interdire (ou d'empêcher) la distribution, l'importation ou l'usage de son œuvre s'épuise dès que l'œuvre a été mise sur le marché ou exploitée, dans n'importe quel Etat, par lui ou avec son accord.

De nombreuses lois africaines, parmi celles qui prévoient expressément l'épuisement des droits, semblent le limiter au niveau local ou national.

Soit le texte précise que le droit ne s'épuise que lorsque l'auteur a autorisé la commercialisation dans l'Etat considéré. La loi tanzanienne, par exemple, prévoit l'épuisement du droit sur les exemplaires « dont la vente est autorisée sur le territoire de la Tanzanie » (art.10). On trouve une rédaction semblable dans la loi malgache. Soit encore, le texte reconnaît à l'auteur le droit d'autoriser toute importation[7].

130. Droit d'importation. Il est quelques fois précisé, dans certaines lois, que l'auteur a un droit d'importation. Ce droit est parfois cité, sans autres précisions. Il arrive aussi que le texte soit plus explicite. Ainsi, les lois nigérienne et mauricienne précisent que les droits patrimoniaux de

[4] Maurice, Art. 20.1; Niger, art. 18.i.

[5] Sur l'Europe et pour une étude comparative. S. Verville, *La notion d'épuisement des droits : évolution et rôle actuel dans le commerce international : Cahiers de Propriété Intellectuelle (CPI)* Vol. 18, n°3, Oct. 2006, p.549

[6] Pour la Suisse, par exemple, F. Dessemontet, *Le droit d'auteur,* Lausanne, CEDIDAC, 1999, n°256 et s.

[7] Les deux précisions pouvant d'ailleurs figurer dans un même texte (V. notamment Tanzanie art. 9.1 c et 9.1.j)

l'auteur comportent le droit exclusif, pour l'auteur, d'autoriser l'importation de son œuvre, même si les exemplaires importés sont réalisés avec son autorisation ou celle de tout autre titulaire.

Une telle disposition doit s'interpréter comme n'autorisant pas l'épuisement du droit de distribution au niveau international et même au niveau communautaire. En effet, cette disposition permet à un auteur ayant dûment autorisé la distribution de son œuvre au Congo par exemple (pays membre, comme le Niger, de l'OAPI) d'en interdire la commercialisation au Niger.

Le droit d'importation, quand il a une telle portée, pose la question de sa compatibilité, dans certains Etats, avec l'existence ou le projet d'un marché commun. La question peut, par exemple, se poser pour les Etats de l'UEMOA (Union économique et monétaire ouest africaine) ou de la CEMAC, (Communauté économique et monétaire d'Afrique centrale), communautés ayant entre autres objectifs l'établissement d'un marché commun. Le législateur sénégalais a posé très clairement la règle, en conformité avec le marché commun UEMOA. En effet, l'article 36 de la loi sénégalaise sur le droit d'auteur prévoit que la vente ou tout transfert de propriété dans l'espace UEMOA épuise le droit de distribution.

Pour permettre l'effectivité du droit d'importation, certains textes prévoient des visas d'importation d'œuvres littéraires et artistiques. L'absence de présentation d'un tel visa par l'importateur peut motiver une retenue des marchandises en douane[8].

131. Droit d'exportation. Certains textes font également référence au droit pour l'auteur d'autoriser l'exportation des exemplaires de son œuvre[9]. Même lorsque cette prérogative n'est pas expressément mentionnée, elle est incluse dans celles expressément citées. Ainsi l'autorisation de commercialisation au titre du droit de distribution peut concerner une commercialisation à l'étranger. Mais ce droit d'exportation peut aussi limiter ou exclure l'épuisement du droit de distribution.

132. Droit de location. L'auteur a également le droit exclusif d'autoriser le transfert de la possession de l'original ou d'une copie de son œuvre pour

---

[8] V. par exemple, LDA Burkina, art. 113. Le texte burkinabé prévoit que la délivrance de ce visa est de la compétence du Bureau Burkinabé de Droit d'Auteur.

[9] Notamment, Mozambique, art. 7.1.*f*

une durée limitée, dans un but lucratif. C'est le droit de location (qui, généralement, n'est en principe pas applicable aux logiciels). Dans certaines lois africaines, cette prérogative est un corollaire du droit de distribution[10].

Comme pour le droit de distribution, les textes sont généralement muets sur l'épuisement du droit de location. Le droit de location ne s'épuise pas, en principe, par la première mise en circulation de l'œuvre. Certains textes prennent, en tout cas, le soin de le préciser[11].

133. Droit de prêt. Certaines lois africaines prévoient aussi le droit pour l'auteur d'autoriser ce qui est défini par l'annexe VII de l'accord de Bangui comme le transfert de la possession de l'original ou d'un exemplaire de l'œuvre pour une durée limitée, à des fins non lucratives, par une institution fournissant des services au public, telle qu'une bibliothèque publique ou des archives publiques.

134. Droit de communication au public. Figure aussi, souvent, dans la liste des droits exclusifs, le droit de communication au public. Selon les lois, ce droit est énoncé comme le droit de communiquer par radiodiffusion ou par câble[12] ou encore scindé en deux prérogatives : droit de communication par radiodiffusion et droit de communication par câble[13].

135. Droit de suite. En plus de ces droits exclusifs généralement regroupés sous les appellations génériques de droit de reproduction et droit de représentation (subdivision qui tend à devenir obsolète compte tenu de la reconnaissance de nouveaux droits qu'il est difficile de rattacher à l'une ou l'autre catégorie), il est reconnu un droit particulier relatif aux œuvres d'arts et parfois aussi aux manuscrits : c'est le droit de suite (V. notamment : Nigeria, art.12 ; Tunisie, art.25).

Cité parmi les droits patrimoniaux à l'article 14 *ter* de la Convention de Berne, le droit de suite peut être défini comme un droit permettant d'associer l'artiste (puis ses héritiers) aux produits de la revente d'œuvres qui ont pu à l'origine être aliénées pour des sommes dérisoires. Prévu par

---

[10] V. Mozambique (art.7), Maurice, art. 4.1.b

[11] Ainsi, la loi malgache qui dispose que : « le droit exclusif de location et de prêt subsiste même après la mise en circulation par vente de l'original ou de la copie de l'œuvre » (art. 38)

[12] Par exemple, LDA-Tchad, art. 31.6

[13] Notamment Bénin, art.4.2

la majorité des Etats africains, ce droit ne concerne que les œuvres d'art graphique ou plastique et les manuscrits.

C'est un simple droit à rémunération dont bénéficie l'auteur (puis ses héritiers). Il consiste dans le prélèvement d'un pourcentage du prix de vente du bien matériel dans lequel l'œuvre est incorporée. Les ventes concernées sont principalement les ventes aux enchères.

Le taux de ce droit varie d'un Etat à l'autre. Dans les lois africaines il est généralement de cinq pour cent du prix de l'adjudication de l'œuvre (V. par exemple Djibouti, art. 11.2 ; Mali, art. 35 ; Togo, art.47 ; Tunisie, art.25 ; Ouganda, art. 12 ; Sénégal, art. 48). Quelques lois prévoient un taux supérieur. Ce taux est par exemple de 10% au Tchad (art.33 al.2). Au terme de la loi égyptienne le droit de suite peut s'élever au taux de 10%, sans toutefois le dépasser.

Bien que l'état actuel du marché de l'Art en Afrique n'en permette pas encore une application fréquente, il est heureux que de nombreux textes africains sur le droit d'auteur l'aient prévu.

Il convient de relever le cas particulier du Maroc, dont la loi votée en 2000 a retiré de la liste des droits patrimoniaux le droit de suite pourtant prévu par le texte précédent[14].

§ 2. Durée de la protection

136. Aperçu. D'un Etat à l'autre la durée de la protection du droit d'auteur varie. Et, dans chaque Etat, cette durée peut varier en fonction des catégories d'œuvres. La durée de protection est calculée soit par référence à la vie de l'auteur, soit par référence à la date de réalisation ou de publication de l'œuvre. Cette durée est généralement de cinquante ans ou de soixante dix ans. Les œuvres du folklore répondent à un régime particulier puisqu'elles sont protégées sans limitation de durée. Cette prétention à une protection perpétuelle est l'un des éléments qui pourraient rendre difficile la mise en œuvre effective de la protection des folklores africains à travers le monde[15].

137. Principes. - Durées. - Computation. D'une manière générale c'est le principe de la protection *post mortem* qui est adopté. Ainsi, selon les

[14] A. Hiddas, *Le droit d'auteur au Maroc : Bull. dr. auteur*, Vol. 35, n°2, 2001, p.67

[15] V. notre article *Protection of African folklore by Copyright Law, Questions That are Raised in Practice: Journal of The Copyright Society of The USA*, Vol. 51, n°2, pp.437 et s.

Etats, les œuvres littéraires et artistiques sont protégées jusqu'à la cinquantième année (Egypte, art. 160 ; Lesotho, art. 13.1, Libye art.20), la soixante- dixième année (V. Mozambique, art. 22.1 ; Tchad, art.39), la quatre-vingtième année (V. Guinée, art. 42) ou même la quatre-vingt-dix-neuvième année (Côte d'Ivoire, art. 45.1) suivant le décès de l'auteur. Ces mêmes durées sont calculées par référence à la date de publication pour les œuvres collectives ou les œuvres posthumes, à la réalisation pour les œuvres audiovisuelles (dans certaines lois) ou les œuvres photographiques (dans certaines lois).

138. Œuvres photographiques et œuvres des arts appliqués. Quelques lois prévoient pour les œuvres photographiques une durée de protection moins longue, que cette durée soit calculée par référence à la mort de l'auteur ou par référence à la réalisation de l'œuvre. Elle est par exemple de quarante ans *post mortem* dans la loi de la Guinée (art.43.b) au lieu de quatre-vingt. Elle n'est que de vingt-cinq ans à compter de la publication dans certains textes. Ainsi dans vingt-cinq dans la loi de la République Démocratique du Congo (art. 65) au lieu de cinquante ans.

De même certaines lois prévoient aussi pour les œuvres des arts appliqués des durées plus courtes. Si la particularité relative aux œuvres des arts appliqués correspond encore aux règles actuelles de droit international, elle pose problème concernant les œuvres photographiques que certains instruments supranationaux ne soumettent pas à une durée de protection réduite. D'abord le traité de l'OMPI sur le droit d'auteur (WCT) dispose à l'article 9 qu'« en ce qui concerne les œuvres photographiques, les parties contractantes n'appliquent pas les dispositions de l'article 7.4 de la Convention de Berne[16].

Par ailleurs, au niveau régional, l'accord de Bangui ne soumet plus les œuvres photographiques à un régime particulier. Les textes récemment adoptés ainsi que les projets de lois actuellement en discussion ont abandonné le principe d'une durée de protection réduite pour les photographies.

---

[16] L'article 7.4 de la CB prévoit une durée de 25 ans à compter de la réalisation pour les œuvres d'arts appliqués et pour les œuvres photographiques.

139. Œuvres du folklore. Les œuvres du folklore sont protégées sans limitation de durée. Elles sont, en fait, une partie du domaine public national[17].

140. Dévolution successorale. A la mort de l'auteur ce sont ses héritiers, ou autres ayants cause, qui exercent les droits d'auteurs. Ces droits peuvent être dévolus au conjoint survivant. Dans les Etats admettant la polygamie, ces droits peuvent donc, en principe, être dévolus aux différentes co-épouses.

141. Domaine public. Quelle que soit la durée de la protection et quelle qu'en soit la méthode de computation, le principe reste celui d'une protection limitée au profit du titulaire du droit d'auteur. A l'expiration de ce délai les œuvres tombent dans le domaine public. D'une certaine manière elles deviennent propriété de la communauté. Leur exploitation n'est plus soumise à l'autorisation du titulaire des droits. Cependant, dans la majorité des lois africaines, une telle exploitation est soumise au paiement d'une redevance au profit de l'Etat (V. *infra* Domaine public payant).

Il n'est pas choquant qu'au bout d'un certain moment le droit exclusif de l'auteur (ou de tout autre titulaire) s'éteigne et que son œuvre puisse davantage profiter à la société. Il n'est pas non plus choquant qu'une redevance symbolique devant profiter à un fonds pour le développement de la culture soit exigée. Mais il ne semble pas choquant non plus que les descendants de l'auteur aussi continuent à profiter de l'exploitation de ses œuvres.

En effet, lorsqu'une œuvre est tombée dans le domaine public de nombreux investisseurs (même s'ils versent à l'Etat une redevance par l'intermédiaire de l'organisme compétent) tirent profit de l'exploitation de ces œuvres. Certes on peut considérer que c'est une concession qu'il convient de leur reconnaître car ils permettent la diffusion d'œuvres utiles à la société. Pour autant n'est-il pas choquant de voir que certaines œuvres continuent d'être de grands succès commerciaux alors que les descendants de leurs créateurs n'en profitent plus ?

De notre point de vue il serait équitable que les ayants cause continuent d'être rémunérés. Il serait possible par exemple qu'une partie des sommes perçues au titre du domaine public payant soit rétrocédée aux

---

[17] V. par exemple, Egypte (art. 142 Loi sur la propriété intellectuelle)

ayants droit dont les œuvres continuent effectivement d'être exploitées. Ainsi en tombant dans le domaine public l'œuvre emporterait le droit exclusif alors que le droit à rémunération serait seulement affaibli (au moins pendant quelques années). Un tel droit profiterait aussi bien aux créateurs et à leurs ayants cause qu'aux investisseurs initiaux. Pour autant la mise en œuvre d'un tel principe ne sera pas aisée[18]. Il reste que cette idée de ce qu'on peut nommer « domaine public progressif » mérite d'être explorée.

142. Domaine public payant. Dans les lois européennes et américaines, notamment, les œuvres du domaine public sont libres d'utilisation, sauf respect éventuel du droit moral. Dans les lois africaines, l'utilisation de ces œuvres nécessite généralement, en plus du respect du droit moral, une déclaration préalable ou, plus rarement, une autorisation (V. Lesotho, article 18). De plus une redevance doit être versée auprès de l'organisme compétent. Il s'agit généralement du Bureau national du droit d'auteur. Cependant dans certains pays c'est un organisme spécial qui est chargé d'enregistrer les déclarations (ou d'accorder les autorisations) et de percevoir les redevances. Au Lesotho par exemple, ces formalités relèvent de la compétence du directeur de l'enregistrement (art.18). Les redevances perçues au titre de l'exploitation des œuvres du domaine public sont destinées, comme les sommes perçues au titre de l'exploitation des œuvres du folklore, à des fonds sociaux et culturels.

§3. Exceptions et limites

143. Terminologie. Dans une langue juridique rigoureuse, on peut distinguer les exceptions des simples limites. Lorsque l'on opte pour ce distinguo, on définit l'exception comme une dérogation à un principe, en

---

[18] Mais, compte tenu du fait que les œuvres du domaine public effectivement exploitées ne représenteront qu'une infime partie dudit domaine public, on peut estimer que cette mesure est possible. Un auteur américain a estimé que cet aspect milite en faveur d'une protection du copyright (américain) par enregistrements successifs, sans limitation, au lieu de la durée de protection *post mortem* actuellement en vigueur (V. A. Posner, *How Long Should a Copyright Last?: Journal of The Copyright Society of The USA,* Vol.50, 2003, pp.1 et s.) Par conséquent certaines œuvres (mais seulement celles pour lesquelles les titulaires procéderont toujours aux formalités et qui, en fait, seront plébiscitées par le public) pourraient être protégées indéfiniment.

considération d'un intérêt supérieur[19] alors qu'une limite se rapporte aux actes dont la licéité s'explique par le fait qu'ils n'entrent pas dans le champ de la protection légale. Par souci de simplification, nous utiliserons indistinctement les deux vocables pour désigner d'une manière générale l'ensemble des actes que la loi autorise nonobstant l'existence du monopole reconnu au titulaire d'un droit d'auteur ou d'un droit voisin.

144. Aperçu général. Les exceptions citées par l'ensemble des lois sont sensiblement les mêmes, bien qu'on puisse relever deux types d'approches. L'une plutôt ouverte, dans l'esprit du système du Copyright et l'autre plutôt restrictive, dans l'esprit du système du Droit d'auteur. De ce point de vue la principale exception dans la majorité des anciennes colonies britanniques est l'usage loyal. Les anciennes colonies françaises prévoient en revanche un nombre limité d'exceptions, parmi lesquelles l'exception de citation[20]. Il convient de souligner que les différentes exceptions peuvent avoir pour fondement l'intérêt du public (cas des citations, des revues de presses, des libres utilisations pour l'enseignement, des libres reproductions à des fins d'information, des reprographies par les bibliothèques et services d'archives) ou des intérêts privés (cas, par exemple, de la reprographie pour l'usage du copiste et de la représentation dans un cercle familial). Se basant sur ces fondements, les lois relatives à la propriété littéraire et artistique prévoient un certains nombre d'exceptions. Il convient d'énumérer ci-après celles que l'on trouve généralement dans les lois africaines et principalement les licences non volontaires de traduction et de reproduction.

a) Limites des droits d'auteur pour certaines œuvres de commande

145. Œuvre de commande – droit de la personnalité. Certaines lois prévoient que l'auteur à qui l'on a commandé un portrait ne pourra

---

[19] V. par exemple, P. Gaudrat et F. Sardain, *De la copie privée (et du cercle de famille) ou des limites du droit d'auteur : Communication Commerce Electronique,* Nov. 2005, p.6 et s.

[20] Pour une comparaison des deux approches, V. A. Strowel, *Droit d'auteur et Copyright, divergences et convergences. Etude de droit comparé,* Brulant/LGDJ, 1993, n°112 et s.- A. Françon, *Le droit d'auteur au-delà des frontières. Une comparaison des conceptions civiliste et de Common Law : RIDA,* juill. 1991, p.3. Noter cependant que la loi de la Tanzanie cite les exceptions au droit d'auteur selon la même approche que les Etats inspirés par le système du droit d'auteur.

exploiter l'œuvre ainsi créée qu'avec l'accord de la personne qui l'a commandée. L'auteur a la possibilité, en cas d'abus notoire du commanditaire empêchant l'exercice du droit de divulgation, de saisir le juge. Prévoient une telle disposition, entre autres, la loi du Congo (art.43), la loi de l'Egypte (art. 178) et la loi du Gabon (art. 18 al.2).

b) Limite relative aux enregistrements d'œuvres musicales

146. Nouvel enregistrement après un premier enregistrement autorisé. Il convient aussi de mentionner le cas d'une exception concernant les œuvres musicales. La loi du Lesotho, par exemple, prévoit que « quand le titulaire du droit d'auteur sur une œuvre musicale a déjà autorisé une personne à faire un enregistrement sonore de l'exécution de l'œuvre et que cet enregistrement a été fait ou importé au Lesotho, toute autre personne peut faire cet enregistrement sans autorisation du titulaire du droit d'auteur » (article 12.1).

La personne désirant réaliser le nouvel enregistrement doit cependant en aviser le titulaire des droits d'auteur, ou son représentant, et verser une rémunération équitable fixée par le ministre chargé des affaires culturelles. La mention de la rémunération équitable n'est pas sans évoquer celle prévue pour les droits voisins. Mais ici, il s'agit bien d'une limite au droit d'auteur (le même texte prévoit la rémunération en matière de droits voisins à l'article 27).

On trouve des dispositions similaires dans d'autres lois d'Etats anglophones (V. par exemple Nigeria, annexe III, art. 1- V. également République Sud Africaine art. 14.1) de même que dans la loi algérienne. Elles s'appliquent aussi bien à l'auteur qu'à son cessionnaire. Une telle exception au droit d'auteur, appliquée aux créations musicales de nationaux, peut contribuer à faciliter l'interprétation d'œuvres musicales des nationaux et être un facteur de promotion de la musique nationale. Il est alors souhaitable que la rémunération soit, effectivement, équitable.

c) Les enregistrements éphémères

147. Enregistrements destinés, en principe, à être détruit.. Prévue par la convention de Berne (art. 11 *bis*), cette exception concerne les organismes de radiodiffusion et figure dans la majorité des textes africains sur le droit d'auteur. Sont ainsi permis les enregistrements effectués par un organisme de radiodiffusion par ses propres moyens et en vue de la diffusion de ses propres émissions. Ces enregistrements sont destinés à être détruits au bout d'un certain délai. Les enregistrements présentant un caractère exceptionnel de documentation peuvent cependant être, selon des conditions précises, conservés dans les archives.

d) Licences légales (Convention de Berne : annexe, Acte de Paris 1971/Convention universelle : art. V, révision de Paris 1971)

148. Faculté réservée aux pays en développement. Depuis sa révision de 1971, la Convention de Berne (CB) permet aux pays en voie de développement de prévoir dans leurs législations des licences non volontaires pouvant être délivrées dans certaines conditions[21].

Ces dispositions ne peuvent être prévues que dans des lois de pays pouvant être considérés comme en voie de développement conformément à la pratique de l'Assemblée Générale des Nations Unies. Aux termes de l'annexe de la Convention de Berne, le recours à cette licence est pour les pays en développement une simple faculté. Le même type de licence est prévu par la Convention Universelle (CU).

De nombreux pays africains, qui sont des pays en voie de développement, ont usé de cette faculté en prévoyant des licences non volontaires de traduction et de reproduction. Quelques pays africains, parmi ceux ayant récemment adopté une loi sur le droit d'auteur n'ont pas prévu ces exceptions. Tel est le cas, notamment, du Tchad.

Les différentes lois des Etats africains sur la propriété littéraire et artistique prévoient généralement les mêmes conditions de délivrance de ces licences, et ce en conformité avec la Convention de Berne et la Convention Universelle.

149. Licences de traduction. Concernant la licence de traduction (article II de l'annexe de la Convention de Berne), elle peut être accordée lorsque l'œuvre concernée n'a fait l'objet d'aucune traduction dans un délai de trois ans à compter de sa publication initiale pour une traduction dans une langue en usage dans un pays industrialisé et dans un délai d'une seule année pour une traduction dans une langue en usage dans un pays

---

[21] V. H. Desbois, A. Françon, A. Kéréver, *Les conventions internationales du droit d'auteur et des droits voisins,* Dalloz, 1976, n°255 et s. - C. Masouyé, *La convention de Berne depuis Stockholm : RIDA,* janv.1984, p.3

sous développé. C'est ainsi que la loi du Nigeria prévoit (art. 2.6 de l'annexe 4) que : «aucune licence ne peut être accordée [...] avant l'expiration d'un délai d'un an à compter de la première publication de l'œuvre lorsque la demande concerne une licence de traduction dans l'une des langues parlées au Nigeria à l'exception de l'anglais ». Le même texte prévoit un délai de trois ans pour les demandes de traduction en anglais. Dans le même esprit la loi du Malawi prévoit (art. 17.2) un délai de trois ans « s'il s'agit de traduire l'œuvre dans une langue autre qu'une langue du Malawi ». Cette disposition vise non seulement, conformément aux Conventions de Berne et Universelle, les langues en usage dans les pays industrialisés, mais aussi toute autre langue exogène. Aux termes de la même loi, le délai est d'une année pour les traductions dans une langue du Malawi.

Outre le respect de ces délais, la licence ne peut être accordée que si le requérant apporte la preuve qu'il a vainement essayé d'obtenir l'autorisation de l'auteur (ou de l'éditeur). Afin de permettre une telle autorisation, une période d'attente supplémentaire est prévue. Elle est de six mois pour les traductions soumises au délai de trois ans et de neuf mois pour les traductions soumises au délai d'une année (V. art. II, al.4-a de l'annexe de la CB et art. V *ter* CU).

L'organisme compétent pour délivrer les licences varie selon les pays. Il peut s'agir du ministre chargé des affaires culturelles comme c'est le cas au Malawi (art.17.2) ou d'un organisme public ou parapublic comme c'est le cas au Nigeria où est compétent le *Nigerian Copyright Council* (art.30A, Copyright Act, 1988).

On peut affirmer que ces licences sont suffisamment encadrées et que l'intérêt du titulaire du droit est pris en compte. C'est ainsi que l'annexe de la Convention de Berne prévoit une obligation du respect du droit moral en exigeant l'indication du nom de l'auteur sur tous les exemplaires de la traduction publiée sous licence (art. IV, al.3) et des mesures pour garantir une traduction correcte (art IV, al. 6). De même, aussi bien la Convention de Berne que la Convention Universelle prévoient une rémunération équitable au profit du titulaire des droits. C'est conformément à ces dispositions internationales que la loi du Nigeria, par exemple, prévoit (art. 2.7.e de l'annexe VI) que le *Nigerian Copyright Council* ne délivre la licence que s'il est « convaincu que le requérant est compétent pour établir et publier une traduction correcte et qu'il a les moyens de verser au titulaire du copyright les redevances [...] ».

Quant au taux de la redevance, la Convention de Berne prévoit que la rémunération doit être conforme à l'échelle des redevances normalement versées dans les cas des licences librement négociées entre les personnes intéressées des deux pays concernés. La disposition est transposée dans les pays africains prévoyant la possibilité d'obtention de la licence relative aux traductions (V. par exemple la loi du Nigeria, annexe IV, art. 4). Les licences ainsi accordées sont non exclusives et incessibles. L'autorité compétente peut donc attribuer une autre licence relative à la traduction de la même œuvre. Et, tout bénéficiaire d'une telle licence ne peut céder la licence qui lui est accordée.

150. Licences de reproduction. Concernant les licences de reproduction, l'article III alinéa 2 de l'annexe de la Convention de Berne prévoit que quand des exemplaires d'une œuvre n'ont pas été mis en vente dans un pays « pour répondre aux besoins soit du grand public, soit de l'enseignement scolaire et universitaire, par le titulaire des droits de reproduction ou avec son autorisation, à un prix comparable à celui qui est en usage dans ledit pays pour des œuvres analogues, tout ressortissant dudit pays pourra obtenir une licence pour reproduire et publier cette édition, à ce prix ou à un prix inférieur, en vue de répondre aux besoins de l'enseignement scolaire et universitaire » (V. aussi Convention Universelle, art. V *quater*).

Le délai est en principe de cinq ans à compter de la première publication de l'édition concernée. Ce délai est ramené à trois ans pour les œuvres traitant des sciences exactes et de la technologie; il est porté à sept ans pour les œuvres du domaine de l'imagination (romans, œuvres poétiques, dramatiques, musicales et livres d'art).

De même que pour les traductions, l'intérêt de l'auteur ou du titulaire des droits est pris en compte (au niveau national, V. par exemple,; Togo, art. 25 et 26 ; Nigeria, annexe IV, art.3 ; Angola, art.30 ; Djibouti 44 et 46).

151. Bilan mitigé. Le bilan de l'application de ces licences est décevant au point qu'on a pu s'interroger sur leur utilité[22]. De plus ces licences ont vocation à n'être appliquées qu'autant que les Etats concernés ne sont pas

---

[22] V. N. Ndiaye, *La Convention de Berne et les pays en voie de développement. Quid ?* : *RIDA*, janv. 1987, p.3

encore développés. Elles sont donc destinées, à long terme, à ne plus figurer dans les lois africaines.

Le système paraît plus réputé pour sa complexité que pour son utilité. Certaines lois ont pris le parti de ne pas (ou de ne plus) prévoir ces licences. A l'échelle régionale, l'accord de Bangui[23], qui prévoyait ces licences dans le texte de 1977, les a abandonnées à la faveur de la révision de 1999.

e) Libre utilisation d'images d'œuvres situées en permanence dans des lieux publics

152. Caractère accessoire de l'œuvre dans l'image diffusée. Les lois africaines, du moins la majorité d'entre elles, permettent la reproduction, la radiodiffusion ou la communication par câble au public de l'image d'une œuvre d'architecture, d'une œuvre des beaux-arts, d'une œuvre photographique ou d'une œuvre des arts appliqués qui est située en permanence dans un endroit ouvert au public.

Toutefois cette exception au droit d'auteur n'est pas admise si l'image de l'œuvre est le sujet principal d'une telle reproduction, radiodiffusion ou communication et si elle est utilisée à des fins commerciales[24].

f) Libre utilisation à des fins d'enseignement

153. Œuvres destinées à l'enseignement. A condition que soient indiqués la source et le nom de l'auteur (si ce nom figure sur la source), est libre l'utilisation d'œuvres protégées dans des ouvrages, dans des émissions de radiodiffusion ou dans des enregistrements sonores ou visuels destinés à l'enseignement.

154. Reprographies. La même finalité didactique justifie la liberté de réaliser des reprographies pour l'enseignement ou pour des examens au sein d'établissements d'enseignement dont les activités ne visent pas directement ou indirectement un profit commercial. Cette exception ne peut donc être invoquée par un établissement privé à but lucratif comme il en existe de plus en plus en Afrique compte tenu des défaillances de

---

[23] Sur le texte régional, V. *infra* n°308 et s.

[24] V. par exemple Mozambique art.15, Tanzanie, article 12.8

l'enseignement public et de l'esprit d'entreprise naissant. Dans tous les cas l'atteinte doit être justifiée par le but à atteindre[25].

155. Conciliation avec les mesures techniques de protection. Lorsque les conditions sont remplies pour que l'exception soit admise, peut encore se poser la question de la possibilité d'en bénéficier si le support de l'œuvre est protégé par des moyens techniques. Le contournement de ces mesures de protection est, aux termes de l'accord de Bangui et de certaines lois africaines, illégal. La libre utilisation à des fins d'enseignement est légale. On peut souhaiter une rédaction plus claire des textes.

> Au-delà des difficultés d'interprétation des textes, se pose la question de l'importance de l'accès aux œuvres pour les besoins de l'enseignement et de l'accès au savoir d'une manière générale. Le besoin pour l'Afrique d'accéder massivement au savoir milite, pour certains, en faveur d'une interprétation généreuse des exceptions au droit d'auteur[26]. Le même argument est utilisé pour proposer que les Etats africains prévoient dans leurs législations que le contournement des mesures techniques dans le but de bénéficier des exceptions et limitations n'est pas illégal[27]. A tout le moins peut-on souhaiter que le caractère illicite du contournement des mesures techniques de protection soit exclu pour les contournements réalisés dans un but pédagogique ou pour les besoins de l'enseignement. Une autre piste consiste à enjoindre aux titulaires des droits de permettre toutes les utilisations justifiées par les besoins de l'enseignement[28].

g) Copie privée

156. Usage personnel. – Usage privé. Au nombre des exceptions au droit d'auteur, figure aussi la copie à usage privé, prévue par l'ensemble des lois africaines sur le droit d'auteur. En vertu de cette exception ou limite au

---

[25] V. notamment Maurice, art.15, Mozambique art.10

[26] M. Malot, *Les droits patrimoniaux dans les systèmes africains du droit d'auteur, Thèse Montpellier*, 2003, spéc. n° 282 et s.

[27] E.S. Nwauche, *African Countries' Access to Knowledge and the WIPO Digital Treaties : JWIP*, 2005, p. 361

[28] Se posera alors la question de la procédure à suivre pour rendre la mesure effective.

droit d'auteur, il est par exemple licite d'enregistrer pour son usage personnel une cassette audio d'un titre musical à la mode[29].

La notion d'usage privé peut être différemment appréciée. On peut en tout cas en avoir ou une approche restrictive ou une approche plutôt large. On peut, par exemple, considérer que la copie est privée si elle est destinée à l'usage du copiste et de ceux qui habitent avec lui. Les textes africains semblent, pour la plupart, avoir consacré une approche restrictive de la notion. Le texte mozambicain, par exemple, prévoit que l'exception n'est admise que pour des copies « à des fins exclusivement personnelles »[30]. Ce qui semble induire que la copie ne doit être destinée qu'à l'usage exclusif de la personne qui la réalise. Ce que prévoient de nombreux textes[31], notamment parmi les Etats membres de l'OAPI[32].

La loi djiboutienne, parmi d'autres, prévoit qu'il est licite, sans autorisation de l'auteur, de « reproduire, traduire, adapter arranger ou transformer de toute autre façon une œuvre exclusivement pour l'usage personnel et privé de celui qui la réalise ». Parmi, les Etats de l'OAPI, certains textes utilisent la formule « usage privé du copiste », d'autres celle d'« usage privé de l'utilisateur »[33], cette dernière formule étant celle employée par le législateur de Bangui.

Une approche moins restrictive de la copie privée est envisageable. En effet, il est possible d'admettre le caractère privé de la copie d'une œuvre, même si elle n'est pas destinée exclusivement à celui qui la réalise. On peut considérer que tant que le copiste a réalisé une copie pour l'ensemble des personnes habitant avec lui, la copie demeure privée. C'est plutôt cette approche qui devrait prévaloir en Afrique, car non seulement elle correspond davantage à la culture et à la situation socioéconomique de la majorité des Etats mais, qui plus est, elle semble plus pragmatique, et même plus compréhensible. Comment expliquer qu'un père qui fait l'acquisition d'un disque ne puisse pas en faire une copie pour son enfant ? Il a été proposé, à juste titre, de considérer comme

---

[29] V. par exemple Tanzanie, art. 12.2. a

[30] LDA – Mozambique, art. 9.1.- V. aussi LDA – Maurice, prévoyant l'exception de "reproduction privée à des fins personnelles" (art.13).

[31] LDA- Djibouti (art. 54 A)

[32] V. par exemple, LDA- Burkina Faso (art .21), L'annexe VII de l'accord de Bangui prévoit ,quant à elle, l'exception s'applique pour les copies destinées à l'usage privé de l'utilisateur (art. 11).

[33] LDA-Niger, art. 9.1

privée la copie réalisée pour un cercle de famille[34] (et même pour un cercle restreint d'amis), et non pour la seule personne qui réalise la copie.

157. Exceptions à l'exception. La majorité des lois récentes prévoient que certaines copies, même privées, n'entrent pas dans le champ de l'exception pour copie privée. Il s'agit, le plus souvent, des copies suivantes :

- copie de partitions de musique
- copie substantielle d'une base de données
- Copie d'œuvre d'art ou d'architecture à des fins identiques à celles pour laquelle l'œuvre originale a été créée.
- Copie de logiciels (sous réserve de l'exception particulière de copie de sauvegarde).

Certains textes peuvent prévoir, comme l'accord de Bangui (V. *infra*), d'autres exceptions à l'exception. Quelques textes prévoient aussi qu'en tout état de cause la copie privée n'est pas licite chaque fois qu'elle porte atteinte à l'exploitation normale de l'œuvre ou qu'elle cause un préjudice injustifié à l'auteur[35].

158.Mécanisme de compensation. -Rémunération pour copie privée. Si la copie privée ne requiert pas l'autorisation du titulaire du droit, elle suppose néanmoins, dans certaines lois, une rémunération à son profit pour le manque à gagner que subissent les titulaires de droits. Pour ce faire, certaines lois africaines, comme d'autres lois dans le monde, prévoient la rémunération pour copie privée.

La rémunération pour copie privée est surtout prévue dans les lois les plus récentes ou dans celles ayant subi des modifications récemment. Tel est le cas de la nouvelle loi camerounaise (art. 69 à 71), de la nouvelle loi algérienne (art. 124 à 129) ou de la nouvelle loi burkinabé (art. 82). Tel est aussi le cas de la loi mauricienne (art. 13.3. *b* qui ne retient pas la même terminologie puisqu'elle l'intitule rémunération équitable)[36]. Au niveau régional, l'accord de Bangui aussi prévoit la rémunération pour copie privée.

---

[34] P. Gaudrat et F. Sardain, *De la copie privée (et du cercle de famille) ou des limites du droit d'auteur : Communication Commerce Electronique,* Nov. 2005, p.6

[35] C'est la règle désormais générale du triple test (énoncé au départ par la Convention de Berne, art. 9. V. *infra*).

[36] V. aussi la loi béninoise qui utilise la même terminologie

159. Débiteur de la rémunération pour copie privée. –Supports concernés. Cette rémunération est en principe versée par les fabricants et importateurs d'appareils et supports matériels utilisés pour ladite copie. En fait, dans de nombreux pays d'Afrique elle sera due par les importateurs, car rares sont les pays africains où l'on fabrique des supports vierges et des appareils permettant la reproduction.

Les lois telles qu'elles sont rédigées permettent d'anticiper sur l'évolution économique et industrielle.

Certains textes prennent le soin d'exclure expressément du champ de la rémunération pour copie privée certains supports. La loi béninoise, par exemple, précise que la rémunération n'est pas due pour les supports exportés et pour les supports qui ne peuvent pas normalement être utilisés pour la reproduction d'oeuvres destinées à des fins privées[37].

En Afrique, en dehors des importations à but commercial faites par des personnes physiques ou morales dont c'est le métier, il y a les nombreuses importations privées d'appareils (et parfois de supports; cas des supports numériques aujourd'hui). Ces appareils sont assujettis à des droits de douanes. Ne convient-il pas de prélever lors du passage en douane de ces appareils une redevance au titre de la rémunération pour copie privée? Certains textes semblent exclure expressément une telle possibilité. Ainsi la loi de Maurice prévoyant que la rémunération pour copie privée n'est pas due si le matériel est importé par une personne physique pour son usage personnel. Pourtant, même lorsqu'un appareil est importé pour un usage personnel, il servira potentiellement à faire des copies privées. Il convient de relever, cependant, que la loi du Burkina prévoit un visa d'importation des supports vierges[38]

160. Taux de la rémunération pour copie privée. Le taux de la rémunération pour copie privée varie d'un Etat à l'autre. Il est généralement prévu que ce taux sera fixé par décret. Quelques fois, cependant, ce taux est précisé dans la loi. Ainsi la loi tunisienne prévoit que la rémunération pour copie privée consistera dans le prélèvement de « 2 % du prix de vente de détail de toutes les cassettes » que ces cassettes soient fabriquées sur place ou importées (art.37). Les législateurs ivoirien et Burkinabé sont plus exigeants, puisque l'article 93 de la loi ivoirienne

---

[37] LDA Bénin Art. 78

[38] LDA Burkina Art.113

et l'article 84 de la loi burkinabé disposent que le taux de la rémunération pour copie privée ne peut être inférieur à 10% du prix du support.

161. Bénéficiaires de la rémunération pour copie privée. La rémunération pour copie privée bénéficie aux créateurs, interprètes et investisseurs, une partie étant réservée à un fonds social de soutien de la politique culturelle. La clé de répartition varie en fonction des pays.

Au Cameroun par exemple, la rémunération pour copie privée de phonogrammes et vidéogrammes est répartie à parts égales entre les auteurs, les artistes interprètes, les producteurs et le fonds de soutien à la politique culturelle (art.71.3). La rémunération pour copie privée des œuvres imprimées est répartie à parts égales entre les auteurs, les éditeurs et le fonds de soutien à la politique culturelle (art.74.4).

En Algérie, (V. art.129) la répartition, à la différence de celle prévue au Cameroun, n'est pas égalitaire entre les bénéficiaires. La rémunération pour copie privée des phonogrammes et vidéogrammes bénéficie principalement à l'auteur (ou/et au compositeur) et au fonds pour « l'activité de promotion de la création d'une œuvre de l'esprit et de la préservation du patrimoine culturel traditionnel » : 30% chacun. Viennent ensuite le producteur (25%) et l'artiste (15%).

Au Burkina, *l'arrêté portant règlement de la répartition des droits*[39] prévoit une répartition à parts égales entre, d'une part le Fonds national de promotion culturelle et les ayants droit et, d'autre part les ayants droits[40]. Quant à la répartition entre les ayants droit, le texte burkinabé prévoit la moitié pour les créateurs, un quart pour les interprètes et un quart pour les producteurs[41].

La nouveau texte sénégalais prévoit que la part revenant au fonds culturel s'élève à 15%.

L'évolution technologique ne manquera pas de soulever quelques questions. En effet, l'accord de Bangui, de même que certains textes nationaux, reconnaît la licéité pour les titulaires de droits d'insérer des mesures techniques empêchant ou limitant la possibilité de copie, y compris privées.

---

[39] Arrêté N°01-054/MAC/SG portant règlement de la répartition des droits

[40] art.10

[41] art. 40

162. Verrouillages anti-copie et copie privée. Aux termes de l'accord de Bangui (art. Annexe VII, art. 11), la reproduction d'une œuvre, licitement publiée, à des fins privées est libre. Elle n'est soumise ni à autorisation, ni au versement d'une rémunération. Notons que l'article 58 de l'annexe VII prévoit la rémunération pour copie privée, aussi bien au profit des auteurs que des artistes-interprètes.

L'annexe VII de l'accord de Bangui précise que l'exception de « reproduction à des fins privées » ne s'applique pas à la reproduction d'œuvres d'architectures revêtant la forme de bâtiment, à la reproduction d'une partie substantielle ou de la totalité d'une base de données. L'exception ne s'applique pas non plus aux reprographies : de partitions musicales, d'œuvres des beaux arts, de manuels d'exercices dont on ne se sert qu'une fois. L'exception ne s'applique pas aux logiciels. Enfin, elle ne s'applique pas à toute autre reproduction qui porterait atteinte à l'exploitation normale de l'œuvre ou qui causerait un préjudice injustifié à l'exploitation normale de l'œuvre.

L'application de ce principe général pourrait bien permettre l'interdiction de la copie privée des supports numériques. En tout cas la licéité des mesures techniques de protection, reconnue par l'accord de Bangui, pourrait conduire à un tel résultat.

En réalité, la question reste ouverte, à l'échelle des lois nationales tout au moins. Par exemple, la loi camerounaise réprime la neutralisation frauduleuse des mesures techniques de protection efficaces dont les titulaires de droit se servent pour la protection de leurs productions contre les actes non autorisés (art. 81.1.d). Si les actes « non autorisés », sont ceux que la loi n'autorise pas, on peut alors se demander si la neutralisation d'une mesure technique de protection pour accomplir un « acte autorisé » par la loi n'est pas « toléré ». Or, la copie à usage privé est bien un acte autorisé par la loi.

Néanmoins une telle copie ne sera-t-elle pas interdite si elle porte atteinte à l'exploitation normale de l'œuvre (V. art.29.2.d LDA-Cameroun) ? Ce qui sera fort probablement le cas pour de nombreuses exploitations sur supports numériques. La rémunération pour copie privée ne se justifiera pas dans les cas où la copie sera impossible ou/et interdite.

Par ailleurs les notions de copie privée et de représentation dans un cercle de famille peuvent poser en Afrique, plus qu'ailleurs, des problèmes d'interprétation. Le cercle privé et le cercle de famille sont des notions bien plus larges en Afrique.

De même que l'accord de Bangui, quelques textes adoptés ou révisés après 1999 « restreignent » les cas de licéité de la copie privée. Ces lois excluent, comme l'accord de Bangui, la licéité de la copie de certaines catégories d'œuvres. Tel est le cas des lois béninoise, burkinabé, camerounaise et tchadienne. Le texte camerounais n'autorise que les reproductions « en seul exemplaire destinées à un usage strictement personnel et privé de celui qui les accomplit » (art.29.1.c.). On peut penser que lorsque le législateur autorise, comme au Cameroun, une seule copie privée, les titulaires de droit doivent rendre impérativement cette copie unique utilisée.

h) Copie et transformation du logiciel par son acquéreur légitime

163. Adaptation. - Correction. Concernant le cas particulier des logiciels les lois en prévoyant la protection disposent généralement que l'utilisateur légitime peut l'adapter ou le corriger pour en permettre un usage optimal.

164. Copie de sauvegarde. Il est également prévu dans ces textes, de même que dans l'accord de Bangui, la licéité de la réalisation d'une copie de sauvegarde par l'acquéreur légitime. Il s'agit de permettre à l'acquéreur légitime d'un logiciel d'en conserver une copie qui pourrait s'avérer nécessaire en cas de destruction ou d'endommagement du logiciel.

Pour tenir compte de la finalité de cette copie, de nombreuses lois précisent que cette copie ne peut être réalisée qu'en un exemplaire unique ou/et que la copie devra être détruite au terme de la licence d'utilisation[42].

i) Importation à des fins personnelles

165. Limitation du droit d'importation de l'auteur. Figure aussi dans de nombreuses lois africaines, la libre importation à des fins personnelles. Cette limitation concerne particulièrement le droit d'importation. Elle figure également à l'accord de Bangui. La finalité personnelle de l'importation est le principal critère de licéité. Une telle importation ne nécessite pas l'autorisation de l'auteur ou du titulaire de droits.

---

[42] En ce sens, notamment, Egypte, art. 171.3 ; Djibouti, art. 54. I ; Bénin art. 20 ; Niger art. 16

Les textes ne le précisent pas mais il va de soi que seule est licite l'importation à des fins personnelles d'un exemplaire licitement mis sur le marché par l'auteur. Alors que son droit d'importation lui permettra de contrôler ou de s'opposer à des importations à finalité commerciale, l'auteur ne pourra s'opposer à une importation à finalité privée.

On trouve cette limitation, par exemple, dans la loi mozambicaine (art.9.1), la loi mauricienne (art. 19), la loi béninoise (art.22), la loi botswanaise (art. 20) ou la loi nigérienne (art.20).

La finalité personnelle ou privée se déduira, principalement, du nombre d'exemplaires importés. Ce sera alors une question d'espèce. Il était possible aux législateurs des Etats africains d'apporter des précisions dans les textes. C'est ce qu'a, par exemple, fait le législateur canadien qui a limité à deux le nombre de copies susceptibles d'être librement importées au titre de l'exception d'importation à des fins personnelles. Dans la pratique, en Afrique, ce seront sans doute, dans un premier temps, les services des douanes, puis l'organisme de gestion collective, qui auront à se prononcer sur la finalité privée ou non d'une importation.

j) Prêt public

166. Œuvres écrites. Certaines lois mentionnent parmi les limitations aux droits patrimoniaux le prêt public. L'autorisation de l'auteur n'est pas requise si le prêt est le fait d'une bibliothèque (ou plus généralement d'un centre de documentation) ou d'un service d'archives n'ayant pas pour objectif la réalisation de profits commerciaux. Cette exception concerne les œuvres écrites, à l'exclusion des programmes d'ordinateurs.

167. Deux approches. Parmi les lois prévoyant cette exception au droit d'auteur, certaines ont opté pour un prêt (par des organismes à but non lucratif) entièrement libre[43]. D'autres lois, en revanche, prévoient au profit des auteurs (par l'intermédiaire de la société de gestion collective) une rémunération équitable[44]. Dans ce dernier cas, il reste à savoir par qui sera supporté le coût de la rémunération. Aussi bien les budgets généralement consacrés à la culture (qui permettraient une prise en

---

[43] V. Par exemple : Mozambique, art. 18.b (autorisation sans le consentement de l'auteur et sans versement d'une rémunération du prêt public, à des fins exclusives de consultation d'une œuvre écrite) ; Niger, art. 18.*ii*

[44] V. Par exemple : Maurice, art. 21.1 et art. 21.2.

charge effective par l'Etat) que les revenus moyens des particuliers (qui permettraient de faire supporter une partie du montant de cette rémunération par les usagers) laissent dubitatif quant à l'effectivité et à l'efficacité des lois (sur ce point).

Ces deux approches de "l'exception de prêt public d'œuvre littéraire" relèvent de deux politiques culturelles différentes. Dans le cas de l'utilisation moyennant rémunération équitable, seul le droit exclusif de l'auteur est limité au nom de l'intérêt du public; le droit à rémunération de l'auteur est préservé. Dans l'autre approche le droit du public supplante complètement le droit de l'auteur. Néanmoins dans un cas comme dans l'autre ces limitations au droit d'auteur sont soigneusement encadrées afin que les atteintes au droit d'auteur soient justifiées conformément aux conventions internationales auxquelles sont parties la majorité des Etats africains.

k) Représentation dans un cercle privé

168. Gratuité. – Cercle de famille. La majorité des textes africains prévoient aussi que l'auteur d'une œuvre ne peut non plus s'opposer aux représentations privées et gratuites qui ont lieu dans un cercle de famille. En pratique tout dépendra de la notion de cercle de famille. Le cercle de famille inclut, forcément, les personnes vivant sous le même toit. Faut-il pour autant exclure le cousin, l'oncle ou le neveu venu rendre visite au foyer où a lieu la représentation ? Assurément non. En revanche, dans le contexte africain, on peut s'interroger sur les représentations dont profitent parfois (même si le phénomène est de moins en moins fréquent) plusieurs maisonnées bénéficiant de la générosité d'un voisin bien équipé en matériel sonore et audiovisuel.

l) Exception de citation

169. Brièveté. – Bons usages. Au nombre des limites et exceptions figure également l'exception de citation. Dans l'ensemble des textes il est prévu que la citation doit être courte. Certains textes[45] prévoient que la citation doit être justifiée par le caractère polémique, scientifique, pédagogique ou d'information de l'œuvre à laquelle elle est incorporée. D'autres textes se contentent de prévoir qu'elle doit être justifiée par le but à atteindre et

---

[45] V. par exemple ,LDA -Cameroun, art.67.1.c. ; LDA -Burkina Faso, art. 22

conforme aux bon usages[46]. Cette notion peut intégrer les justifications polémique ou scientifique prévues par d'autres textes. La notion de « bons usages » peut faciliter, en plus, l'acceptation de la notion de courte citation en matière musicale ou audiovisuelle, par exemple, et pas seulement en matière littéraire.

Il est communément admis, même si certains textes ne le prévoient pas expressément, que pour qu'une citation soit licite, il faut que l'œuvre comportant la citation portent la mention de la source, du titre et de l'auteur de l'œuvre citée. Une exigence qui n'est pas toujours facile à satisfaire en matière musicale par exemple, du moins de manière aussi satisfaisante qu'en matière littéraire. D'où l'intérêt de la notion de « bons usages », qui pourrait varier en fonction des domaines de création.

Il est en tout cas souhaitable que les interprètes africains des lois sur la propriété littéraire et artistique ne restreignent pas la notion de courte citation à une catégorie limitée d'œuvres (sauf disposition spécifique du texte).

m) La parodie, le pastiche et la caricature

170. Droit à l'humour. Parmi les principales exceptions au droit d'auteur il faut également citer ce qui peut être présenté comme la possibilité pour les créateurs d'utiliser librement des œuvres protégées à des fins humoristiques. Ce type d'exception au droit des propriétés artistiques existe pratiquement dans toutes les lois sur le droit d'auteur.

Les textes citent généralement la parodie que la doctrine française rattache au domaine musical, le pastiche associé au genre littéraire et la caricature visant les arts plastiques. En fait, l'exception concerne ce que la langue commune nomme parodie ou caricature. On peut même parler simplement d'exception de parodie entendue au sens large (ou au sens courant). Ce qui est désigné c'est un détournement humoristique de l'œuvre.

De nombreuses lois africaines sur le droit d'auteur prévoient que la parodie, le pastiche et la caricature sont libres à condition :

- que l'intention humoristique soit réelle,
- qu'il n'existe aucun risque de confusion avec l'œuvre parodiée, pastichée ou caricaturée et
- que le détournement humoristique ne soit pas destiné à nuire.

---

[46] V. par exemple, LDA- Djibouti, art. 54 B

D'une manière plus synthétique, il s'agit de respecter, selon la formule consacrée par certaines textes, « les lois du genre». Ce qui suppose, par exemple, de se garder de tout dénigrement.

Cette exception au droit d'auteur est clairement énoncée dans les textes inspirés du droit d'auteur français. Elle peut aussi être admise, au moins en filigrane, dans les textes d'inspiration anglo-saxonne.

Section 2. Le droit moral

171. Définition. De nombreux textes intitulent les sections ou les chapitres relatifs au droit moral : « Droits moraux », consacrant ainsi le pluriel, plutôt que le singulier. Relevons cependant que certains textes, tout en intitulant des chapitres ou des sections « Droits moraux » évoquent dans un ou plusieurs articles le « droit » moral (au singulier). Au Burkina Faso par exemple, la Section I du Chapitre III du titre I est consacrée aux « Droits moraux ». L'article 9 de cette loi dispose pourtant que « *le droit moral* est attaché à la personne de l'auteur, il est perpétuel [...] ». Preuve que malgré la diversité des prérogatives d'ordre moral, il y a une unité, un ensemble pourrait-on ajouter, qui justifie l'emploi du singulier. Pour autant le pluriel s'explique par les différences entre les différentes prérogatives extrapatrimoniales (droits moraux) reconnues créateur de l'œuvre de l'esprit.

Le droit moral désigne un ensemble de prérogatives dites morales reconnues aux créateurs d'œuvres de l'esprit. Ces prérogatives, longtemps reconnues dans les seuls pays de droit d'auteur, sont le droit de divulgation, le droit à la paternité, le droit au respect de l'œuvre et le droit de retrait et de repentir. Il s'agit d'un ensemble de prérogatives permettant à l'auteur de défendre sa personnalité telle qu'elle s'est exprimée dans son œuvre[47].

172. Droit de divulgation. Le droit de divulgation est le droit pour l'auteur d'une œuvre de la rendre ou non publique. L'auteur peut alors décider du

---

[47] V. pour l'Egypte, M. F Makeen., *Moral Rights Protection Under Egyptian Author's Right Law: IIC*, 2007, n°1, p.51

moment ou de la manière dont il souhaite rendre publique sa création, la divulguer.

Les spécialistes du droit d'auteur s'interrogent, depuis longtemps, et la question n'a pas qu'un intérêt théorique, sur l'épuisement du droit de divulgation. La question est de savoir si l'auteur peut invoquer son droit de divulgation pour s'opposer à une nouvelle diffusion de son œuvre. La réponse ne se trouvant pas dans les lois, ce sont les différentes juridictions nationales, qui y répondront si elles sont saisies d'un litige dans lequel la question se pose.

173. Droit à la paternité. Le droit à la paternité est le droit pour l'auteur de réclamer sa paternité afin d'établir aux yeux du public le lien entre sa personne et son œuvre. Ce droit comporte aussi la faculté pour l'auteur de publier son œuvre sous un pseudonyme ou de masquer son identité par l'anonymat. Cet attribut du droit moral figure à l'article 6 *bis* de la convention de Berne.

En principe, le droit à la paternité de l'auteur s'impose au cocontractant de l'auteur, du simple fait de la loi. Il n'est pas possible, par exemple, d'arguer du silence du contrat pour justifier l'omission du nom de l'auteur sur une affiche ou une brochure relative à l'œuvre[48].

174. Droit au respect de l'œuvre. Le droit au respect de l'œuvre permet à l'auteur d'exiger des tiers le respect de l'intégrité de son œuvre et le respect de l'esprit de son œuvre. Il a pour but principal de protéger la personnalité de l'auteur telle qu'elle s'est exprimée dans son œuvre. Mais il permet aussi de communiquer l'œuvre au public sous la forme ou dans la version voulue par l'auteur. En droit français, le simple fait de porter atteinte à l'intégrité ou à l'esprit de l'œuvre est une violation du droit d'auteur.

Cet attribut du droit moral figure également (comme le droit à la paternité) à l'article 6 *bis* de la Convention de Berne. Toutefois le texte de la Convention prévoit sur ce point qu'il y a violation du droit moral en cas d'atteinte à l'honneur et à la réputation de l'auteur. Cette référence à l'honneur et à la réputation a été retenue dans la majorité des lois

---

[48] V. par exemple, Cour de cassation égyptienne, chambre civile, n°1352, vol. 53, 7 janvier 1987, cité par M.F. Makeen, *Moral Rights Protection Under Egyptian Author's Right Law: cité supra* note 47, à la p.59

africaines. Néanmoins, certains Etats, comme l'Egypte, ont retenu l'approche française.

Constitue, par exemple, une atteinte au droit au respect, le fait pour le sous-acquéreur d'un tableau d'éditer un calendrier reproduisant ledit tableau en format réduit, sans avoir obtenu l'accord de l'auteur[49].

L'appréciation de l'atteinte du droit à l'intégrité s'apprécie généralement avec plus de souplesse lorsqu'il s'agit d'adaptation ou d'arrangement. En effet, par principe, adapter une œuvre suppose de la transformer. Sont concernés, notamment, les arrangements de musique, les adaptations cinématographiques d'œuvres littéraires ou les traductions. Concernant les traductions, le texte égyptien prévoit des dispositions spéciales[50].

175. Droit de retrait et de repentir. Le droit moral comporte un quatrième attribut (du moins dans certains Etats) : le droit de retrait et de repentir. Il s'agit du droit pour l'auteur de mettre fin à l'exploitation de son œuvre en la retirant du marché parce qu'il n'en est pas fier par exemple (droit de retrait) ou d'apporter des modifications à une œuvre existante ou encore en interrompre la fabrication[51]. Cet attribut du droit d'auteur tient compte, en quelque sorte des regrets et remords de l'auteur. Toutefois, pour tenir compte des intérêts du cocontractant de l'auteur, l'exercice du droit de retrait et de repentir est strictement encadré. L'auteur doit préalablement indemniser son cocontractant du préjudice causé par l'exercice de ce droit. En outre si l'auteur décide à nouveau d'exploiter son œuvre, il est tenu de proposer ses droits d'exploitation dans les mêmes conditions à ce même cocontractant.

En pratique, très peu d'auteurs auront les moyens (financiers) de pouvoir exercer ce droit. Le mieux pour l'auteur est alors de bien prendre le temps de peaufiner son travail avant de le rendre public.

---

[49] Tribunal civil et commercial de Libreville (Gabon), Mme Christine Rosano c/ Société Sovingab, Rapporté par A. Apoungo (sans précision de date) in *Académie sur la mise en œuvre des droits de propriété intellectuelle A l'attention des magistrats des pays en développement de droit continental, Paris et Genève, mai 2000 et 2001,* OMPI 2002, p.95

[50] art.143(3) Loi sur la Propriété Intellectuelle

[51] V. LDA - Algérie, art. 24 « L'auteur qui estime que son oeuvre n'est plus en conformité avec ses convictions peut interrompre la fabrication du support de communication publique de l'œuvre en exerçant son droit de repentir ou retirer l' œuvre déjà publiée du circuit de la communication au public en exerçant son droit de retrait ».

176. Caractéristiques habituelles. Les droits intellectuels et moraux (ou, si l'on préfère, le droit moral) ont la particularité d'être attachés à la personne de l'auteur. Ce qui justifie que le droit moral soit inaliénable. Mais le droit moral est aussi, du moins dans une majorité de textes, perpétuel et imprescriptible.

177. Variantes. On trouve aussi bien dans les lois africaines inspirées par le système du copyright que dans celles inspirées par le système du Droit d'auteur des dispositions relatives au droit moral. Mais, alors que certains pays reconnaissent un droit moral à la française pourrait-on dire, avec les mêmes caractères et les mêmes attributs (ou presque), d'autres ne reconnaissent qu'un «embryon» de droit moral tel que prévu par la convention de Berne (art.6 *bis*).

On peut citer, à titre d'exemple, la loi ghanéenne du 17 mai 2005, dont l'article 6, alinéa 2 prévoit des prérogatives morales. Concernant le droit au respect, ce texte confère à l'auteur le droit de s'opposer à «toute déformation, mutilation ou autre modification de nature à porter atteinte à son honneur ou à sa réputation (...)». En revanche la loi Ghanéenne dispose que les prérogatives morales sont perpétuelles (art.18). Cette loi dispose encore (article 9.1) que le titulaire des droits peut céder tout ou partie de ses droits, à l'exclusion des prérogatives d'ordre moral. Bien que le Ghana soit une ancienne colonie britannique, ces dispositions relatives à la durée du droit moral et à son inaliénabilité le rapprochent beaucoup du système du droit d'auteur.

La loi Kenyane reconnaît le droit à la paternité et le droit au respect de l'œuvre. Concernant ce dernier elle fait allusion, comme dans la convention de Berne et comme dans beaucoup de pays africains ayant prévu cette prérogative, à une atteinte préjudiciable à l'honneur et à la réputation de l'auteur. Ces droits durent autant que l'auteur est vivant. La loi kenyane ne prévoit donc pas de perpétuité du droit moral. La loi zambienne entrée en vigueur le 31 décembre 1994 reconnaît le droit moral dans les mêmes termes. Parfois il est prévu que le droit moral a une durée *post mortem* de cinquante ans comme les droits patrimoniaux (V. Lesotho, art.13.1).

Pour illustrer l'influence du droit moral tel qu'il existe en France par exemple, on citera la loi béninoise (article 4.), la loi congolaise (article 31), et la loi gabonaise (art. 26) qui prévoient la perpétuité, l'inaliénabilité, et l'imprescriptibilité des prérogatives morales de l'auteur, comme en France. La loi béninoise confère à l'auteur le droit de défendre son œuvre, le droit de décider de sa divulgation, le droit à la paternité et le droit d'utiliser un pseudonyme ou de rester anonyme ainsi que le droit de retrait et de repentir. La loi congolaise prévoit le droit de divulguer, le droit à la paternité et le droit de défendre l'intégrité de l'œuvre et prévoit le droit de retrait dans le cadre des contrats d'exploitation. Dans la loi gabonaise, les attributs sont le droit de divulgation, le droit à la paternité et le droit au respect de l'œuvre et le droit de retrait (comme dans le texte congolais). On relèvera dans ces lois, pourtant inspirées du texte français, la disposition selon laquelle l'auteur peut s'opposer à toute mutilation ou déformation de son œuvre *si celle-ci porte atteinte à son honneur et à sa réputation* (exemple : Bénin, art. 4.1. A; Congo art. 32 al. 2 ; Gabon, art. 26 al. 2). Cette référence à l'honneur et à la réputation de l'auteur peut s'expliquer par l'influence de la convention de Berne (V. art. 6 *bis*). De fait, ce que ces textes empruntent au droit français ce sont surtout les caractères des prérogatives morales.

Pour terminer cette illustration, on peut aussi citer l'exemple du texte égyptien qui retient, comme en France, le principe d'un droit moral perpétuel et qui, surtout, prévoit le droit de s'opposer aux mutilations et déformation de son œuvre, sans aucune référence à l'honneur ou à la réputation, excepté pour les traductions[52]. Ce qui fait du texte égyptien un texte plus proche, sur ce point, du texte français que les textes d'anciennes colonies françaises d'Afrique.

Enfin, on peut observer avec un spécialiste[53], que la mutilation d'une œuvre porte, en fait, forcément atteinte à la réputation de l'auteur.

178. Accord de Bangui. Au niveau régional, l'accord de Bangui s'inspire également de la conception française. Ainsi le droit moral est défini, dans le texte régional, comme perpétuel, inaliénable et imprescriptible. Ses différents attributs sont le droit de revendiquer son œuvre, le droit de rester anonyme ou d'utiliser un pseudonyme, le droit de s'opposer à toute déformation, mutilation, ou à toute autre atteinte à l'œuvre qui serait préjudiciable à l'honneur ou à la réputation de l'auteur (art.8).

---

[52] LDA – Egypte, art. 143. 3

[53] M. F. Makeen, *Moral Rights Protection Under Egyptian Author's Right Law: cité supra* note 47 .V. aussi, Cour de cassation égyptienne, chambre civile, n°1352, vol. 53, 7 janvier 1987, cité par , M. F. Makeen, *Moral Rights Protection Under Egyptian Author's Right Law: cité supra* note 47, à la p. 60

179. Observations sur la perpétuité du droit moral. Concernant le droit moral, on peut, d'un point de vue africain s'interroger sur sa durée. Est-il utile que la protection du droit moral soit perpétuelle? Une telle protection sera-t-elle effective? Est-il utile que la perpétuité s'applique à tous les attributs du droit moral?

De notre point de vue, une approche plus pragmatique et plus conforme aussi bien au socle commun des traditions africaines qu'à l'état actuel de la fonction des arts et des lettres en Afrique militerait en faveur d'un droit moral dont la perpétuité ne bénéficierait pas aux seuls descendants de l'auteur. Ainsi, le droit à l'intégrité, par exemple, pourrait bénéficier à l'auteur pendant toute sa vie, puis à ses ayants- cause pendant soixante-dix ans (ou davantage si les droits patrimoniaux sont protégés au-delà de soixante-dix ans). L'œuvre tombant dans le domaine public serait soumise aux règles relatives au domaine public payant. Concernant le droit moral, c'est l'organisme chargé de la promotion culturelle et de la protection du folklore qui aurait la charge de faire respecter l'intégrité de l'œuvre. Cette œuvre fera d'ailleurs désormais partie du patrimoine national. En revanche, le droit à la paternité pourrait être revendiqué à perpétuité par les héritiers de l'auteur[54].

180. Le droit moral après la mort de l'auteur. On peut relever, dans certaines lois, l'importance accordée à l'Etat dans l'exercice du droit moral *post mortem*. La loi angolaise prévoit que le droit moral des œuvres tombées dans le domaine public est exercé par le secrétariat d'Etat à la culture (art.23.2). L'ancienne loi béninoise disposait : « l'exercice des droits moraux appartient concurremment aux successibles et au Bureau béninois du droit d'auteur » (art. 19). Le nouveau texte a abandonné cette règle (art.4.1).

D'une manière générale à la mort de l'auteur le droit moralest exercé soit par la personne de l'exécuteur testamentaire, soit par les descendants ou autres héritiers, soit par le légataire universel, soit encore par le conjoint survivant. Concernant la dévolution du droit moral au conjoint survivant, on peut se demander si en pratique des difficultés ne risqueraient pas de surgir dans des lois prévoyant la polygamie. En effet, l'exercice du droit moral de l'auteur par plusieurs conjoints survivants (aux intérêts souvent divergents) n'est pas sans poser de problèmes. Sans

---

[54] Ce qui aboutit à un démembrement *post mortem* du droit moral. Pour autant l'unité du droit moral du vivant de l'auteur se défend aisément.

doute seront appliquées, dans ce genre de situation, les mêmes règles que lorsqu'il y a plusieurs descendants.

L'Etat, par l'intermédiaire du ministre chargé de la culture, exerce généralement le droit moral *post mortem* sur les œuvres dont l'auteur n'a pas laissé de succession. Pour éviter que l'intervention du ministre ne soit une entrave à l'exploitation des œuvres (par les cessionnaires du droit d'auteur), le texte égyptien, par exemple, prévoit que l'exercice de ce droit par le ministre compétent n'est possible qu'une fois l'œuvre tombée dans le domaine public[55].

---

[55] C'est, observe M.F. Makeen, le seul cas dans lequel la loi égyptienne fait prévaloir les intérêts économiques sur le droit moral (*art. cité supra,* à la p. 54)

Chapitre II

Droits voisins

181. Droits des auxiliaires de la création. Les droits voisins, encore appelés droits connexes, sont des droits reconnus à ceux qu'un éminent spécialiste (Henri Desbois) appelait les «auxiliaires» de la création littéraire et artistique. Il s'agit principalement des artistes-interprètes, des producteurs de phonogrammes (et de vidéogrammes) et des entreprises ou organismes de communication audiovisuelle.

Les droits voisins prévus par certaines lois africaines sont ceux reconnus par les conventions internationales et principalement par la Convention de Rome du 26 octobre 1961 et la Convention de Genève du 29 octobre 1971 dite Convention Phonogramme[1].

A cette liste, il est de plus en plus ajoutés les producteurs de bases de données, bénéficiant d'un droit *sui generis.* Cette option pour la protection de bases de données non originales (et donc ne pouvant faire l'objet de protection par le droit d'auteur) fait l'objet de débats quant à leur opportunité dans les pays en développement, notamment en Afrique[2].

Pour certains textes on peut ajouter les droits sur les expressions du folklore. Mais ce droit n'est pas différent du droit d'auteur sur les œuvres du folklore. Aussi n'est-il pas nécessaire d'y revenir dans le présent chapitre.

---

[1] Sur ces conventions, V. H. Desbois,, A. Françon et A. Kéréver, *Les Conventions internationales du droit d'auteur et des droits voisins,* Dalloz 1976, n°263 et s. pp. 320 et s

[2] Sur ce point, W.D. Kabré, *Droit des bases de données et pays et développement : RIDA* avr. 2008, p.3, spéc. pp.65 et s.

182. Plan. Par souci de simplification il convient de distinguer entre d'une part les artistes-interprètes (auxquels sont généralement reconnues des prérogatives patrimoniales et morales) et d'autre part les "entrepreneurs de la culture" (qui ne bénéficient que de prérogatives d'ordre patrimonial).

Section 1. Droits des artistes interprètes

183. Droit patrimoniaux et droit moral. Les lois prévoyant la protection des droits voisins reconnaissent, du moins dans leur grande majorité, aux artistes des droits patrimoniaux et "moraux". Cette reconnaissance finira d'ailleurs par être accordée par un plus grand nombre de lois, du fait des prescriptions d'ordre international[3].

§1. Droits patrimoniaux

184. Droits reconnus. Il s'agit principalement du droit de fixation et du droit de communication de la prestation de l'artiste-interprète Ces droits patrimoniaux qui lui sont reconnus impliquent l'autorisation écrite de l'artiste-interprète pour la fixation de sa prestation ou de sa communication au public. Dans le cas des groupes musicaux, l'autorisation est accordée, du moins selon certains textes, par « le chef du groupe ou par tout autre représentant dûment autorisé par les artistes »[4].

Il convient aussi d'ajouter à la liste issue des droits patrimoniaux de l'artiste-interprète ceux prévus par les nouveaux instruments internationaux : le droit de distribution, le droit de location et le droit de prêt. On retrouve intégralement ou partiellement l'énumération de ces droits dans la majorité des textes récents.

185. Limitations et exceptions. Comme en matière de droits des auteurs il existe des limites aux droits patrimoniaux des artistes-interprètes. La

[3] Le traité de l'OMPI sur les phonogrammes et les interprétations (WPPT) prévoit que les Etats qui y adhèrent devront reconnaître, aux interprètes, d'œuvres musicales, des droits moraux.

[4] V. Par exemple LDA - Soudan, art.29

principale limite concernant les seuls droits voisins est la licence légale relative aux phonogrammes qui permet notamment la radiodiffusion et la diffusion dans les discothèques sans l'autorisation des artistes-interprètes. Cette licence légale trouve sa contrepartie dans une rémunération dite équitable que les artistes-interprètes partagent avec les producteurs et qu'ils perçoivent des sociétés de perception et de répartition des droits compétentes. Les artistes-interprètes perçoivent aussi un pourcentage des sommes dues au titre de la rémunération pour copie privée.

186. Durée de protection. Les droits des artistes interprètes sont généralement protégés pendant les cinquante années qui suivent l'interprétation ou sa fixation. Cette durée de protection est parfois inférieure à cinquante ans. Elle est par exemple de quarante ans dans la loi de la Guinée et de vingt-cinq ans dans la loi du Togo (art. 100 et 105) et dans certaines lois elle est de vingt ans. Ce qui correspond à la durée de protection prévue par la convention de Rome de 1961 sur les droits voisins. Mais cette durée devra être portée au minimum de cinquante ans pour les Etats devant se conformer à au moins l'un des instruments internationaux suivants : Accord ADPIC, Traités de l'OMPI[5], Accord de Bangui.

La durée de protection des droits voisins peut aussi être supérieure à cinquante ans. Tel est le cas dans la loi ivoirienne qui prévoit une durée de quatre-vingt-dix-neuf ans pour les droits patrimoniaux (art.89).

187. Durée de protection.- observations. La méthode de computation de la durée de protection des droits voisins de l'artiste peut conduire, particulièrement lorsque la durée de protection est courte, à des situations qui peuvent être regrettables. Ainsi, un interprète peut ne plus avoir de droit sur son interprétation (et ne plus en tirer aucun profit pécuniaire) alors qu'il est encore vivant. En RDC par exemple, les interprétations des succès des années 1960 et 1970 d'une célébrité africaine comme Rochereau peuvent être librement commercialisées alors que cet interprète est encore vivant. Pour autant, lorsque les œuvres interprétées sont encore protégées, la redevance au titre du droit d'auteur sera due et donnera lieu, en principe, au paiement d'une redevance auprès de l'organisme de gestion collective du pays où l'œuvre sera fixée ou exploitée.

---

[5] Sur ces textes, V. *infra* n°353 et s.

L'une des solutions serait de prévoir une durée dont on peut supposer qu'elle permettrait une protection au-delà de la vie de l'interprète. C'est le cas, par exemple, en Côte d'Ivoire (99 ans). Il est possible de n'accorder le bénéfice d'une longue protection qu'aux interprètes. C'est la piste explorée par le projet de loi de la RDC qui prévoit une durée de protection de vingt-cinq ans pour les producteurs et une durée de cinquante ans pour les artistes-interprètes. Une autre piste serait de prévoir au profit des artistes-interprètes une durée de protection *post mortem.*

§2. Droit moral

188. Prérogatives reconnues. Des « droits moraux » sont aussi reconnus aux artistes interprètes. La majorité des textes, particulièrement parmi les plus récents, prévoient au profit de tout artiste-interprète le droit au respect de son nom, de sa qualité et de son interprétation On trouve cette prérogative aussi bien dans les textes inspirés du système du droit d'auteur que dans les textes influencés par le système du copyright. Tel est le cas par exemple de la loi Ghanéenne.

Il est intéressant de relever une disposition qui convient particulièrement à l'environnement professionnel du domaine musical en Afrique. Il s'agit de l'application de la mention du nom de l'interprète lorsqu'il y a non pas un, mais plusieurs interprètes (notamment dans le cas des groupes musicaux). Dans ce cas, la loi de la Guinée par exemple (art.66) prévoit que c'est le principal interprète ou le leader du groupe qui doit être clairement identifié par le moyen le plus approprié. Il peut ainsi s'agir d'une mention sur le livret d'un compact disc ou sur la jaquette d'une cassette audio.

189. Droit international. Au niveau international, le traité de l'OMPI sur les interprétations, les exécutions et les phonogrammes (connu sous le sigle anglais WPPT) prévoit le droit moral des artistes-interprètes d'œuvres musicales. Il va de soi que les Etats qui ratifieront (ou qui ont ratifié) ce traité pourront prévoir le droit moral pour l'ensemble des artistes-interprètes (incluant, notamment, les acteurs de cinéma).

190. Durée. Quant à la durée de ces droits moraux, certaines lois prévoient qu'elle est perpétuelle. C'est le cas pour la loi de la Guinée (art.

67 *in fine*) ; c'est également le cas des textes du Bénin (art. 64) et de l'Egypte (art. 155*)*.

En l'absence d'autres précisions, la question se pose de savoir si la durée du droit moral devra être alignée sur celle des droits patrimoniaux ou être simplement viagère et, donc, s'éteindre à la mort de l'interprète. Sur la base des arguments avancés concernant les droits d'auteur, il nous parait souhaitable de prévoir que le droit moral de l'artiste interprète ait une durée limitée.

Concernant le droit au respect du nom ou de la qualité de l'interprète (ou des interprètes), on peut faire la même proposition que pour le droit à la paternité de l'auteur (à savoir un droit que pourraient défendre pour une durée non limitée les héritiers de l'interprète) .

Si on opte pour la perpétuité de l'ensemble des prérogatives du droit moral de l'auteur, il paraît normal de prévoir alors le même principe au profit de l'interprète et de ses héritiers. Ce qui peut être justifié par le fait que, comme l'auteur, l'interprète apporte une contribution artistique à la diffusion ou à la création de l'œuvre.

Section 2. Droits des entrepreneurs de la culture

191. Droits des producteurs de phonogrammes et de vidéogrammes. Des droits patrimoniaux sont aussi reconnus aux producteurs de phonogrammes et de vidéogrammes. Sont ainsi reconnus à ces entreprises culturelles un droit de reproduction, un droit de mise à disposition du public. De même que l'artiste interprète, le producteur de phonogrammes ou de vidéogrammes ne saurait s'opposer à la diffusion sur les ondes par exemple de son phonogramme régulièrement mis sur le marché. Une partie de la rémunération équitable est destinée aux producteurs. Certains textes ne prévoient que des droits voisins des producteurs de phonogrammes, sans mentionner les producteurs de vidéogrammes.

Dans de nombreux textes africains, généralement parmi ceux qui n'ont pas récemment subi de modification, la protection des droits voisins de producteurs de phonogrammes suppose le respect de formalités. Ces formalités consistent, conformément à la Convention de Rome, dans l'apposition du symbole (P), suivi de l'année de publication et du nom du producteur. L'adhésion progressive des Etats africains aux traités de l'OMPI conduira à l'abandon de cette condition de protection. En principe, elle n'a plus lieu d'être dans les Etats de l'OAPI, puisque l'annexe VII de l'accord de Bangui ne mentionne pas cette formalité. Les textes récents, tels que ceux du Burkina Faso ou du Bénin ne prévoient plus cette formalité.

192. Droit des organismes de radiodiffusion. Quant aux organismes de radiodiffusion, il leur est reconnu un droit spécifique sur leurs programmes. Ils disposent sur lesdits programmes du droit exclusif d'en autoriser la reproduction ainsi que la mise à disposition au public dans un lieu par vente, louage ou échange. Les organismes de radiodiffusion disposent en outre du droit exclusif d'autoriser la télédiffusion et la communication au public de leurs programmes moyennant paiement d'un droit d'entrée.

193. Droit des éditeurs. Le nouveau texte sénégalais a prévu, au profit des éditeurs, le droit de communication public, le droit de reproduction et le droit de distribution. Ce dernier droit s'épuisant à l'échelle de l'espace constitué par les Etats de l'Union économique et monétaire ouest-africaine (l'UEMOA).

Reconnaître à l'éditeur un droit voisin n'est que justice. En effet, l'éditeur d'un livre est un auxiliaire de la création au même titre qu'un producteur de disque. Il contribue à la diffusion du livre, comme le producteur contribue à la diffusion du disque.

194. Durée de protection. La durée de protection est calculée selon les cas par référence à la publication du phonogramme à la date de l'interprétation ou à la date de la réalisation du programme radiodiffusé ou télédiffusé. La durée de protection de ces droits est généralement de cinquante ans. Pour les programmes des organismes de radiodiffusion la durée de protection est généralement de vingt-cinq ans (c'est aussi la durée prévue par l'annexe VII de l'accord de Bangui). Mais certains textes prévoient une durée des droits voisins supérieure à cinquante ans (V. par exemple Côte d'Ivoire art. 89 prévoyant une durée de 99 ans à compter de la publication du phonogramme ou du vidéogramme).

Enfin, de nombreux textes sont, pour l'instant, conforme aux anciens instruments internationaux comme la convention de Rome et ne prévoient qu'une durée de protection de vingt ans.

TITRE IV

EXPLOITATION DES DROITS

195. Exploitation individuelle.- Gestion collective. L'exercice des droits de propriétés artistiques a lieu dans le cadre de l'exploitation des droits d'auteur et des droits voisins. Cette exploitation est, en principe, consentie et contrôlée de façon individuelle par le détenteur des droits. Mais pour des raisons d'efficacité la gestion de ces droits est aussi assurée par des sociétés de perception et de répartition des droits

196. Œuvres du folklore et autres œuvres. On distinguera l'exploitation du folklore de l'exploitation des autres types d'œuvres car ils ne sont pas soumis aux mêmes règles[1].

[1] V. L. Y. Ngombé, *Protection of African Folklore by Copyright Law. Questions That are Raised in Practice: Journal of The Copyright Society of The USA,* Vol. 51, n°2, 2004, pp. 437 et s.

Chapitre I

L'exploitation des œuvres du folklore

197. Plan. L'exploitation des œuvres du folklore répond à des conditions particulières. L'exploitant doit s'adresser à l'organisme ou l'entité chargé de la gestion des œuvres du folklore. Cette exploitation peut donner lieu à perception et répartition de redevances. Le non respect des règles d'exploitation des œuvres du folklore expose son utilisateur ou son exploitant à des sanctions.

Section 1. Conditions

198. Autorisation. – Déclaration. D'une manière générale, l'exploitation du folklore est soumise à autorisation ou à déclaration. Dans tous les cas une redevance est exigée qui sera destinée à un fonds d'action sociale au profit des artistes ou à un fonds de promotion de la culture.

La majorité des lois distinguent entre l'exploitation des œuvres du folklore et l'exploitation des œuvres inspirées du folklore. Pour les exploitations des œuvres du folklore elles prévoient soit le régime de l'autorisation préalable soit, de plus en plus, celui de la déclaration. Les œuvres inspirées du folklore sont, quant à elles, soumises à déclaration. La redevance n'est pas due pour des exploitations à but non lucratif.

199. Exploitation par des nationaux. Quelques textes récents ont prévu que la redevance exigible pour l'exploitation d'une œuvre du folklore national ne s'applique pas aux nationaux. Mais de nombreux textes ne précisent pas si les redevances ne sont exigées que des exploitants étrangers. Rien dans les textes ne permet de prétendre que la redevance n'est pas due par les nationaux.

Cependant l'esprit des textes invite à se poser la question. En effet, les lois africaines ont aussi pour but de promouvoir le patrimoine national. L'exigence des redevances peut être considérée comme un obstacle à cette promotion parce qu'elle dissuaderait les artistes ou les entrepreneurs nationaux de promouvoir leur folklore. De plus, l'insistance des africains pour une protection des œuvres de l'esprit à l'échelle internationale vient du souci pour ces Etats de profiter de l'exploitation de leurs folklores par des non nationaux.

De notre point de vue, il est possible d'appliquer l'exigence du versement d'une redevance aux nationaux. Elle ne constituera un obstacle à la promotion du folklore que si son taux ou son montant sont élevés. L'une des solutions serait alors de prévoir pour les œuvres du folklore, ainsi que l'ont fait certaines lois pour les œuvres du domaine public[1], que cette redevance correspondra à la moitié de celle exigée pour une autre œuvre de même catégorie. Ce qui signifierait que la redevance exigée pour une œuvre musicale du folklore par exemple correspondrait à la moitié de celle qui aurait été exigée pour la même œuvre si elle appartenait non pas au patrimoine national, mais à une personne privée (individu ou personne morale) ou publique. Une telle approche permettrait d'ailleurs de soumettre les œuvres du patrimoine national (qu'elles soient anciennes ou plus récemment tombées dans le domaine public) au même régime.

Section 2. Organismes compétents

200. Organisme unique du droit d'auteur. – Ministère de la culture. L'organisme compétent pour donner l'autorisation et percevoir les redevances afférentes aux œuvres du folklore est généralement l'organisme public ou parapublic chargé de la gestion collective des droits

---

[1] V. par exemple Côte d'Ivoire, art.6

d'auteur et des droits voisins. C'est le cas, par exemple, du Bureau ivoirien du droit d'auteur, du Bureau togolais du droit d'auteur ou du Bureau congolais du droit d'auteur. La question n'appelle pas de commentaire pour les pays qui ont adopté un bureau unique pour l'ensemble des créations quel qu'en soit le genre.

201. Coexistence de plusieurs organismes ou sociétés de gestion collective. En revanche, on peut se poser des questions concernant les pays qui ont prévu la création ou la possibilité de création de plusieurs sociétés de gestion collective comme c'est le cas par exemple au Cameroun où depuis la loi du 19 décembre 2000 est prévue la possibilité de création de plusieurs sociétés de gestion collective.

A notre avis (sauf précision contraire de la loi), selon que l'on rattachera une expression du folklore à telle ou telle catégorie de créations les droits y relatifs seront exercés par la société de gestion collective correspondante. Le nouveau texte sénégalais qui prévoit la coexistence de plusieurs sociétés de gestion collectives (une par catégorie) prévoit que la déclaration d'exploitation se fera auprès de la société de gestion collective agréée à cette fin. Ce qui laisse, *a priori*, penser qu'une société spéciale serait créée. Mais on peut aussi penser que l'une des sociétés gérant d'autres droits pourrait obtenir l'agrément concernant les œuvres du domaine public et les œuvres du patrimoine national (expressions du folklore).

On observera aussi que la gestion par la société de gestion collective des droits afférents au folklore se comprend tant que ces sociétés sont publiques ou parapubliques. En cas d'évolution de ces sociétés vers un régime de droit privé, il serait souhaitable de réduire le rôle de ces sociétés à la perception et à la rétrocession des redevances générées par l'exploitation du folklore. Il deviendrait alors judicieux, ainsi que l'ont fait certains pays, de prévoir que la défense et la gestion du folklore d'une manière générale incombe au ministère chargé des affaires culturelles (V. par exemple, loi du Malawi, art.28, loi de l'Angola, art. 15.1 ou encore loi des Seychelles, art. 7.3.*b*) ou à une autorité ou à un organisme spécial rattaché au ministère de la culture à l'instar du *Nigerian Copyright Council* ou du directeur de l'enregistrement au Lesotho (art.34) ou encore par un conseil du folklore (*Folklore Board*) ainsi que le prévoit la nouvelle loi ghanéenne

202. Difficultés. – Folklore transnational. En pratique pourrait se poser la question de savoir à quel organisme étatique s'adresser en cas de doute sur la titularité des droits sur le folklore. Ainsi lorsqu'un folklore est issu d'une tribu ou d'une ethnie présente dans plus d'un Etat, à qui s'adresser? Dans une telle hypothèse, il convient selon nous que les organismes susceptibles d'être compétents s'accordent pour savoir si l'autorisation doit être délivrée. Quant à celui qui désire utiliser ou exploiter le folklore, il devrait pouvoir s'adresser à l'un des organismes susceptibles d'être compétents.

Concernant des exploitations à l'étranger, on peut se demander s'il est possible pour la personne désirant exploiter le folklore de s'adresser à la société de gestion collective de l'Etat dans lequel l'œuvre sera fixée pour la première fois ou représentée.

En 1990, Paul Simon, décidant de faire une reprise d'une chanson du folklore ghanéen intitulée *Yaa Amponsah* envoie une lettre directement à la société ghanéenne compétente (COSGA) afin de verser les redevances requises en vue de l'utilisation du folklore. Un accord est alors conclu entre la COSGA et le musicien américain qui verse des redevances afin d'exploiter ce folklore dans une adaptation intitulée *Spirit of voices*[2].

Pour ces exploitations à l'étranger il est souhaitable qu'en application des accords de réciprocité il soit possible aux sociétés de gestion collective étrangères de percevoir ces redevances pour le compte de l'Etat d'origine du folklore[3]. Les sommes ainsi collectées seraient rétrocédées en même temps que les droits perçus pour les autres œuvres des répertoires des sociétés africaines de gestion collective des droits d'auteur. Pour faciliter les démarches par les utilisateurs potentiels, des instances régionales seraient nécessaires afin de permettre de désigner l'organisme habilité à délivrer l'autorisation ou recevoir la déclaration d'exploiter un folklore originaire d'une communauté présente dans plus d'un pays.

Dans une vision idéale, chaque fois qu'un organisme compétent dans un Etat recevrait une demande relative à un folklore originaire d'un groupe ethnique présent dans un autre Etat, elle prendrait attache avec l'organisme étranger de l'Etat (ou des Etats) dans lequel ce groupe est également présent.

---

[2] Sur cet exemple d'application d'une loi sur le droit d'auteur à l'exploitation d'un folklore africain, V. A. O. Amegatcher, *La protection du folklore par le droit d'auteur*...cité *supra,* p.38

[3]V. notre article : *Protection of African Folklore*...cité *supra*, aux pp. 437 et s.

Ainsi, si un musicien résidant au Congo, décide d'interpréter l'adaptation d'un chant qu'il sait appartenir au folklore sénégalais, il pourrait se contenter d'en faire la déclaration auprès du Bureau Congolais du Droit d'Auteur (BCDA) en lui versant la redevance afférente. En revanche, les autorisations doivent être demandées à la société étrangère compétente, soit directement, soit par le biais de la société compétente du pays de l'exploitant[4]. En effet, lorsqu'une autorisation est requise on peut supposer que seul l'organisme «titulaire des droits d'exploitation du folklore» peut juger de l'opportunité d'accorder ou non l'autorisation alors qu'une déclaration n'est qu'un simple enregistrement, et peu importe en réalité qui effectue l'enregistrement tant que l'information remonte jusqu'au destinataire final.

Une fois l'autorisation obtenue, on peut supposer que la mention de l'origine revêt le même caractère obligatoire que pour la mention de l'auteur (connu) d'une œuvre. Il est d'ailleurs généralement prévu l'obligation de mentionner l'origine du folklore.

Les difficultés inhérentes au caractère transnational de certaines expressions du folklore sont prises en compte dans les travaux internationaux en cours au niveau de l'organisation mondiale de la propriété intellectuelle[5].

203. Folklore transnational (suite). L'origine du folklore pourrait donc poser une difficulté quant à l'organisme habilité à délivrer l'autorisation. De nombreux folklores sont issus non pas d'Etats sous leurs formes actuelles, mais de tribus ou de groupes ethniques (qui ont préexisté audits Etats modernes) que l'on trouve dans plusieurs pays. En effet, l'aire culturelle des différents folklores ne coïncide pas toujours avec les frontières juridiques (et géographiques) des Etats modernes. Aussi peut-il arriver qu'une création artistique puisse être légitimement attribuée au folklore de plus d'un Etat. Doit-on alors dans ce cas se mettre en contact avec l'un quelconque des organismes susceptibles d'être compétents ? Il faut, selon nous répondre par l'affirmative. Aux différents organismes en concurrence de résoudre ensuite, éventuellement, le problème.

---

[4] Ce que fit le musicien Paul Simon qui s'adressa à la COSGA(société compétente Ghanéenne) en vue de l'utilisation du folklore ghanéen *Yaa Amponsah*. Sur l'accord entre le célèbre musicien américain et la COSGA voir A.O. Amegatcher, *article précité*, pp. 38-39.

[5] V. document WIPO/GRTK/IC/9/4

L'une des solutions à cet éventuel problème serait de distinguer selon que l'exploitant est ou non ressortissant de l'un des Etats pouvant revendiquer la « paternité » de l'élément du folklore en cause. Dans l'affirmative, l'autorisation serait demandée à l'Etat d'origine de l'exploitant, de l'interprète ou de l'utilisateur ou à son Etat de résidence s'il est parmi les Etats pouvant revendiquer la création artistique en cause. Dans la négative, l'autorisation serait demandée à l'ensemble des organismes susceptibles d'être compétents, soit directement, soit indirectement en passant par l'organisme compétent du pays de résidence. En cas de réponse concordante, la question est définitivement tranchée dans un sens comme dans l'autre. En cas de réponse divergente, les différents organismes sollicités devraient se mettre d'accord pour fixer définitivement la personne désirant exploiter le folklore. Ce qui suppose une coopération constante et efficace entre les différents organismes chargés de l'administration des droits d'exploitation du folklore

Par exemple, pour un chant du folklore issu de l'ethnie Téké, présente au Congo, en République Démocratique du Congo (RDC) et au Gabon, si cette œuvre du folklore s'est transmise dans cette communauté dans les trois pays. Ce chant pourra être considéré autant comme un élément du folklore du Congo, de la RDC que du Gabon. Selon notre proposition, si un gabonais veut interpréter ce chant dans un but lucratif (par exemple au cours d'une représentation ou en le reproduisant sur un phonogramme), il pourra en demander l'autorisation à l'Agence Nationale pour la promotion artistique et Culturelle (ANPAC)[6] s'il réside au Gabon et au Bureau Congolais du Droit d'Auteur (BCDA) s'il réside au Congo. Pour le même chant un ressortissant sénégalais ou ivoirien, par exemple, devrait demander une autorisation aux organismes compétents du Congo, de la RDC et du Gabon soit en adressant trois demandes, soit en passant par l'organisme local de son lieu de résidence. Ainsi le bureau sénégalais du droit d'auteur pour une personne[7] résidant au Sénégal, le bureau ivoirien du droit d'auteur pour une personne résidant à Abidjan. Il attendrait ensuite la réponse commune des trois organismes.

204. Folklore transnational. – Folklore régional. Cette question de la désignation de l'organisme compétent pour percevoir les redevances et

---

[6] C'est du moins ce que prévoient les textes gabonais (Loi sur le droit d'auteur et loi n° 4/83 portant création de l'agence nationale de promotion artistique et culturelle).

[7] N'étant ni congolaise, ni gabonaise

accorder l'autorisation d'exploitation du folklore peut aussi être résolue par une instance arbitrale composée de représentants des différents organes étatiques chargés de la promotion et de la protection du folklore.

A la question de l'organisme habilité à délivrer les autorisations se superpose celle de l'organisme destinataire des redevances à verser. Les deux questions sont liées et répondre à l'une c'est répondre à l'autre, du moins en l'état actuel des différents textes africains.

L'autorisation ou la déclaration prévue par les lois est-elle toujours requise au-delà de la durée de protection *post publicationem?* En France par exemple, l'autorisation sera-t-elle requise plus de soixante-dix ans après la "publication" du folklore ?

Dans tous les cas, se pose, principalement à l'échelle internationale, la question de la connaissance par l'utilisateur de l'origine du folklore[8]. Mais cet élément doit-il être pris en compte pour sanctionner les utilisations ou exploitations non autorisées?

Section 3. Perception et répartition des redevances

205. Organisme compétent. C'est généralement l'organisme chargé de délivrer les autorisations d'exploitation qui se charge de la perception des redevances dues au titre de l'exploitation des œuvres du folklore. Les textes législatifs sont généralement muets sur le taux de cette redevance. Il est, quelques fois, prévu que ce taux sera fixé par décret ou par l'organisme chargé de la gestion des droits d'auteurs. Ce taux est souvent le même que celui prévu pour les œuvres du domaine public et correspond dans ce cas à la moitié du taux applicable pour les autres œuvres.

206. Clé de répartition. Affectation des redevances. De nombreux textes africains sur le droit d'auteur prévoient que les redevances perçues au titre de l'exploitation des œuvres du folklore seront réparties de la manière suivante : à égalité entre l'Etat et le collecteur du folklore lorsque l'œuvre n'aura pas été adaptée ; 75% à l'adaptateur et 25% à l'Etat lorsque l'œuvre du folklore aura été adaptée.

---

[8] D'où l'intérêt de la constitution de bases de données. Cet aspect est invoqué dans les travaux de l'Organisation mondiale de la propriété intellectuelle (OMPI).

La part perçue pour le compte de l'Etat est destinée à un fonds social et culturel.

Si dans la majorité des lois africaines, les revenus de l'exploitation du folklore sont destinés à l'ensemble de la communauté artistique de manière indistincte, on peut relever des exceptions. Ainsi, aux termes de l'article 86 de la loi tchadienne ces revenus sont « affectés à des fins culturelles en faveur des communautés d'origine [...] »[9].

Reste la question de l'utilisation de ces sommes. Parmi les différentes suggestions on peut retenir, notamment, des actions culturelles dans la région, à l'intérieur d'un Etat, dont est issu le folklore. Il conviendra sans doute de prévoir alors des actions ne bénéficiant pas à des personnes physiques en raison de leur région d'origine. Le critère serait, en effet, d'une application délicate et même sujet à des dérives. Sans doute faut-il viser davantage l'amélioration des infrastructures locales. C'est aussi à ce niveau que le recours au droit coutumier de la communauté dont est issu le folklore peut s'avérer pertinent ou utile.

Section 4. Sanctions

207. Aspect économique. L'utilisation ou l'exploitation des œuvres du folklore sans l'autorisation de l'autorité compétente est sanctionnée par les textes africains. Les sanctions applicables sont en général celles prévues pour toutes contrefaçons. Mais parfois des sanctions spécifiques (moins sévères en général) sont prévues pour les contrefaçons d'œuvres du folklore. Généralement, il s'agit d'amendes s'élevant au double de la redevance qui aurait due être versée (Gabon, art.74 ; Guinée art. 48, Rwanda, art. 78) ; ladite amende étant généralement plafonnée. Ainsi la loi du Burundi prévoyant que cette amende ne pourra excéder la somme de 40 000 francs Burundais. Quelques fois cependant il est prévu un plancher à ces amendes (100 000 francs au Mali, art. 146)[10].

Certains textes posent simplement que la méconnaissance des règles relatives à l'exploitation du folklore est une contravention de cinquième classe (Centrafrique, art.46) ou de troisième classe (Côte

[9] Pour un aperçu de la loi tchadienne sur le droit d'auteur, L. Y. Ngombé, *La loi tchadienne du 2 mai 2003 sur le droit d'auteur : RIDA,* Juill. 2005, p. 487

[10] environ 150 euros.

d'Ivoire, art.73) ou, plus rarement, un délit puni de peines d'amende et/ou d'emprisonnement (V. Ghana art. 44.2 ; Nigeria, art. 29 A.1.).

208. Aspect culturel (et moral). Ces sanctions sont encourues y compris en cas de fausses informations sur l'origine du folklore ou de déformation «préjudiciable à l'honneur, à la dignité ou aux intérêts culturels de la communauté dont cette expression est originaire»[11]. On peut relever dans cette disposition un parallèle entre le droit moral d'une personne physique prise individuellement et une sorte de droit moral «communautaire» ou collectif. Ce qui répond bien à l'aspect culturel de la protection des œuvres du folklore qui de ce point de vue ne trahissent pas « l'esprit du droit moral »[12].

Il n'est pas inintéressant, de ce point de vue, de relever que l'article 142 de la loi égyptienne sur la protection de la propriété intellectuelle prévoit que le ministre chargé des affaires culturelles est compétent pour faire respecter les droits patrimoniaux et moraux sur les œuvres du folklore.

---

[11] V. Nigeria art 29 A.- V. I. M. Olueze, *La protection des expressions du folklore comme vecteur de la diffusion de la culture dans le cadre du droit nigérian : Bull. dr. auteur,* Vol. 34, n°2, 2000, p.52 et s. – V. également F. Shyllon, *Recent Developments in Copyright Law and Enforcement Procedure in Nigeria : IIC,* 2001, Vol. 32, p.298 et s. aux pp. 300 et s.

[12] V. sur ce point Y. Gendreau, *Pour un renouveau du droit moral à travers les revendications des autochtones : Propr. intell.* n°14, janv. 2005, p.15, spéc. pp. 20 et s.

Chapitre II

Contrats d'exploitation

209. Droit commun des contrats du droit d'auteur. -Enregistrement – Contrats spéciaux. Les contrats d'exploitation des droits de propriété littéraire et artistique sont d'abord et avant tout régis par le droit commun des contrats[1]. Dans le champ précis du droit d'auteur, il existe des règles générales applicables à l'ensemble des contrats du droit d'auteur. Après avoir exposé ces règles générales, nous présenterons brièvement les principaux contrats prévus par les textes ainsi que quelques contrats usuels non expressément prévus par les lois africaines sur le droit d'auteur.

Section 1. Droit commun des contrats de la propriété littéraire et artistique

210. Formalisme dans l'intérêt de l'auteur. – Exigence d'un écrit. Un certain formalisme régit généralement ces contrats dans l'intérêt de l'auteur.

[1] Pour les Etats africains membres de l'OHADA, ces règles (du moins en partie) feront l'objet d'un Acte uniforme.

Les lois africaines sur le droit d'auteur prévoient, en général, que le transfert des droits doit être constaté par écrit[2]. Cet écrit peut, en principe, revêtir plusieurs formes. Il peut s'agir d'acte sous seing privé dûment signé par les parties ou d'acte authentique ou encore d'échange de correspondances[3]. Il peut aussi s'agir de toute autre forme d'écrit, y compris, comme le précise le législateur camerounais[4], sous forme électronique. Certains textes exigent des formes précises. Tel est le cas de la loi togolaise dont l'article 41.1 précise que « la cession doit être constatée par un acte authentique ou passée en la forme administrative sous peine de nullité ».

Cette exigence de l'écrit peut, dans certains cas poser problème. La question peut, en effet, être posée dans le cas où l'un des cocontractants est analphabète. L'intérêt de ce formalisme pour la protection de l'auteur, présumé partie faible, est évident. Pour autant on peut se demander s'il ne faut pas l'adapter à certains cas. Parmi de nombreuses pistes, on peut songer au recours à des témoins alphabètes ou un agent assermenté de l'organisme de gestion du droit d'auteur ou de l'organisme ou l'autorité chargé de contrôler les sociétés de gestion collective[5].

211. Portée du formalisme. On peut se poser la question de la portée de l'exigence de l'écrit[6]. Une décision de justice gabonaise semble avoir jugé que l'écrit, dans la loi gabonaise, n'est exigé que comme condition de preuve et non comme condition de validité du contrat[7]. La rédaction des

---

[2] V. par exemple loi soudanaise art.15.2, loi togolaise art.41, loi nigériane, art.10.3 et s., loi du Malawi art. 15.1, loi ougandaise, art. art.35, loi ghanéenne, art. 9.4 et loi botswanaise, art. 22

[3] Ce qu'a pris le soin de préciser le législateur algérien (art. 62 de la loi de 2003)

[4] art. 22.1

[5] Sur la question de l'analphabétisme et du formalisme dans les contrats en Afrique, V. notamment, M. Fontaine, *Le projet d'acte uniforme OHADA sur les contrats et les principes d'UNIDROIT relatifs aux contrats du commerce international : Uniform Law Rev.*NS-Vol. IX, 2004-2, p.252, aux pp. 262 et s.-V. aussi le numéro spécial de la *Revue sénégalaise de droit* 1977 (« Les résistances du droit traditionnel au droit moderne des obligations », Actes du colloque de Dakar 5-9 juillet 1977).

[6] Pour une discussion à partir de l'exemple algérien, A. Bencheneb, *Les contrats et le droit d'auteur en Algérie : Revue algérienne des sciences juridiques, économiques et politiques,* Vol. XX, n°3, sept. 1983, pp. 183 et s., spéc. pp.201 et s.

[7] Tribunal civil et commercial de Libreville (Gabon), Mme Christine Rosano c/ Société Sovingab, Rapporté par A. Apoungo (sans précision de date) in *Académie sur la mise en œuvre des droits de propriété intellectuelle A l'attention des magistrats des pays en développement de droit continental, Paris et Genève, mai 2000 et 2001,* OMPI 2002, p.95

textes n'est pas toujours claire sur ce point. On peut néanmoins affirmer que dans les Etats membres de l'organisation africaine de la propriété intellectuelle (OAPI), l'écrit est exigé, du moins selon le texte régional, comme condition de validité du contrat. En effet, aux termes de l'Annexe VII de l'accord de Bangui, les contrats d'exploitation de droits de propriétés artistiques doivent être passés par écrit, « sous peine de nullité » (art.36). On peut regretter que même parmi les textes récents des Etats membres de l'OAPI l'absence de clarté de la règle (ou, à tout le moins, de la rédaction).

C'est le cas, par exemple de la loi béninoise qui se contente de poser que « sauf disposition contraire, les contrats de cession de droits patrimoniaux ou de licence pour accomplir des actes visés par les droits patrimoniaux sont passés par écrit » (art.26). On trouve une rédaction similaire dans le texte nigérien. Pourtant dans la majorité des textes des Etats de l'OAPI, l'écrit est exigé à peine de nullité. C'est ce que prévoient expressément, notamment, les textes ivoirien (art. 40.1°) et camerounais (art 22.2.) Cependant ces deux textes ne précisent pas qu'il s'agit de nullité relative.

Certains textes sont plus précis. Ainsi les lois burkinabé (art.42), tchadienne (art.47) et togolaise qui prévoient que l'écrit est exigé à peine de nullité relative. Néanmoins, alors que les textes burkinabé et togolais posent le principe pour l'ensemble des contrats, le texte tchadien semble limiter la règle aux seuls contrats prévus dans le texte.

Au-delà même de l'espace OAPI, la majorité des lois prévoyant l'exigence de l'écrit prévoit la nullité de la cession, en l'absence d'écrit. Tel est, par exemple, le cas de la loi djiboutienne. La rédaction de certains textes, malgré l'absence de mention de la nullité, permet de déduire que l'écrit est exigé comme condition de validité[8].

Même lorsque les textes ne précisent pas si la nullité qui entache une cession non constatée par écrit est absolue ou relative, il est évident qu'il ne peut s'agir que d'une nullité relative. Seul donc l'auteur peut invoquer cette nullité. Sanctionner l'absence d'écrit par une nullité absolue (que pourrait donc invoquer le partenaire économique de l'auteur) irait à l'encontre de la finalité protectrice de l'exigence instituée dans l'intérêt de l'auteur.

---

[8] Pour une illustration en droit tunisien, Trib. 1ère instance Tunis, 14 juill. 1994 : *RTD* 1995, p.293 , comm. N. Mezghani

Il sera de toutes façons difficile de faire l'économie d'un acte écrit, soit du fait de l'importance financière du contrat (et de ses conséquences en matière de droit de la preuve), soit compte tenu du besoin ou de l'obligation d'enregistrement du contrat, soit encore à cause de l'exigence des mentions obligatoires.

212. Mentions obligatoires. Au-delà de l'exigence de l'écrit, le formalisme concerne aussi le contenu du contrat. Ainsi, il est généralement prévu que le contrat d'auteur doit comporter certaines mentions telles que l'énumération des droits cédés (par exemple cession du seul droit de reproduction), des modes d'exploitation (exploitation de l'œuvre sur CD par exemple) ainsi que la détermination de l'étendue (par exemple autorisation de reproduire 5000 CD seulement), de la destination (par exemple autorisation de reproduire un dessin pour une exposition et non pour illustrer des timbres), du lieu (par exemple autorisation d'exploiter en Europe uniquement) et la durée. En pratique il est fréquent que l'auteur consente une cession pour la durée des droits.

Toute ambiguïté dans la rédaction du contrat profite à l'auteur (V. par exemple Ethiopie, Code Civil, art. 2678)[9].Les textes prévoient généralement les règles d'interprétation relatives aux droits cédés ou aux modes d'exploitation cédés. Ainsi, dans une majorité de texte, il est prévu que seuls sont cédés les droits expressément mentionnés dans le contrat et les modes d'exploitation expressément mentionnés. En revanche, on trouve rarement des dispositions relatives à la sanction de l'absence de mention de la durée. Il existe cependant quelques exemples.

La loi mauricienne, par exemple, prévoit que «si l'accord régissant la cession de l'un des droits patrimoniaux ne mentionne pas la période de la validité de la cession, celle-ci prend fin après dix ans» (art. 9.6)[10]. C'est dans le même esprit que la loi du Mozambique dispose : «en l'absence de stipulation expresse à cet effet, toute licence est réputée concédée pour une période de douze mois» (art.36.5).

L'écrit, lorsqu'il est conforme aux dispositions légales, engage le cédant qui ne peut, pendant la période contractuelle, empêcher une

---

[9] Pour une vue d'ensemble sur la Propriété littéraire et artistique en Ethiopie, V. A. Endeshaw, *Intellectual Property Policy for Non-Industrial Countries,* Aldershot, Brookfield Singapore and Sidney, Darmouth, 1996, pp. 226 et s.

[10] Le même texte prévoit que si le(s) territoire(s) de cession n'est pas (ou ne sont pas) précisé(s), la cession est réputée valable pour le seul territoire mauricien. Ce qui est proche en réalité de l'esprit du droit français.

exploitation dans la limite du territoire stipulé au contrat. La jurisprudence ghanéenne l'a très justement rappelé dans une affaire opposant le célèbre chanteur Fela Ransome Kuti à la filiale de la maison de disque à laquelle le musicien avait cédé ses droits. Le musicien nigérian avait consenti une licence de trois ans à la succursale nigériane d'une maison de disque D'après les stipulations contractuelles la maison de disque était autorisée à fabriquer et vendre des cassettes et des disques de l'album *Everything Scatter* en Afrique. La filiale ghanéenne de la maison de disque avait alors commercialisé l'album au Ghana. Ce que le musicien, qui n'avait pas été consulté considérait comme une contrefaçon. Mais cette commercialisation de l'album ayant eu lieu en vertu d'une sous cession conforme à la limitation géographique (l'Afrique) stipulée au contrat a été jugée licite[11].

213. Prohibition de la cession globale des œuvres futures. Reprenant les règles protectrices de la loi française de 1957 (et plus directement les règles de la loi-type de Tunis), de nombreuses lois africaines prévoient aussi la prohibition de la cession globale des œuvres futures[12], C'est, notamment, le cas des lois tchadienne (art. 46), togolaise (art. 41.5) ou djiboutienne (art.46.1). Cette règle ne concerne pas les apports ou cessions consentis aux organismes de gestion collective.

214. Encadrement de la cession globale des œuvres futures. Aux termes de certaines lois, la cession des œuvres futures est possible[13]. Mais il est parfois prévu que l'auteur peut résilier tout accord portant sur ses œuvres futures selon des modalités précises[14]. Ce qui est une règle tendant à protéger l'auteur.

D'autres textes, notamment celui de l'Angola, prévoient que «la transmission globale des éléments patrimoniaux du droit d'auteur est soumise à l'autorisation du secrétariat d'Etat à la culture ou de l'organisme

---

[11] Accra, High Court, January 28, 1976, *Ransome Kuti v. Phonogram (Ghana) Ltd:* [1976] 1 *Ghana Law Reports* 220

[12] S'inspirant de la loi française, ces textes prévoient cependant, dans les dispositions relatives au contrat d'édition, la possibilité pour l'auteur de consentir un pacte de préférence pour les cinq ouvrages à paraître ou pour les œuvres à publier dans les cinq années à venir.

[13] art.7 de la loi nigériane ; art.22.5 de loi de la République Sud Africaine

[14] art.10 LDA Maurice

chargé de la gestion collective des droits» (art. 19.4)[15]. Cette disposition protège l'auteur en encadrant la cession globale des droits patrimoniaux. Mais elle fait intervenir l'Etat et évoque de ce point de vue l'approche socialiste (plus précisément soviétique) de la propriété littéraire et artistique[16].

On relèvera, parmi les pays dits de droit d'auteur, le cas du nouveau texte du Sénégal qui ne prévoit pas la prohibition de la cession globale des œuvres futures mais la limite dans le temps. La texte sénégalais prévoit que la cession totale ou partielle de plus d'une œuvre peut être dénoncée par chacune des parties, passé un délai de cinq ans après la signature (art. 61). Comme dans le texte de Maurice, et comme dans les textes ayant repris la règle française de la prohibition de la cession globale des œuvres futures, il s'agit d'une règle protectrice des intérêts de l'auteur.

215. Rémunération proportionnelle. –Minimum garanti. Quant à la rémunération, il est généralement prévu, du moins dans les Etats membres de l'OAPI, le principe de la rémunération proportionnelle. Le taux de la rémunération est rarement précisé dans les textes. On notera cependant qu'il arrive qu'un pourcentage minimum soit imposé par la loi. Ainsi, la loi de la RDC prévoit que la rémunération de l'auteur ne peut être inférieure à 10% des recettes de la vente ou de l'exploitation[17].

Dans le même but de permettre à l'auteur de ne pas être lésé lors de l'exploitation de sa création, la loi du Malawi prévoit que s'il s'avère qu'il existe une disproportion flagrante entre la rémunération versée au titulaire du droit d'auteur et le revenu que le cocontractant de l'auteur tire de l'exploitation de son œuvre, «le titulaire du droit peut demander une modification du contrat afin d'obtenir une part équitable du revenu» (art. 15.4).

La loi du Rwanda prévoit que la rémunération peut être proportionnelle ou forfaitaire mais doit respecter un minimum garanti dont la valeur sera déterminée par le ministre ayant la culture dans ses attributions (art.55). On trouve la même exigence d'un minimum garanti dans la loi du Congo (art.45). La loi camerounaise prévoit qu'en cas de

---

[15] Le régime général d'exploitation des droits aux termes de cette loi est celui d'autorisations ou d'utilisations de l'œuvre, régime tendant à limiter l'étendue de la "concession" « stipulée » par l'auteur.

[16] V. sur ce point D. Reimer, *Remarques sur la liberté des contrats en matière de droit d'auteur : RIDA,* Avr. 1977, pp. 3 et s. spéc. p. 13 et s.

[17] LDA-1986, art.36.4 (règle reprise à l'article 43 du projet de la nouvelle loi)

rémunération forfaitaire en dehors des cas précis prévus par la loi, la rémunération s'élève à 20% des recettes d'exploitation (art.24.3). Il est également intéressant de noter que la loi ougandaise , initialement influencée par le copyright anglais, prévoit que la rémunération de l'auteur consistera dans un pourcentage des revenus d'exploitation si cela est possible ou en forfait raisonnable auquel s'ajoute une participation aux profits(art. 40). Le texte définitif ougandais n'a pas retenu le minimum garanti que prévoyait le projet de loi tel qu'adopté en 2004. En effet, le projet de loi ougandais sur le droit d'auteur prévoyait le principe d'une rémunération proportionnelle avec un pourcentage minimum de 20 % (art. 40. a). Parmi les Etats inspirés par le système du droit d'auteur, la loi angolaise ne prévoit pas le principe de la rémunération proportionnelle. Le texte impose cependant, parmi les mentions obligatoires, la précision du mode de rémunération (art.24).

216. Rémunération.- Garantie de paiement. Dans certains textes, généralement inspirés du droit français, l'auteur bénéficie d'un privilège général, sur les biens de son débiteur (relativement à ses droits patrimoniaux). Ce qui lui permet d'avoir une certaine garantie de paiement. Ce privilège survit à la faillite de l'éditeur ou du producteur. Il est notamment prévu dans les lois burkinabé (art.46), camerounaise (art.15.3 et 54) tchadienne (art.52), malienne (art.148) et togolaise (art.38).

Ce privilège est aussi prévu par l'Acte Uniforme de l'OHADA (organisation pour l'harmonisation en Afrique du droit des affaires) sur les sûretés. Dans le cas où la loi nationale sur le droit d'auteur d'un Etat membre de l'OHADA ne prévoirait pas ce privilège, l'auteur pourrait invoquer le texte de l'OHADA (art.107. 4°)de l'acte uniforme relatif aux sûretés)[18].

Le privilège de l'auteur concerne forcément les créances dues à l'auteur au titre d'un contrat. Il semble logique de considérer que ce privilège s'applique également à des dommages intérêts dus au titre d'une condamnation pour contrefaçon. Les textes ne paraissent pas limiter le privilège aux créances ayant une origine contractuelle[19]. Il reste que, à

---

[18] V. L. Y. Ngombé, *Sûretés mobilières et propriétés intellectuelles dans les Etats de l'OHADA et de l'OAPI. Un aspect de la concurrence de législations supranationales en Afrique : RRJ* 2006-4

[19] V. par exemple art. 30 de la loi ivoirienne sur le droit d'auteur et art. 107.4° de l'Acte uniforme de l'OHADA sur le sûretés

notre connaissance, les juridictions africaines n'ont, à ce jour, pas eu l'occasion de se prononcer sur la question.

En revanche, les lois sur le droit d'auteur prévoyant un privilège précisent que le privilège porte sur les créances attachées aux droits patrimoniaux. Ce qui exclut forcément de l'assiette du privilège les dommages intérêts dus pour atteinte au droit moral de l'auteur.

Les textes précisent bien que le privilège bénéficie à l'auteur. Il a néanmoins été suggéré, à partir de l'exemple algérien, que les sociétés de gestion collective puissent s'en prévaloir[20].

217. Inaliénabilité du droit moral. – Droit d'auteur et Copyright. Une autre règle tend à protéger l'auteur désirant exploiter son œuvre. Il s'agit de l'inaliénabilité des attributs du droit moral. L'inaliénabilité du droit moral implique l'impossibilité de sa cession ou de sa renonciation par son titulaire. Le principe est clairement affirmé dans la majorité des lois reconnaissant au droit moral un caractère inaliénable. Il s'agit, généralement, des lois inspirées du système français. Ainsi, la loi nigérienne dispose que « les droits moraux ne sont pas cessibles entre vifs ». A l'inverse, certaines lois, comme celle du Soudan, prévoient expressément que «l'auteur peut céder à toute personne la totalité ou une partie de ses droits moraux et patrimoniaux» (art.15.2). Ce qui correspond à l'approche anglo-saxonne (système du *copyright*).

Section 2. Enregistrement des contrats

218. Obligation de certains textes. Certains textes africains prévoient l'obligation d'enregistrer les contrats d'exploitation des droits de propriété littéraire et artistique. Ainsi la loi du Soudan dont l'article 23.2 dispose que «l'enregistrement d'un contrat de cession des droits patrimoniaux conclu entre l'auteur et un utilisateur de l'œuvre est obligatoire. L'enregistrement constitue un commencement de preuve du caractère licite de l'exploitation de l'œuvre en cas de litige ou de procédure judiciaire».

---

[20] A. Bencheneb, article cité *supra* note 6, p.215

219. Utilité. L'enregistrement des contrats paraît être une mesure intéressante pour faciliter la preuve de la titularité des droits. Elle peut aussi se révéler utile relativement au contenu des clauses du contrat (si aucune des parties n'est en mesure de le produire). C'est, de notre point de vue, une règle qu'il conviendra de prévoir dans l'ensemble des lois africaines sur le droit d'auteur. Elle suppose cependant que des structures soient mises en place pour la rendre effective.

Section 3. Contrats prévus dans les textes

220. Quatre principaux contrats fréquemment prévus. Les textes étudiés prévoient généralement le contrat d'édition, le contrat de représentation et plus rarement le contrat de production d'œuvre cinématographique (ou audiovisuelle).

Certaines lois régissent (succinctement) en plus le contrat de commande d'une œuvre. Tel est le cas des lois du Malawi (art.16) et de l'île Maurice (art. 8). Ces contrats ne seront pas étudiés en détail dans le présent ouvrage. Il ne sera question que de quelques considérations générales sur la pratique en matière de contrats d'exploitation de droit de propriété littéraire et artistique en Afrique. Néanmoins il convient de définir ces contrats spéciaux régis par la majorité des lois africaines sur le droit d'auteur.

§1. Contrat d'édition

221. Définition. Le contrat d'édition est le contrat par lequel l'auteur d'une œuvre de l'esprit (ou ses ayants droit) cède à un éditeur le droit de fabriquer ou de faire fabriquer en nombre des exemplaires de l'œuvre pour en assurer la publication et la diffusion. Le contrat d'édition peut porter aussi bien sur les œuvres littéraires que musicales et même sur des œuvres multimédia.

222. Principales règles. Dans le cadre de ce contrat l'éditeur s'oblige à publier l'œuvre, à en assurer une diffusion permanente et suivie, rendre des comptes à l'auteur et à le rémunérer. L'éditeur doit, comme en principe tout cessionnaire des droits d'auteur, respecter le droit moral de l'auteur. L'auteur doit, quant à lui, principalement, garantir à l'éditeur un exercice paisible des droits cédés (pendant la durée stipulée).

En principe, la cession du contrat d'édition à un tiers indépendamment d'une cession globale du fonds de commerce ne peut avoir lieu sans l'accord de l'auteur[21]. Et en cas de cession du contrat d'édition dans le cadre d'une cession du fonds de commerce, l'auteur a la possibilité de demander réparation si ladite cession porte atteinte à ses intérêts matériels ou moraux[22]. Ces règles sont simplement reprises de la loi française du 11 mars 1957.

Le contrat peut prendre fin de plein droit faute pour l'éditeur d'avoir donner suite à la mise en demeure de l'auteur d'avoir à publier ou rééditer l'ouvrage objet du contrat. La résiliation est acquise si l'éditeur n'a pas donner suite à deux demandes de livraison d'exemplaires dans un délai déterminé. Le nombre minimal est généralement de deux. Dans certaines lois, une seule mise en demeure permet à l'auteur de résilier le contrat[23]. Le délai imparti est, dans une majorité de textes, de trois mois[24]. Ce délai est plus long, dans certains textes[25]. Il est parfois prévu, comme dans le texte algérien, que l'auteur peut résilier le contrat s'il n'a perçu aucune redevance pendant une année.

Dans les textes des Etats membres de l'OAPI, qui sont aussi presque tous également membres de l'OHADA, il est également prévu que ni le redressement judiciaire, ni la liquidation judiciaire n'entraîne la résiliation du contrat.

Les règles nationales relatives au droit d'auteur ne sont pas identiques à celles prévues par le droit uniforme des affaires telles que régi par l'acte uniforme relatif aux procédures collectives. Aux termes de l'Acte uniforme de l'OHADA relatif aux procédures collectives, « la cessation des paiements déclarée par décision de justice n'est pas une cause de résolution et toute clause de résolution pour un tel motif est réputée non écrite », sauf pour les contrats conclus en considération de la personne du débiteur[26]. Or, en application des lois sur le droit d'auteur, malgré le caractère *intuitu personae* du contrat d'édition, l'ouverture de la procédure collective ou la liquidation n'emporteront pas résolution du

---

[21] V. par exemple, LDA – Bénin, art. 41 ; LDA – Djibouti, art. 47, al.1

[22]LDA - Djibouti, art. 47 al.2 ; LDA –Cameroun, art.46.2; LDA Burkina , art. 56

[23] LDA – Algérie, art. 97

[24] LDA – Benin, art. 44; LDA – Algérie, art.97

[25] Dans la loi camerounaise (art.47.2) et ivoirienne (art.57) par exemple, il est de six mois

[26] Article 107

contrat. Ici, les deux règles paraissant contradictoire, c'est la législation, même nationale, sur le droit d'auteur qui devra s'appliquer, en tant que législation spéciale.

§2. Contrat de représentation

223. Définition. Le contrat de représentation est le contrat par lequel l'auteur autorise la représentation de son œuvre. Ce contrat concerne principalement la représentation théâtrale, télévisuelle et cinématographique.

224. Principales règles. Par ce contrat l'entrepreneur de spectacles s'oblige à assurer la représentation de l'œuvre en respectant le droit moral de l'auteur et à lui verser une redevance (notamment par l'intermédiaire de la société de gestion collective à laquelle a adhéré l'auteur).

Par entrepreneur de spectacle on entend, la personne physique ou morale qui de manière habituelle ou occasionnelle, exécute ou fait exécuter, représente ou fait représenter des œuvres.

La conclusion du contrat de représentation ne confère à l'entrepreneur de spectacle aucun monopole d'exploitation[27], sauf stipulation contraire.

De nombreux textes prévoient que « a validité des droits exclusifs accordés par un auteur dramatique ne peut excéder cinq années; l'interruption des représentations au cours de deux années consécutives y met fin de plein droit »[28].

Les spectacles culturels, de même que l'activité d'entrepreneur de spectacle sont généralement soumis à une réglementation particulière[29]. L'exercice de l'activité d'entrepreneur de spectacle est notamment subordonné, du moins dans certains Etats, à l'obtention d'une licence[30].

---

[27] V. par exemple, LDA- Congo, art. 60

[28] LDA – Congo, art. 60 ; LDA – Burkina Faso, art. 57

[29] V. par exemple décret n°2003-149 du 20 mars 2003 portant réglementation de l'organisation de spectacles culturels au Burkina Faso.

[30] Burkina, Décret cité *supra,* art. 3.

§3. Contrat de production (ou de réalisation) d'œuvre audiovisuelle

225. Définition. Le contrat de réalisation d'œuvre cinématographique ou contrat de production audiovisuelle est le contrat conclu entre d'une part le producteur de l'œuvre cinématographique (ou plus généralement de l'œuvre audiovisuelle) et d'autre part l'auteur (en pratique il s'agit généralement de plusieurs auteurs dont le principal est le réalisateur).

Dans les lois ne prévoyant pas que l'œuvre audiovisuelle appartient à titre initial au producteur, la signature de ce contrat emporte cession des droits patrimoniaux (exceptés, en général, les droits graphiques et théâtraux, les droits d'auteur sur l'œuvre musicale) au profit du producteur.

Dans une majorité de textes africains, inspirés sur ce point par la législation française, il est prévu que les auteurs ne peuvent exercer leur droit moral tant que l'œuvre n'est pas achevée. Cette règle permet de ne pas paralyser la réalisation de l'œuvre par des invocations intempestives du droit moral par chacun des coauteurs. Les auteurs peuvent, en revanche, invoquer leur droit moral sur l'œuvre achevée.

La version définitive (encore appelée copie standard) de l'œuvre audiovisuelle doit être approuvée par le producteur et par le réalisateur ou/et (selon l'interprétation que l'on peut avoir de certains textes) les autres coauteurs[31].

§4. Contrat de commande

226. Contrat de commande en général. Le contrat de commande lie un auteur à une personne (physique ou morale) qui lui demande de réaliser une œuvre spéciale pour un but précis. Ainsi la commande d'un portrait à un peintre, la commande d'une œuvre musicale pour illustrer le générique d'une émission, etc.

Dans le cadre de ce contrat l'auteur a en principe l'obligation de livrer l'œuvre commandée. La personne qui a commandé l'œuvre s'oblige de son côté à rémunérer l'auteur et à respecter la destination de l'œuvre.

---

[31] Sur certains aspects du contrat de production audiovisuelle dans l'espace OAPI, V. notre article, *L'œuvre audiovisuelle dans les Etats de l'organisation africaine de la propriété intellectuelle (OAPI) : CPI* Vol. 17, n°2, mai 2005, p. 337

Lorsque la personne qui a commandé l'œuvre résilie le contrat avant son terme, elle est, selon les lois prévoyant des dispositions sur les contrats de commande, tenue de payer à l'auteur une rémunération équitable[32].

Rappelons qu'il est prévu dans certaines lois que la conclusion d'un contrat de commande emporte cession (ou présomption de cession, tout dépend des textes) au profit de la personne qui a commandé la réalisation de l'œuvre.

227. Contrat de commande pour la publicité. A l'instar du Code de la propriété intellectuelle français (art. L. 132-31), la loi burkinabé régit (de façon laconique[33]) un contrat de commande particulier : le contrat de commande pour la publicité (art.68). La conclusion de ce contrat entraîne cession au producteur des droits d'exploitation de l'œuvre, à condition que soient précisées la rémunération distincte due à l'auteur pour chaque mode d'exploitation de l'œuvre «en fonction notamment de la zone géographique, de la durée d'exploitation, l'importance du tirage et de la nature du support».

Section 4. Autres contrats

228.Principal domaine concerné. – La Musique. Dans la pratique, les exploitations les plus fréquentes concernent le domaine de la musique. Ainsi les spectacles, la cession des œuvres musicales, la commercialisation des interprétations d'œuvres musicales. Les spectacles dramatiques ou musicaux peuvent être régis par le contrat de représentation généralement prévu par les lois africaines sur le droit d'auteur et la cession d'œuvres musicales par le contrat d'édition. Il s'agira essentiellement d'édition phonographique et très rarement d'édition graphique (partitions).

Des dispositions particulières sur le contrat d'édition musicale (phonographique) par exemple auraient été intéressantes[34], même si les

---

[32] V. par exemple Maurice, art. 8, al. 4

[33] La loi burkinabé y consacre moins de dispositions que le *Code de la propriété intellectuelle* français.

[34] C'est l'option prise par le législateur mexicain par exemple (art. 58 et s.)

contrats d'édition tels que prévus par ces lois concernent aussi les ouvres musicales.

En revanche, l'exploitation des enregistrements phonographiques d'œuvres musicales est soumise à une pratique contractuelle inspirée, selon les pays, de la France, de la Belgique, du Portugal ou de l'Angleterre. Cependant le recours au contrat écrit n'est pas toujours exigé ni par l'artiste cédant, ni par le producteur cessionnaire. Et, bien souvent, lorsqu'un contrat a été signé il est rare que l'une des parties oblige l'autre à exécuter ses obligations, notamment en saisissant la juridiction compétente.

La force obligatoire du contrat ne s'est pas encore imposée dans les relations entre les acteurs culturels en Afrique. La tendance est plutôt aux règlements amiables des difficultés pouvant naître de l'exécution des contrats. Souvent la partie lésée décide simplement de «tourner la page». Autant les juges sont souvent saisis pour des actions en contrefaçon commise par un tiers au contrat d'exploitation, autant ils le sont moins souvent pour inexécution des obligations contractuelles de l'une des parties[35].

229. Exploitation des œuvres musicales et de leurs interprétations. Il convient de distinguer entre l'exploitation des droits d'auteur du créateur de l'œuvre musicale et l'exploitation des droits voisins de l'interprète de l'œuvre, même si souvent le créateur et l'interprète ne font qu'un. L'œuvre musicale est en principe l'objet d'un contrat d'édition alors que son interprétation fait l'objet d'un contrat d'enregistrement phonographique encore appelé (du moins dans certains Etats francophones) "contrat d'artiste".

230. Contrat d'artiste. Le contrat d'artiste prévoit généralement d'une part l'enregistrement de l'interprétation d'une œuvre aux frais du producteur et d'autre part la cession des droits voisins de l'artiste au producteur. Il est généralement prévu que cette cession doit être constatée par un écrit. Certains textes ont pris le soin de préciser comment satisfaire cette exigence dans le cas d'un groupe musical. La loi namibienne, par exemple, prévoit que dans ce cas, la signature du leader du groupe, ou à défaut celle du Manager, suffit à engager le groupe entier.

---

[35] V. néanmoins, par exemple, les affaires *Ransome Kuti* et *Sovingab* citées *supra*

Ce contrat prévoit également une rémunération au profit de l'artiste interprète ou du groupe musical, le montant des avances éventuellement consenties par le producteur. Pour se prémunir contre certains désagréments, le producteur peut prévoir par exemple des clauses relatives à l'image des artistes ou au nom du groupe. Les principaux aspects de ces contrats ne sont pas toujours connus des artistes africains.

Les contrats d'artistes prévoient, très souvent, des clauses dites « catalogue » en vertu desquelles l'artiste ou les artistes s'interdisent d'interpréter les œuvres objet du contrat pendant un certain délai. Dans la pratique européenne cette durée est généralement comprise entre 5 et 10 ans.

231. Encadrement des pratiques. – législation spéciale et élaboration de documents types. De notre point de vue il est souhaitable que les obligations incombant généralement aux producteurs d'une part et aux artistes d'autre part soient clairement connues par chaque catégorie. Certes, il n'est pas indispensable que le contrat d'enregistrement phonographique et de cession des droits voisins des artistes musiciens fasse l'objet de dispositions légales spéciales. Il paraît néanmoins utile d'encadrer les pratiques en la matière compte tenu de l'importance de la diffusion des œuvres musicales en Afrique et de la propension des parties à se résigner face à l'inexécution des contrats par leurs cocontractants.

Dans cette perspective, il nous semble que la création d'instances paritaires pourraient contribuer à informer les artistes interprètes sur leurs droits et leurs obligations et à la résolution amiable des litiges pouvant naître de l'exécution de contrats entre producteurs de phonogrammes et artistes musiciens. Elles pourraient contribuer à l'élaboration de contrats-types qui pourraient servir de base à une éventuelle législation[36]. Ces mêmes instances informeraient les parties sur la possibilité et l'intérêt d'une action en justice.

232. Management artistique. D'autres contrats concernant l'industrie musicale sont régis soit par des réglementations annexes, soit par le droit commun. Ainsi le contrat d'agent artistique qui peut être conclu entre un

---

[36] Certaines lois sur le droit d'auteur comme celles de la Bolivie (art.33 et s.) ou du Paraguay (art. 111 et s.) prévoient des dispositions spéciales sur le contrat de *fixation phonographique*. Par ce contrat, le producteur acquiert le droit, moyennant rémunération, de fixer l'œuvre musicale sur un support avec l'accord de l'auteur ou de son représentant (généralement l'organisme de gestion des droits d'auteur).

impresario et un artiste musicien peut être soumis aux règles régissant le contrat de mandat[37]. En vertu de ce contrat (généralement nommé dans les pays anglophones par les termes *artist management agreement)* l'*impresario* ou manager représente les intérêts de l'artiste (ou du groupe musical) et agit (notamment en négociant des contrats) pour son compte, moyennant une contrepartie financière.

Une grande partie des musiciens ne disposant pas de revenus suffisants ne peuvent se payer les services de manager[38]. Une réglementation de cette profession, ou au moins de ce type de contrats, serait la bienvenue.

233. Contrat de distribution. Par ailleurs, concernant aussi bien les œuvres musicales, cinématographiques et autres, les relations contractuelles entre commerçants pourront être régies par les règles de droit commun applicables aux contrats commerciaux. C'est ainsi que, par exemple, un distributeur d'œuvres musicales installé à Brazzaville (Congo) signera avec un grossiste brazzavillois ou dakarois (Sénégal) un contrat qui sera notamment soumis aux règles du droit uniforme des affaires (droit OHADA), mais aussi, éventuellement, aux autres règles de droit économique applicable au niveau national ou communautaire (ainsi dans l'UEMOA[39] ou la CEMAC[40]).

Le contrat de distribution intervient entre le producteur du phonogramme (Cd ou cassette par exemple) ou du vidéogramme (VHS ou DVD) et un distributeur. Il prévoit, à titre exclusif ou non exclusif, la vente, par le distributeur, du phonogramme objet du contrat moyennant une commission prélevée sur le produit de ladite vente. Le producteur peut autoriser la distribution sur un ou des territoires déterminés ou, comme le stipule certaines clauses, « pour toute la terre ».

---

[37] Dans de nombreux Etats africains (en Afrique centrale notamment), il existe entre l'agent artistique (souvent appelé Manager) et l'artiste un contrat tacite. En vertu de ce contrat le Manager représente l'artiste et négocie pour son compte des contrats aussi bien pour la production phonographique que pour la scène.

[38] Ils doivent pouvoir attendre un minimum de conseil de la société de gestion collective à laquelle ils appartiennent, non pas pour qu'elle négocie des contrats au-delà de ses attributions, mais pour qu'elle éclaire les artistes sur leurs droits.

[39] Union économique et monétaire ouest-africaine

[40] Communauté économique et monétaire des Etats d'Afrique centrale

234. Contrat de licence. La commercialisation des exemplaires d'un phonogramme ou même de tout autre support peut aussi faire l'objet d'un contrat de licence. Par ce contrat, le producteur de l'œuvre concède à une autre personne la licence en vertu de laquelle cette dernière est autorisée à commercialiser l'œuvre. La licence consentie peut être exclusive ou non exclusive. Comme la distribution elle peut être géographiquement limitée. Le bénéficiaire de la licence s'implique davantage que le distributeur. En principe, il prend en charge au moins une partie des frais relatifs à la promotion. Il prend en charge les frais de fabrication des exemplaires. Le pourcentage de sa commission est plus important que celui consenti au distributeur.

235. Nécessité d'une meilleure prise en compte de l'importance de la musique. Enfin, il n'est pas sans intérêt de relever que si dans certaines lois, notamment en Europe, le contrat d'édition occupe une place importante, c'est en partie du fait de l'importance de l'édition littéraire lors de la naissance du droit d'auteur dans les Etats concernés. On peut, aujourd'hui, considérer que l'importance de la musique en Afrique justifie une plus grande attention des législateurs nationaux sur les contrats de la musique. Un effort est déjà perceptible en ce qui concerne la gestion collective des œuvres musicales.

236. Arts plastiques. Quant aux œuvres d'arts plastiques elles sont souvent cédées (plus précisément leurs supports), dans de nombreux pays africains en tout cas, directement par le créateur sur la devanture d'un atelier (parfois commun à plusieurs artistes plasticiens) ou sur une place de la ville où les opportunités de vendre les œuvres à des touristes sont nombreuses. Ces ventes des supports ne font jamais l'objet d'écrit. Ces cessions des supports n'emportent pas par elles-mêmes cession des droits sur la création telle que protégée par la législation sur le droit d'auteur.

Dans certains pays, les ventes des tableaux et des sculptures des étudiants des beaux arts ont lieu dans les galeries des Ecoles. La vente a lieu, généralement, hors la présence de l'artiste mais le prix fixé d'avance n'est pas négociable.

Concernant ces ventes d'œuvres d'art (ou à tout le moins des supports sur lesquels elles sont incorporées), il semble possible d'imaginer un système permettant la délivrance de formulaires établis par les bureaux ou organismes de droit d'auteur pour permettre à ces artistes de vendre leurs créations en rappelant aux acquéreurs les limites du contrat.

Ce qui permettra à l'artiste cédant, en plus du support, son monopole d'exploitation de le monnayer. Toutefois le problème restera entier pour les analphabètes. Il sera alors nécessaire de réfléchir à des solutions leur permettant de bénéficier dans des conditions « optimales » du fruit de leurs créations.

TITRE V

LA GESTION COLLECTIVE DES DROITS

237. Histoire. L'histoire de la gestion collective en Afrique est liée à celle de la colonisation. Dans les colonies françaises la gestion collective a connu un développement plus important que dans les colonies britanniques.

Dans les colonies françaises, la législation sur le droit d'auteur (principalement la loi de 1793) était rendue applicable en vertu d'un décret du 9 décembre 1857. C'est ainsi que la société des auteurs, compositeurs et éditeurs de musique (SACEM), la société des auteurs et compositeurs dramatiques (SACD) et la société des gens de lettres (SGDL) y intervenaient. Plus tard, en raison de la guerre, ces trois sociétés de gestion collective avaient du mal à poursuivre leur action en Afrique. C'est pour cette raison qu'un décret du 14 avril 1943 institua le Bureau

Africain du Droit d'Auteur (BADA). Le siège du BADA se trouvait à Alger et servait de représentation pour le Maghreb. Deux autres délégations étaient installées : l'une à Dakar pour l'Afrique Occidentale Française (AOF) et l'autre à Brazzaville pour l'Afrique Equatoriale Française (AEF).

Le BADA intervenait en Afrique pour le compte de la Société des auteurs, compositeurs et éditeurs de musique (SACEM), la Société des auteurs et compositeurs dramatiques (SACD) et la Société des gens de lettres (SGDL). Son action en Afrique s'est poursuivie même après l'accession à l'indépendance des anciennes colonies françaises d'Afrique. La poursuite de ces activités s'est faite soit au nom du BADA, soit par l'intermédiaire de la SACEM, de la SGDL ou de la SACD. La société française dont l'action était la plus significative en Afrique était la SACEM, en raison de l'importance de la création et de la diffusion des œuvres musicales en Afrique. La SACEM est généralement intervenue en Afrique jusqu'à la création d'organismes locaux auxquels elle a d'ailleurs souvent apporté son assistance technique.

Le BADA a été remplacé plusieurs années après les indépendances par de nouveaux organismes qui ont généralement conservé la dénomination de "*Bureau*". On trouve ainsi au Togo le bureau togolais du droit d'auteur (BUTODRA), au Congo le Bureau congolais du droit d'auteur (BCDA), en côte d'Ivoire le Bureau ivoirien du droit d'auteur (BURIDA)...

En revanche, les sociétés d'auteurs des pays de l'Afrique anglophone n'ont pas bénéficié des mêmes «avantages» que les organismes des pays de l'ancienne AOF et de l'ancienne AEF. Ce qui explique sans doute qu'elles aient connu plus de difficultés à leurs débuts[1]. Ces pays ont néanmoins bénéficié de l'expérience de la *Performing Right society* (PSR), société britannique des droits musicaux dont ils ont repris les méthodes de perception[2].

238. Plan. Nous évoquerons brièvement la nature juridique de ces organismes et sociétés, leurs relations avec les adhérents puis avec les utilisateurs.

---

[1] C'était le cas au Ghana par exemple, V. A. O. Amegatcher, *Les problèmes posés par la gestion du droit d'auteur dans les pays africains ayant en commun l'usage de l'anglais : Bull. dr. auteur,* vol.30, n°2, 1996, pp. 37-41

[2] V. N. Ndiaye, *L'évolution du droit d'auteur en Afrique depuis les révisions de 1971 dans les conventions de Berne et de Genève : RIDA,* oct. 1994, p. 227 et s. aux pp. 259 et s.

Chapitre I

Nature juridique et fonctionnement des sociétés de gestion collective

239. Panorama. Nous nous contenterons de présenter rapidement un panorama de quelques organismes chargés de la gestion des droits d'auteur.

240. Monopole d'organismes publics ou parapublics. sous tutelle étatique. D'une manière générale, la gestion des droits d'auteur en Afrique est confiée à un organisme unique placé sous la tutelle du ministre chargé de la culture. Ces sociétés sont souvent des établissements publics professionnels ou des établissements publics à caractère culturel (Bureau béninois du droit d'auteur). Il s'agit parfois d'associations placées sous la tutelle de l'Etat (Bureau ivoirien du droit d'auteur). Quelles que soient leurs formes, ces sociétés sont, pour leur majorité, caractérisées par le rôle essentiel joué par l'Etat.

La tutelle de l'Etat se ressent déjà dans la composition des organes de ces sociétés. Ainsi la société malawite du droit d'auteur qui compte dans son conseil d'administration des membres nommés par le ministre chargé des affaires culturelles. Sur une dizaine de membres, un seul représente les auteurs, un autre est représentant des artistes interprètes, les producteurs de phonogrammes ayant aussi un représentant[1].

241. Place des auteurs. Quelquefois la place des auteurs semble plus importante. Il en est ainsi de la place des auteurs dans le Bureau ivoirien du droit d'auteur (BURIDA) qui est une association d'auteurs placée sous

---

[1] Annexe de la loi du Malawi sur le droit d'auteur

la tutelle de L'Etat. On peut également citer l'exemple de l'office algérien du droit d'auteur (Office National du Droit d'Auteur/ONDA) dont le conseil d'administration compte treize membres désignés parmi lesquels six auteurs et deux artistes interprètes. On peut encore citer la société mauricienne des auteurs dont le conseil d'administration compte (malgré la présence de représentants de six ministres) huit auteurs (dont l'un doit avoir des connaissances en matière de droit d'auteur). On ajoutera que cet organisme n'est pas dirigé par un fonctionnaire, mais par un avocat ayant au minimum dix années d'ancienneté et ayant des connaissances théoriques et pratiques des questions du droit d'auteur[2].

Quelle que soit le nombre d'auteurs ou d'artistes présents parmi les membres de la direction de ces sociétés ou organismes, l'important, pour les auteurs est l'efficacité de l'action de la gestion collective. De ce point de vue, il est normal que les auteurs acceptent de confier les rênes de leurs sociétés à des spécialistes.

242. Organismes publics ou sociétés privées. On a pu déplorer le caractère parapublic de ces sociétés en Afrique[3]. Rien cependant ne permet de croire que ces sociétés seront plus efficaces et que la gestion collective rapportera plus aux ayants droit une fois ces sociétés privatisées. Certes il serait intéressant de tendre vers une administration purement privée de ces sociétés, mais dans ce cas il est impératif qu'elles soient soumises à un contrôle étatique rigoureux et effectif.

Par ailleurs, il sera dans ce cas impératif d'éviter qu'une société privée ayant le monopole de la gestion collective devienne organisme surpuissant pouvant se transformer en forteresse opaque face à laquelle les auteurs et les artistes seraient démunis. Ce qui rendrait plus difficile le contrôle. Ce contrôle suppose, pour être efficace, l'intervention de spécialistes (se posera la question de savoir par qui ces spécialistes devront être rémunérés). Cela nécessite donc une véritable prise de conscience générale. On en revient alors à la nécessité de la formation, de l'information et de la communication.

243. Organismes privés soumis au contrôle étatique. Il faut cependant relever que dans certains pays, essentiellement les anciennes colonies

---

[2] V. art. 32

[3] D. L. Bohoussou, *La conformité à l'accord sur les ADPIC des lois relatives au droit d'auteur, le cas des pays membres de l'OAPI : Penant,* 2001, pp.269 et s. à la p.296

britanniques, la loi prévoit à côté d'un bureau national du droit d'auteur, une ou des sociétés de gestion du droit d'auteur.

Ainsi au Nigeria la loi prévoit des sociétés d'auteurs et un conseil nigérian du droit d'auteur (*Nigerian Copyright Council*) qui est notamment chargé d'accorder les licences obligatoires de traduction et de reproduction (article 30), de délivrer les autorisations d'exploitation du folklore, de suivre et vérifier la position du Nigeria concernant les conventions internationales et de conseiller le gouvernement à cet égard.

La gestion collective n'est pas confiée à un organisme étatique unique. La loi prévoit la possibilité de créer une ou plusieurs sociétés. Ces sociétés doivent obtenir l'agrément du Conseil nigérian du droit d'auteur. L'article 32.B.3 de la loi nigériane prévoit que «le conseil ne donne pas d'autorisation à une autre société pour une catégorie de titulaires s'il a la conviction qu'une société agréée déjà en activité protège suffisamment les intérêts de la catégorie considérée de titulaires». L'application de cette disposition a déjà posé problème. En effet, dans le domaine de la musique, la société agrée par le *Nigerian Copyright Council* a été concurrencée par une autre société. La deuxième société n'a jamais obtenu d'agrément mais se montre plus efficace sur le terrain particulièrement dans la lutte contre la contrefaçon[4]. Sur ce point les nouvelles lois camerounaise et sénégalaise disposent plus simplement qu'il ne peut exister qu'une société par catégorie d'œuvres (art.75.2)[5].

La loi nigériane prévoit aussi qu'«il est illicite pour tout groupe de personnes de prétendre remplir les fonctions d'une société de perception sans avoir obtenu l'autorisation du conseil» (article 34.B.2). La peine encourue est une amende de 1000 nairas[6] (2000 nairas en cas de récidive) et/ou un emprisonnement de six mois.

Aux termes de la loi nigériane, les sociétés de perception des droits d'auteur sont des associations de titulaires de droits (art.32B.8). La loi zambienne comporte des dispositions similaires concernant les sociétés de perception (V.art.22). Comme les lois zambienne et nigériane, la loi ghanéenne prévoit d'une part un bureau du droit d'auteur (art. 65 et s.) et d'autre part des sociétés de perception et de répartition des droits (art. 49) ayant également pour mission la défense des intérêts des auteurs.

---

[4] V Shyllon, F., *Recent Developments in Copyright Law and Enforcement Procedure in Nigeria: IIC 2001*, p.298, spéc. pp. 306 et s.

[5] Sur la gestion collective au Cameroun, v. C. Seuna, *Les organismes de gestion collective au Cameroun : e. Bull. dr. auteur*, Juill.-Sept. 2004

[6] Environ 6,50 euros

Les Etats prévoyant la possibilité de création d'une ou de plusieurs sociétés (généralement sous forme d'association)[7] prévoient également un contrôle étatique de ces sociétés, soit par un organisme public ou parapublic (cas du Nigeria ou du Sénégal[8]), soit par le ministre chargé des affaires culturelles (cas du Cameroun). C'est sans doute vers ce genre de système auquel il faut tendre, si le contrôle de l'Etat est effectif. Cependant on peut être réservé quant à la création de plusieurs sociétés. Il faut prendre en compte l'importance des frais financiers que suppose la gestion collective et considérer l'avantage économique pouvant résulter de la création d'une société unique.

En cas d'option pour une possibilité de création de plusieurs sociétés, il convient alors, comme l'ont fait les législateurs camerounais et sénégalais, par exemple, de prévoir une limitation par catégorie.

Ce choix suppose l'agrément étatique de la société unique habilité à représenter les auteurs dans une catégorie. La procédure d'attribution et de retrait d'agrément peut donner lieu à contentieux comme l'a illustré en 2008 et 2009 le bras de fer entre la première société camerounaise agréée dans le domaine de l'art musical et le ministère de la culture. L'arrêté de la ministre de la Culture portant retrait de l'agrément de ladite société (Cameroun Music Corporation) a fait l'objet d'un suris à exécution, suite à une décision de la Cour suprême du Cameroun[9].

Il n'est pas sans intérêt d'observer que la cohabitation entre différentes sociétés de gestion collective ne se fait pas toujours sans heurts. Les exemples étrangers peuvent servir d'éléments de réflexion pour se déterminer sur l'opportunité de l'existence de plusieurs sociétés de gestion collective[10].

244. Mission d'intérêt public. De notre point de vue, la solution à adopter doit tenir compte de l'activité culturelle locale, des aspects économiques du choix de l'une ou l'autre formule et plus généralement de l'efficacité de l'option compte tenu des buts à atteindre. L'important est de répondre

---

[7] V. néanmoins, Sénégal, art. 111, prévoyant que les organismes de gestion collective doivent être constitués sous formes de sociétés civiles.

[8] La loi sénégalaise de 2008 prévoit que ce contrôle sera effectué par une Commission permanente de contrôle des sociétés de gestion collective (art. 124).

[9] Décision *N°034/OSE/CA/CS/2008* de la Cour Suprême du Cameroun.-V. notre chronique à la *RIDA*, juillet 2009

[10] V. pour l'exemple français : T. Paris, *Le droit d'auteur. L'idéologie et le système*, PUF 2002, pp.139 et s.

aux objectifs de la gestion collective et de satisfaire les attentes des ayants droits par une solution adaptée à chaque pays. Il convient, selon nous de toujours avoir à l'esprit que la perception et la répartition des droits d'auteurs peuvent être considérées comme des missions d'intérêt public. Un spécialiste a même soutenu que les sociétés de gestion collective comptent parmi les monopoles d'utilité publique, tels ceux qui existent dans les secteurs de l'eau, du chemin de fer, de la poste, etc. ».[11] .

[11] U. Uchtenhagen, *La gestion collective du droit d'auteur dans la vie musicale*, OMPI, 2005, n°58

Chapitre II

Relations avec les adhérents

245. Mandat de gestion des droits patrimoniaux. En adhérant à ces organismes ou sociétés, les auteurs, les artistes-interprètes ou les entrepreneurs de la culture et de la communication confient à l'organisme du droit d'auteur mandat de gestion. L'adhésion vaut aussi, généralement, cession des droits à la société de gestion.

Les droits cédés sont exclusivement les droits patrimoniaux et particulièrement le droit de reproduction et le droit de représentation. On notera qu'en Côte d'Ivoire l'exercice du droit de suite avait été expressément confié au Bureau ivoirien du droit d'auteur (BURIDA)[1].

246. Caractère facultatif des adhésions. Ces sociétés ou organismes de droit d'auteur étant souvent uniques, ils regroupent des auteurs d'œuvres littéraires, musicales, artistiques ou audiovisuelles, des éditeurs, des artistes-interprètes. L'adhésion est généralement facultative. En fait, la plupart des créateurs, interprètes et investisseurs avisés adhèrent à un organisme ou une société de gestion collective.

247. Rétrocession des redevances perçues pour le compte des adhérents. Comme toute société de perception et de répartition des droits les différentes sociétés de gestion collective d'Afrique perçoivent pour le compte de leurs adhérents des redevances qu'elles leurs rétrocèdent après déduction de frais divers. Ces redevances sont collectées aussi bien sur le

---

[1] V. art. 6 du décret du 15 avril 1981 créant le BURIDA, *J.O. de Côte d'Ivoire* n°23 du 28 mai 1981

territoire de chaque société qu'à l'étranger (par l'intermédiaire de sociétés sœurs avec qui existent des accords de réciprocité).

La rétrocession aux différents ayants droits se fait selon une clé de répartition prévue soit dans un texte législatif ou réglementaire, soit dans les statuts ou les règlements de la société de gestion collective. Il s'agit du barème qui fixe la part de chaque ayant droit sur les revenus générés par une œuvre. Dans le domaine musical, par exemple, cette clé de répartition peut varier en fonction des droits considérés. Ainsi, elle peut être différente selon qu'il s'agit du droit de reproduction mécanique ou du droit d'exécution publique. Est encore prise en compte, la durée de l'œuvre. La clé de répartition varie aussi en fonction des catégories d'œuvres.

248. Rétrocessions des redevances. – Exemples. A Madagascar par exemple[2], dans le domaine musical, pour une œuvre musicale éditée, sans arrangeur, la clé de répartition est la suivante :

Compositeur	85%
Editeur	15%

La part de l'éditeur demeure fixe. La part du compositeur dont le total est toujours de 85% peut varier selon que l'auteur (le parolier) et le compositeur (l'auteur de la musique) sont différents ou/et selon qu'intervient un arrangeur. D'où les clés de répartition suivantes :

Compositeur	55%
Arrangeur	30%
Editeur	15 %

Auteur	35%
Compositeur	30 %
Arrangeur ou adaptateur	20 %
Editeur	15%

[2] Arrêté 1505/86 du 25 mars 1986 portant règlement de répartition des droits d'auteur.

En Tanzanie, les pourcentages sont différents. Un texte réglementaire[3] prévoit, en effet, les clés de répartition suivantes dans le domaine musical:

Compositeur	50%
Editeur	50%

Compositeur	25%
Auteur	25%
Editeur	50%

Auteur	20%
Compositeur	20 %
Adaptateur	10 %
Editeur	50%

Hélas quelques fois, sans doute pour des raisons aussi bien économiques que sociales ou du fait d'une mauvaise gestion, certaines sociétés ne s'acquittent que de façon irrégulière des droits dus à leurs adhérents. De nombreux auteurs africains ont ainsi fini par frapper à la porte de plusieurs sociétés de gestion collective hors du continent (en Europe généralement).

249. Rémunération pour copie privée. Gestion collective étendue et gestion collective obligatoire. Parmi les questions que l'on peut se poser, il convient d'évoquer celle de la répartition de la rémunération pour copie privée et de la rémunération équitable. Cette mission revient aux sociétés de gestion collective. En raisonnant sur l'hypothèse d'une société unique par souci de simplification, quel est le sort réservé aux non adhérents? Concernant les adhérents à des sociétés étrangères, il ne leur est rien dû sauf par l'effet des conventions de réciprocité entre sociétés de gestion collective. La question se pose en revanche pour les nationaux (et éventuellement les résidents) n'ayant adhéré ni à la société de gestion

[3] The Copyright Regulations, 2003

collective compétente sur leur territoire, ni à une société située à l'étranger.

Aux termes de la plupart des textes, la perception et la rémunération pour copie privée est confiée aux sociétés de gestion collective compétente. Il s'agit en général d'une société unique. Sont concernés aussi bien les adhérents à ces sociétés que les autres auteurs. Ils bénéficient donc de ces rémunérations, à partir du moment où ils peuvent être identifiés. Ce qui n'est pas, il est vrai, sans poser quelques difficultés en pratique. Il est en effet plus simple de répartir les sommes ainsi perçues entre les adhérents. Mais on ne saurait exclure les non adhérents sauf à rendre obligatoire l'adhésion à ces sociétés de gestion collective. En revanche pour faciliter le travail de ces sociétés il est nécessaire d'insister sur l'intérêt de la déclaration et de l'enregistrement des œuvres. Néanmoins, si la rémunération pour copie privée et la rémunération équitable doivent bénéficier à tous les auteurs et artistes y compris à des ayants droit non adhérents. Il pourra sans doute arriver que ces bénéficiaires des sommes ainsi perçues ne soient pas retrouvés malgré les diligences de la société ou de l'organisme compétent.

250. Climat de méfiance. Les relations entre ces organismes et sociétés de gestion collective et les ayants droit sont parfois orageuses. Certains artistes reprochent au personnel des organismes d'auteurs leur réflexe de fonctionnaire les rendant plus enclin à rendre des comptes à leur autorité de tutelle qu'à se soucier des intérêts des auteurs. D'autres déplorent le manque de transparence de ces organismes et notamment le fait que les adhérents ne puissent avoir d'informations fiables sur la perception et la répartition des droits, compte tenu du fait que ces organismes semi-publics (en général) ne peuvent garantir aucune transparence.

Du côté des organismes d'auteurs on déplore le fait que certains adhérents voient en ces organismes de simples œuvres sociales.

C'est notamment pour instaurer un climat de confiance que le Bureau béninois du droit d'auteur (BUBEDRA) organise chaque année les "journées professionnelles des auteurs et compositeurs". Au cours de ces rencontres les auteurs peuvent exprimer leurs inquiétudes et leurs attentes à l'organisme de gestion collective. De son côté le bureau du droit d'auteur peut expliquer son action et faire part des difficultés qu'il rencontre.

251. Sociétés et organismes de gestion collective africains membres de la Confédération Internationale des Sociétés d'Auteurs et Compositeurs (CISAC)

(Source : CISAC, 02/2003)

ALGERIE
ONDA (office national du droit d'auteur): onda@wissal.dz

BENIN
BUBEDRA (Bureau béninois du droit d'auteur): bubedra@intnet.bj

BURKINA FASO BBDA (Bureau burkinabé du droit d'auteur)
B.P 3926
Ouagadougou 01 BURKINA FASO

CONGO
BCDA (Bureau congolais du droit d'auteur)
B.P. 316
Brazzaville CONGO

COTE D'IVOIRE BURIDA (Bureau ivoirien du droit d'auteur)
Cocody Plateau, Rue des Jardins
Abidjan COTE D'IVOIRE

EGYPTE
SACERAU (Société des auteurs, compositeurs et éditeurs de la république arabe d'Egypte) : sacerau@idsc.net.eg

GHANA
COSGA (Copyright society of Ghana)

GUINEE
BGDA (Bureau guinéen du droit d'auteur) : bgda@mirinet.com

GUINEE BISSAU
SGA (Sociedade guineense de autores pesoa collectiva de direto proçivado)
Rua António M'Bana N 2 1 Andar
CP 545
Bissau GUINEA-BISSAU

KENYA
MCSK (Music copyright society of Kenya); mcsk@nbi.ispkenya.com

MADAGASCAR
OMDA (Office malagasy du droit d'auteur) : omda@dts.mg

MALAWI
COSOMA (Copyright society of Malawi): cosoma@sdnp.org.mw

MALI
BUMDA (Bureau malien du droit d'auteur) : bumda@mali-music.com

MAROC
BMDA (bureau marocain du droit d'auteur) : bmda@iam.net.ma

MAURICE
MASA (Mauritius society of authors): copyrightsoc@intnet.mu

NAMIBIE
NASCAM : nascam@iafrica.com.na

NIGER
BNDA (Bureau nigérien du droit d'auteur)
c/o Ministère de la Communication, de la Culture, de la Jeunesse et des Sports
Direction de la Culture
B.P. 215
Niamey NIGER

NIGERIA
MCSN
1st floor, 565 Ikorodu Road, Ketu
P.O. Box 8043
Shomolu, Lagos NIGERIA

REPUBLIQUE CENTRAFRICAINE
BUCADA (Bureau centrafricain du droit d'auteur)
B.P. 481
Bangui REPUBLIQUE CENTRAFRICAINE

REPUBLIQUE DEMOCRATIQUE DU CONGO
SONECA (Société nationale des éditeurs, compositeurs et auteurs)
Boîte postale 460
Kinshasa 1 REPUBLIQUE DEMOCRATIQUE DU CONGO

REPUBLIQUE SUD AFRICAINE
DALRO (Dramatic, artistic and literary rights organization)
dalro@dalro.co.za
SAMRO (South African Music Organization)
samro@samro.org.za
SARRAL (South African Recording Rights Association Limited)
sarral@pixie.co.za

REPUBLIQUE UNIE DE TANZANIE
COSOTA (Copyright Society of Tanzania)
Co-operative Building Lumumba Street
P.O. Box 9393
Dar Es Salaam TANZANIA (UNITED REPUBLIC OF)

SENEGAL
BSDA (Bureau sénégalais du droit d'auteur):
bsda2000@telecomplus.sn

TOGO
BUTODRA (Bureau togolais du droit d'auteur)

c/o Ministère de la Communication et de la Culture
E 161, rue des Echis
B.P. 14053 Lomé TOGO

TUNISIE
OTPDA : otpda@email.ati.tn

ZAMBIE
ZAMCOPS : zamcops@zamnet.zm

ZIMBABWE
ZIMRA : zimra@mweb.co.zw

Chapitre III

Relations avec les utilisateurs

252. Nombre croissant d'utilisateurs. – Extension de l'assiette de perception. Comme dans tous les pays, l'utilisation des répertoires des sociétés de gestion collective est soumise au versement d'une redevance. En Afrique où la musique est sans doute l'art le plus répandu et le plus apprécié, le répertoire musical est le plus utilisé (par comparaison aux autres formes de création).

Les utilisateurs sont aussi bien les discothèques que les organismes de radiodiffusion et de télévision. Pendant longtemps les principaux utilisateurs étaient la radio et la télévision d'Etat. Le développement depuis la fin des années 1980 des radios FM a entraîné une inversion de tendance. Ces radios, privées pour la plupart, diffusent principalement de la musique. Les utilisateurs, propriétaires ou gérants de lieux sonorisés devant verser des redevances peuvent aussi être des propriétaires ou gérants de "lieux sonorisés ambulants" comme des Bus. Ainsi à la fin de l'année 2002, le Bureau Congolais du Droit d'Auteur a annoncé qu'il percevrait désormais la somme de seize mille francs CFA (environ 25 euros) par année et par Bus diffusant de la musique. C'est une mesure qui mérite d'être approuvée car elle tient véritablement compte d'une réalité congolaise et de l'intérêt pour les différents ayants droit de tirer profit de la diffusion de leurs œuvres. En effet, tous les Bus en République du Congo (et dans d'autres pays d'Afrique) diffusent régulièrement de la musique non seulement pour agrémenter le voyage des clients, mais aussi pour attirer la clientèle.

253. Difficultés de recouvrement. Les sociétés de gestion collective africaines ont souvent du mal à percevoir les redevances dues par les différents organismes publics. Quant à la perception des redevances dans des établissements privés, elle n'est pas toujours bien comprise par les utilisateurs. En République du Congo par exemple, les agents du BCDA (Bureau Congolais du Droit d'Auteur) doivent souvent expliquer aux tenanciers de Bars, discothèques et autres lieux de diffusion que les auteurs d'œuvres musicales contribuent dans une large mesure à la réalisation du chiffre d'affaire desdits dancings[1] et qu'ainsi il est juste que lesdits auteurs perçoivent une partie de ces revenus. Il n'en reste pas moins que la tendance générale est à l'augmentation importante des perceptions individuelles des sociétés d'auteurs africaines[2]. Parmi les utilisateurs privés, les utilisateurs les plus importants sont les radios FM dont les émissions consistent essentiellement dans la diffusion d'œuvres musicales (environ 80%). Le répertoire le plus exploité est le répertoire africain (environ 90% des œuvres musicales diffusées).

Face à la réticence de ces radios à s'acquitter des droits d'auteur, certains organismes de droit d'auteur recourent quelquefois à des solutions draconiennes. Dans les années 1990 par exemple, le Bureau sénégalais du Droit d'Auteur (BSDA) a, après avoir plusieurs fois mis en demeure la Radio *Africa Numéro 1,* saisi les pouvoirs publics afin que soit envisagée la suspension de la diffusion des émissions de cette chaîne sur le territoire sénégalais[3].

254. Augmentation des sommes perçues. En 2000 les droits perçus par les sociétés africaines sur leurs territoires respectifs (ce qui n'inclut pas les droits perçus pour ces sociétés en Europe ou en Amérique par exemple) s'élevaient à plus de 25 millions d'euros. Ce montant cache néanmoins une disparité entre les différents Etats africains. En effet, sur cette somme, 20 millions ont été perçus sur le seul territoire de l'Afrique du sud[4]. Ce qui montre que malgré l'action des différentes sociétés d'auteurs il reste beaucoup à faire. L'importance des sommes perçues en Afrique du sud (par rapport au total des sommes perçues sur l'ensemble du continent)

---

[1] Informations communiquées à l'auteur par F. Bassarila (que l'auteur remercie vivement), président du BCDA, lors des ateliers du droit d'auteur organisés par l'UNESCO et le BCDA au Festival panafricain de Musique (FESPAM) à Brazzaville (août 2001)

[2] Pour l'année 2000 cette augmentation est de 170% (source CISAC.- Voir *www.cisac.org)*

[3] V. *Bulletin de liaison du Conseil francophone de la chanson (Rythme),* 1er trimestre 1998

[4] Source CISAC

s'explique sans doute autant par l'état du marché que par le bon fonctionnement de la gestion collective dans ce pays (et la coopération d'une majorité d'utilisateurs).

255. Mesures coercitives. – Actions judiciaires. Face à un utilisateur qui méconnaît le droit de l'un ses adhérents, les sociétés de gestion collective africaines saisissent parfois la justice. Les actions sont rarement intentées contre des établissements publics. On citera cependant deux affaires.

D'abord l'affaire *BSDA c/ OPT* jugée par le tribunal de première instance de Dakar le 6 décembre 1975[5]. Les faits étaient les suivants: un peintre avait réalisé une affiche à l'occasion du huitième congrès des villes jumelées. Son œuvre fut primée lors du concours organisé par le ministère de la culture. L'office des postes et télécommunications a reproduit cette œuvre sur une série de timbres sans l'accord de l'auteur. Le BSDA (Bureau Sénégalais du Droit d'Auteur) a alors porté l'affaire en justice et obtenu gain de cause.

Ensuite, l'affaire *Société Lagon II c/ BSDA,* jugée en dernier ressort par la Cour d'appel de Dakar le 22 juillet 1982[6] confirmant un jugement du tribunal de Dakar. Dans cette affaire, un utilisateur (en l'occurrence une société gérant un hôtel débitant des boissons et diffusant de la musique) du répertoire administré par le Bureau sénégalais du droit d'auteur (BSDA) n'avait pas respecté les clauses du contrat le liant à la société de gestion collective (Contrat général de représentation en vertu duquel l'utilisateur est autorisé à diffuser toute œuvre du répertoire de la société de gestion collective moyennant paiement d'une redevance).

D'une part la société Lagon II n'avait pas procédé à la déclaration des œuvres diffusées; ce qui est une obligation stipulée par le contrat général de représentation et sanctionnée par une pénalité prévue au contrat (clause pénale). D'autre part, ladite société a continué à diffuser les œuvres du répertoire du BSDA au-delà du terme du contrat, alors qu'elle aurait dû en demander la reconduction. Le BSDA a demandé et obtenu le paiement des pénalités prévues par le contrat général de représentation ainsi que des dommages intérêts.

---

[5] Reproduit intégralement par C.-J. Kingué, *La protection du droit d'auteur dans les Etats membres de l'organisation africaine de la propriété intellectuelle*, Thèse Paris II, 1985, annexe VII. Cette décision a été confirmée par un arrêt de la Cour d'appel de Dakar du 14 mai 1976

[6] C.A. Dakar, arrêt N°412, Société Lagon II c/ BSDA, *Revue EDJA*, n°10, Décembre 1988, p.17

256. Transaction. Les sociétés de gestion collective peuvent aussi, face à un utilisateur agissant au mépris des droits d'auteurs ou des droits voisins, opter, en fonction de la gravité de l'infraction, pour une transaction. C'est ce que prévoit, par exemple, la loi béninoise.

257. Nécessité de la sensibilisation. Il est utile que les services des différents ministères chargés des affaires culturelles en Afrique informent de manière massive et permanente les utilisateurs éventuels sur l'intérêt de la gestion collective et le rôle des sociétés de perception ainsi que sur l'obligation de respecter les propriétés artistiques. Cela peut se faire par la publication de brochures didactiques ou par des bulletins d'informations périodiques dans la presse écrite et même audiovisuelle. Les langues locales peuvent être un véhicule efficace de diffusion de l'information. Cela posera sans doute, une fois de plus, un problème financier.

258. Responsabilité de l'Etat. Mais l'aide de l'Etat pour favoriser la mission des sociétés de gestion collective peut et doit d'abord consister dans le respect du Droit d'auteur par le paiement des redevances. Les organismes publics, principalement de radiodiffusion sont de grands utilisateurs d'œuvres de l'esprit. La diffusion d'œuvres musicales représente plus de quatre-vingt cinq pour cent (en moyenne) du temps d'émission des radios nationales. Le paiement régulier, par ces différents organismes de radiodiffusion, des redevances afférentes contribuerait à améliorer les conditions de vie des artistes africains.

On observe dans la plupart des Etats africains un paradoxe : d'un côté ces Etats s'emploient souvent à honorer leurs dettes auprès de divers entrepreneurs (par exemple dans le bâtiment ou la fourniture d'équipements divers) et de l'autre ils ne s'acquittent pas de leurs dettes dès qu'il s'agit de "biens culturels". L'Etat ne devrait-il pas montrer l'exemple?

Comment peut-on attendre davantage des utilisateurs privés si les organismes publics, qui généralement disposent de plus de ressources financières, et dont les services sont plus avisés des questions juridiques, ne s'acquittent pas de leurs redevances ? Il faut donc qu'il y ait de la part des Etats un effort comparable à celui qui est accompli dans d'autres domaines que celui de la culture.

Ainsi qu'on a pu le déplorer il y a bientôt trente ans pour le Sénégal (la remarque est encore valable pour la majorité des Etats africains) : « Tant qu'il s'agira de questions opposant l'organisme national d'auteurs à des usagers privés il n'y aura aucune difficulté, la société est aidée par les pouvoirs publics. Mais dès que des organismes d'Etat sont en cause, les responsables de ceux-ci conçoivent difficilement que l'Etat paie des redevances de droit d'auteur»[7].

Il arrive même que l'organisme d'auteurs ne reçoive aucune aide pour résoudre les problèmes posés par les utilisateurs privés. L'exemple que pourraient donner les Etats, en tant qu'utilisateurs d'œuvres, en payant de façon régulière les redevances (ou/et en demandant les autorisations nécessaires) contribuerait à l'effectivité du droit d'auteur en Afrique. Mais en amont il est souhaitable que le montant ou le taux de ces redevances puisse être fixé ou négocié en tenant véritablement compte des intérêts des auteurs. Il ne faudrait pas, en effet, que le montant ou le taux de ces redevances soit fixé unilatéralement par l'Etat ou par les organismes publics utilisateurs.

259. Aides internationales. Il convient de noter qu'une aide est apportée dans le domaine de la gestion collective par l'Organisation mondiale de la propriété intellectuelle (OMPI) ainsi que par la Confédération internationale des sociétés d'auteurs et compositeurs (CISAC)[8]. Par ailleurs, l'idée d'une entité régionale ayant pour ambition de favoriser l'efficacité et l'effectivité de la gestion collective a parfois été mise. Sans doute fera-t-elle son chemin dans les années à venir.

---

[7] N. Ndiaye, La profession d'auteur en 1980 : Mythe ou Réalité ? in L. S. Senghor et N. Ndiaye, *Promotion de la profession d'auteur en Afrique,* Wien, Manzsche Verlags Und Universitätsbuchhandlung, 1981, p. 27

[8] V. *infra* n°390 et s.

TITRE VI

PROCEDURE ET SANCTIONS

260. Aperçu. Les règles de procédure applicables dans les différents Etats africains sont généralement les mêmes. Elles empruntent souvent aux lois des anciennes métropoles. Si toutes les lois africaines prévoient des sanctions du non respect des droits d'auteur, ces sanctions ne sont pas toujours effectives.

Chapitre I

Procédures et sanctions prévues

261. Plan. Il convient de présenter sommairement les moyens proceduraux avant d'envisager les sanctions qui peuvent être prononcées.

Section 1. Procédure

262. Principes. Il n'est pas utile de s'étendre sur cette question. En effet, comme dans la majorité (sinon dans la totalité) des lois sur le droit d'auteur, les lois africaines prévoient un ensemble de règles procédurales tendant à faire respecter de manière efficace les droits des créateurs et investisseurs et à tenir néanmoins compte des intérêts des contrefacteurs présumés. Les personnes habilitées à agir en justice sont les mêmes : l'auteur ou ses ayants cause, la société chargée de la gestion des droits et éventuellement le ministre chargé des affaires culturelles.

263. Juridiction compétente. Les tribunaux compétents sont généralement les juridictions civiles ou pénales de droit commun (V. Centrafrique art.43; Togo, art. 78 et s.).

Parfois il s'agit d'une juridiction spéciale (Afrique du Sud, art.29, Namibie art. 35 et s., Ghana, art.51 et s.). Ces juridictions portent le nom de Tribunal du droit d'auteur (*Copyright Tribunal).* Elles ne sont pas compétentes pour connaître tous les litiges relatifs au droit d'auteur ou aux droits voisins. Leur compétence est limitée, en général aux questions relatives aux contrats de licence ou d'une manière générale à l'exploitation des droits d'auteurs et des droits voisins.

Le tribunal du copyright est à rapprocher, par exemple, de l'organe de conciliation prévu par le législateur algérien et qui a pour mission de « statuer sur les différends pouvant naître entre l'office national des droits d'auteur et des droits voisins et les usagers ou associations d'usagers des oeuvres et prestations relatives aux conditions d'exploitation des répertoires que l'office gère »

Pour les actions tendant, par exemple, à l'obtention de dommages-intérêts suite au préjudice consécutif à un acte de contrefaçon, ce sont les juridictions de droit commun qui demeurent compétentes. Par ailleurs les juridictions de droit commun peuvent être saisies par le tribunal du droit d'auteur afin de se prononcer sur des questions juridiques. L'avis des juridictions de droit commun (de première instance) lie le tribunal du copyright (tribunal du droit d'auteur). Enfin les décisions du tribunal du copyright peuvent faire l'objet d'un appel devant les juridictions de première instance (*High Court*).

D'une manière générale le tribunal compétent aussi bien du point de vue territorial que du point de vue matériel sera celui que désigne le droit processuel de l'Etat où a lieu la contrefaçon.

Pour des raisons d'efficacité on peut pencher pour des juridictions spécialisées (compétentes pour tous les litiges relatifs au droit d'auteur). Ce qui peut présenter, pour les plaideurs, certains avantages, au nombre desquels, par exemple, une procédure plus adaptée. Il est également possible de spécialiser, dans chaque Etat, certaines juridictions parmi celles existantes.

Mais la limitation du nombre de juridictions compétentes peut néanmoins poser des problèmes pratiques, notamment relatifs à la question du déplacement des justiciables.

Dans les litiges survenant entre contractants ne résidant pas sur le même territoire, il est fréquent qu'une clause attributive de juridiction soit prévue dans le contrat. Dans ce cas les tribunaux territorialement compétents seront ceux du lieu désigné par les parties. Les artistes et les auteurs africains signent souvent avec des éditeurs et producteurs installés en Europe des contrats d'adhésion comportant une clause prévoyant la compétence du tribunal du domicile de l'éditeur ou du producteur.

Dans certains cas ce type de clause pourra se révéler contraire à l'ordre public et donc être écartée. Ce sera par exemple le cas pour une création réalisée par un auteur salarié au Congo. En effet, pour les contrats de travail exécutés au Congo, les parties ne peuvent déroger à la compétence territoriale de la juridiction congolaise. On trouve une règle identique dans d'autres législations africaines. Ainsi, les lois malienne, tchadienne ou burkinabé[1].

264. Tentative préalable de conciliation. Il peut aussi arriver que la loi prévoie une phase préalable de conciliation. Le texte béninois par exemple prévoit, pour les parties à un contrat portant sur le droit d'auteur (ou les droits voisins), le recours préalable à la conciliation de la société de gestion collective. La procédure judiciaire n'intervient alors qu'en cas d'échec de la conciliation devant le bureau du droit d'auteur[2].

265. Arbitrage et médiation. Il est également possible de prévoir la résolution du litige par la voie de l'arbitrage. Particulièrement lorsque les parties conviendront, une fois le litige né, d'un compromis d'arbitrage. Il est également possible d'envisager le recours à l'arbitrage dès la rédaction du contrat au moyen d'une clause « compromissoire » ou de conclure un compromis en cas de litige. L'arbitrabilité des litiges de droit de propriété littéraire et artistique ne fait, en effet pas de doute[3]. Des instances arbitrales dépendant des organismes de gestion collective seraient les bienvenues.

On peut aussi s'interroger sur la possibilité de recourir à l'arbitrage tel que prévu par l'Organisation pour l'harmonisation en Afrique du droit des affaires (OHADA), particulièrement pour les Etats qui sont membres de l'OAPI et de l'OHADA.

Peuvent en principe être soumis à cet arbitrage aussi bien les litiges relatifs à la propriété industrielle que ceux relatifs à la propriété littéraire et artistique. De plus, l'arbitrage selon le règlement de la CCJA n'est pas limité aux litiges entre commerçants. Ainsi, un litige opposant un auteur à son éditeur pourrait valablement être soumis à l'arbitrage sous l'égide de la CCJA. Il faut cependant que le litige porte sur les droits patrimoniaux. En effet, ne sont arbitrables que des litiges portant sur des droits disponibles.

Il convient de souligner qu'une interprétation stricte du droit OHADA conduit à conclure que, dans un litige dans lequel le droit OHADA et le droit OAPI sont en cause, la CCJA ne se prononcerait pas

---

[1] V. *infra* n°337 et s;

[2] V. Bénin, art.86 et 87

[3] V. notamment, B. Oppetit, *L'arbitrabilité des litiges de droit d'auteur et de droits voisins,* in *Arbitrage et Propriété Intellectuelle (Colloque IRPI 1994),* Librairies techniques 1994, p.121

sur le droit OAPI. Ainsi les juges nationaux compétents se prononceraient sur l'ensemble du litige alors qu'en cassation il y aurait répartition de compétences entre la haute juridiction nationale[4] et la CCJA[5]. Dans sa tâche « d'articulation » entre les deux législations, le juge national, qui aura à interpréter deux conventions de même niveau hiérarchique, recourra sans doute à certaines règles de résolution de ce que d'éminents spécialistes ont appelé « conflit de convention »[6]. Deux principales règles lui seront alors utiles : celle de la spécialité et celle de la finalité[7].

266. Preuves. Parmi les preuves admises il faut relever les procès verbaux des agents assermentés des organismes de droit d'auteur et même des agents du ministère de la culture (Angola, art.38). L'enregistrement d'une œuvre auprès d'une société d'auteur pourra aussi être un élément de preuve.

En matière contractuelle, dans les Etats prévoyant l'enregistrement des contrats, les bordereaux d'enregistrement ou les registres des organismes d'auteur constitueront aussi des preuves.

Les règles du droit commun de la preuve seront également applicables. Dans les Etats membres de l'OHADA, ces règles seront, bientôt, uniformisées.

267. Mesures conservatoires. Les quelques outils processuels conservatoires dont disposent les titulaires des droits ou leurs représentants sont généralement les mêmes. Ils vont de la saisie-contrefaçon à l'interdiction de la poursuite d'une représentation. Selon les cas, c'est le commissaire de police ou le juge qui est saisi (du moins dans les lois de la majorité des anciennes colonies françaises).

La saisie-contrefaçon est une procédure permettant à l'auteur de constituer la preuve des agissements reprochés à la personne (physique ou morale) qui porte atteinte à son droit de propriété littéraire et artistique.

---

[4] Puisque le contentieux du droit OAPI (excepté la procédure devant la commission de recours) relève, pour l'instant, des juridictions nationales de la première instance à la cassation.

[5] V. par exemple, dans un litige ou le droit national et le droit uniforme étaient en cause, C. cass. Sénégal, Saleh c. Ulman, 19 janv. 2005 : *Penant* n°855, avril-juin 2006, note B.Diallo

[6] B. Dutoit et F. Majoros, *Le lacis des conflits de conventions en droit privé et leurs solutions possibles : Rev. Crit ; DIP* 1984, p.565

[7] Dutoit et Majoros, *article cité supra*, pp.577 et s.

Cette procédure permet aussi à l'auteur de faire cesser toute reproduction illicite de son œuvre.

De nombreuses lois prévoient que le saisissant peut se voir exiger le versement d'un « cautionnement ».

Certaines lois, notamment la loi béninoise, prévoit que la saisie, selon les cas, pourra donner lieu soit à transaction avec l'organisme de gestion collective, soit à poursuites judiciaires. En cas de transaction, le recouvrement de la somme a lieu dans un délai de quinze jours. Le contrevenant qui ne s'acquitterait pas du montant de la transaction verrait son dossier transmis au parquet. Au nombre des mesures conservatoires, il faut ajouter les saisies en douanes prévues par de nombreux textes africains.

Ces possibilités offertes aux titulaires des droits d'auteur pour mettre fin aux atteintes à leurs droits dans l'attente d'un procès sur le fond sont souvent méconnues par les différents acteurs de «l'industrie culturelle africaine». Dans la majorité des lois africaines, il est expressément énoncé que ces mesures conservatoires s'appliquent aussi en cas d'exploitation illicite du folklore.

Après avoir mis en œuvre les mesures conservatoires prévues par les textes, le titulaire des droits devra attraire l'auteur des agissements réprimés devant la juridiction compétente pour que l'affaire soit statuée au fond. Cette saisine de la juridiction de fond doit se faire dans les délais, généralement brefs (30 jours dans la majorité des lois), impartis par les textes. Faute pour le titulaire des droits d'avoir assigné au fond dans les délais, le juge pourra prononcer, à la demande du saisi[8] ou de plein droit[9], la mainlevée de la saisie-contrefaçon. La saisine de la juridiction du fond permettra, essentiellement, si la contrefaçon (ou le délit assimilé) est avérée, que soit prononcées des sanctions.

Section 2. Sanctions

268. Sanctions civiles et pénales. On peut distinguer entre les sanctions pénales et les sanctions civiles.

---

[8] V. par exemple, LDA – Togo, art. 80

[9] V. par exemple, LDA- Tchad art. 127 ; LDA – Djibouti, art. 98.3

§1. Sanctions pénales

269.Plan. Avant d'énumérer les diverses sanctions pénales prévues, il convient d'énumérer les principaux agissements réprimés par les textes.

a) Agissements réprimés

270. Contrefaçon. Pour que s'applique une sanction pénale, il faut que soit constatée une infraction pénale. Ce qui suppose l'existence d'un texte, sciemment méconnu par une personne (selon les Etats il peut s'agir aussi bien d'une personne physique que d'une personne morale).

En matière de propriété littéraire et artistique (et plus généralement de propriété intellectuelle) cette méconnaissance des droits du titulaire des droits constitue l'infraction de *contrefaçon.* Cette infraction est souvent classée dans la catégorie des délits.

271. Usurpation. A côté de la contrefaçon est parfois prévue une infraction voisine : *l'usurpation.* La distinction entre l'usurpation et la contrefaçon n'est pas toujours aisée. Dans les deux cas il s'agit d'une utilisation ou d'une exploitation non autorisée. La principale différence semble résider dans le caractère frauduleux de la contrefaçon. Ainsi aux termes de la loi mozambicaine «se rend coupable du délit d'usurpation quiconque, sans le consentement de l'auteur, de l'artiste, utilise ou exploite de l'une des manières prévues par la présente loi une œuvre appartenant à autrui » (article 61) alors que la contrefaçon est définie comme « l'utilisation frauduleuse de l'œuvre d'autrui en la présentant comme sienne ».

On relèvera le fait que la distinction entre le délit d'usurpation et le délit de contrefaçon existe dans les anciennes colonies portugaises comme l'Angola ou le Mozambique et que cette distinction paraît empruntée à la législation portugaise sur le droit d'auteur[10].

Il convient également de préciser que les agissements constituant le délit d'usurpation dans les lois le prévoyant sont généralement constitutifs de l'infraction de contrefaçon dans les autres lois. Sont ainsi réprimés : la reproduction illicite, la représentation illicite, la diffusion illicite…

---

[10] *Code du Droit d'auteur et des droits voisins*, articles 195 et 196

272. Importation et exportation d'ouvrages contrefaisants. La majorité des lois étudiées assimilent à la contrefaçon le délit d'importation ou d'exportation d'ouvrages contrefaisants. Les textes des anciennes colonies françaises qui portent l'empreinte de la loi française du 11 mars 1957 reprennent d'ailleurs parfois les erreurs que porte le texte français. En effet, l'article 335-2 *in fine* du Code de la propriété intellectuelle français prévoit la répression de «l'exportation et l'importation des ouvrages contrefaits». Or il est évident que le législateur français entend en fait punir l'importation et l'exportation d'ouvrages « contrefaisants » et non d'ouvrages «contrefaits». Ce *lapsus calami*[11] est reproduit dans certains textes africains[12]. Les révisions législatives doivent être l'occasion de corriger ce genre d'erreur « importées ». Les rédacteurs de la nouveaux texte sénégalais ont été, sur ce point comme sur bien d'autres, attentifs et n'ont pas reproduit dans le nouveau texte cette « confusion ».

273. Omission du versement des redevances dues à l'organisme de gestion collective. Peut également constituer le délit de contrefaçon «le défaut de versement de la rémunération due à l'auteur, à l'artiste interprète ou au producteur, au titre de la copie privée ou de la communication publique et de la télédiffusion des phonogrammes»[13]

274. Contournement des mesures techniques de protection. A la faveur de la mise en conformité de leurs lois avec les traités de l'OMPI de 1996, les lois africaines (du moins celles des Etats membres de l'OAPI) prévoiront aussi la répression de tout acte de neutralisation des dispositifs de protection restreignant l'accomplissement d'actes qui ne sont pas autorisés par les titulaires de droit ou permis par la loi.

L'annexe VII de l'accord de Bangui a prévu la répression de ces agissements à l'article 65. C'est cette mise en œuvre de la règle tendant à empêcher la neutralisation des mesures techniques de protection des droits d'auteurs que vise l'article 97 de la loi ivoirienne. Ce texte soumet à autorisation du ministre chargé des affaires culturelles la fabrication, la vente, l'échange, le louage ou la mise à disposition du public de tout appareil audionumérique ne comportant pas de dispositif anti-copie. La

---

[11] Erreur que le législateur français a rectifié (enfin !) à la faveur de la loi du 29 octobre 2007 relative à la lutte contre la contrefaçon

[12] V. par exemple Congo, art. 77 *in fine* ou encore Bénin, art. 110 (une loi pourtant modifiée en 2006)

[13] Côte d'Ivoire, art.100

même autorisation est requise pour tout appareil, procédé ou dispositif neutralisant les protections techniques.

Les lois béninoise et burkinabé reprennent sur ce point les dispositions précises du texte régional, en ne réprimant que la vente ou la mise à disposition d'un dispositif permettant de contourner les mesures techniques de protection et non le fait même de contourner ces mesures techniques de protection. Les dispositions de la loi namibienne aussi sont, sur ce point, semblables à celle de l'accord de Bangui.

En revanche, les textes camerounais et sénégalais semblent aller au-delà du texte régional. Ces textes répriment, en effet, « la neutralisation » de ces mesures techniques de protection.Le texte camerounais précise que c'est la neutralisation « frauduleuse » qui est passible de sanction pénale. Dans le même sens, la loi égyptienne réprime le fait de supprimer sciemment le dispositif technique de protection installé par l'auteur ou le titulaire des droits[14]. En réalité, le texte sénégalais a la même portée. Le texte sénégalais parait, en effet, autoriser les mesures techniques empêchant les actes non autorisés par le titulaire des droits et non permis par la loi. On peut en déduire que la neutralisation des mesures techniques visant à faciliter un acte permis par la loi n'est pas passible de sanctions.

275. Contournement des mesures techniques de protection (suite). Il est intéressant de relever la particularité de la rédaction du texte sénégalais. En effet, l'article 11 du traité de l'OMPI sur le droit d'auteur (WCT) prévoit la sanction de la neutralisation des mesures techniques qui restreignent ou empêchent la neutralisation d'actes non autorisés par le titulaire de droit *ou* permis par la loi. Le mot *« ou »* prête à confusion. Il peut être sujet à équivoque. On pourrait supposer, que les mesures techniques pourraient licitement restreindre tout acte non autorisé par le titulaire de droit. Ce qui ne nous semble pas défendable, surtout dans le contexte actuel où le droit d'auteur n'a pas toujours bonne presse.

La rédaction du texte sénégalais (art. 125) évite, selon nous, toute équivoque. On y lit très clairement que les mesures techniques de protection peuvent être mises en œuvre pour empêcher des actes que le titulaire de droit n'autorise pas *et* qui ne sont pas permis par la loi. Le mot de liaison « et » au lieu du mot « ou » permet de déduire que les mesures

---

[14] Art. 181.6

techniques de protection ne sont licites que si elles n'empêchent pas des actes permis par la loi.

276. Suppression des informations relatives aux droits. Certains textes, parmi les plus récents, répriment également, se conformant ainsi à l'accord de Bangui ou/et aux traités de l'OMPI, le fait de supprimer les informations numériques (ou électroniques) sur les régimes des droits se présentant sous forme électronique[15]. Sur ce point c'est bien l'acte de suppression de l'information qui est visé et pas la seule mise à disposition du système ou du dispositif permettant cette suppression.

277. Piraterie. Certains textes répriment, en plus de la contrefaçon, la piraterie. La piraterie est alors, dans ces lois, un délit distinct. La synonymie entre les deux vocables n'est donc pas toujours prudente. Ainsi, dans le texte de loi béninois, d'une part est réprimé la contrefaçon et d'autre part la piraterie.

La contrefaçon est définie comme « toute édition d'écrit, de composition musicale, de dessin, de peinture ou de toute autre production, imprimée ou gravée en entier ou en partie, au mépris des lois et règlements relatifs à la propriété des auteurs »[16]. Le même texte définit la piraterie comme étant
Une contrefaçon ou une violation des droits de propriété littéraire et artistique « sur une grande échelle et dans un but commercial »[17]. La piraterie est punie plus sévèrement que la contrefaçon. D'une certaine manière on peut considérer que dans les lois qui distinguent piraterie et contrefaçon, la piraterie est une contrefaçon aggravée, notamment par sa dimension commerciale. De nombreux textes, ce qui est plus simple, englobent soit dans les délits de contrefaçon, soit dans celui de piraterie l'ensemble des atteintes aux droits d'auteurs et aux droits voisins.

278. Vente d'exemplaires non authentifiés par des vignettes hologrammes. De nombreux textes africains (lois sur le droit d'auteur ou textes complémentaires), prévoient une obligation d'authentification des exemplaires licites par le moyen de vignettes hologrammes encore appelées stickers ou banderoles. Les exemplaires non authentifiés par ce

---

[15] V. notamment, Bénin (art. 124), Cameroun (art. 81.1.g.)
[16] LDA – Burkina Faso, art. 106
[17] LDA – Burkina Faso, art. 109

moyen sont considérés comme illicites et les personnes commercialisant ces exemplaires passibles de sanctions pénales[18].

279. Atteinte au droit moral. Les lois africaines prévoyant la protection du droit moral posent en général que les sanctions pénales s'appliquent aussi en cas d'atteinte au droit moral (V. par exemple loi angolaise, art.32 et 33; loi gabonaise art.65; loi mozambicaine art. 65 et 66 ; nouveau texte sénégalais, art. 144), toute atteinte au droit moral (comme aux droits patrimoniaux) étant considérée comme constituant le délit de contrefaçon.

280. Atteinte aux droits voisins. Sont visées par les lois aussi bien les atteintes au droit d'auteur qu'aux droits voisins. Mais les sanctions applicables en cas d'atteintes aux droits d'auteur ne sont pas toujours identiques à celles prévues en cas d'atteinte aux droits voisins.

b) Enumération des sanctions

281. Droit d'auteur. Les principales sanctions pénales pour atteinte aux droits d'auteur sont l'amende et l'emprisonnement. Certaines lois prévoient ces deux peines, d'autres ne prévoient, pour une première infraction ou pour une infraction isolée, que l'amende. C'est le cas des lois du Congo (art. 77) et du Burundi (art.40). La sévérité de la sanction varie d'un pays à l'autre. Ainsi la peine d'emprisonnement peut aller jusqu'à cinq ans dans certains textes (Maurice, article 30.4) alors que la peine d'emprisonnement encourue n'excède pas une année pour le délit de contrefaçon commis dans d'autres Etats (Malawi, art.48.1)[19].

Le montant de l'amende encourue est quelques fois précisé par le texte qui prévoit généralement un plancher et un plafond. C'est notamment le cas dans les lois du Malawi[20], du Congo[21] ou du Burundi[22].

---

[18] Sur ces vignettes, v. *infra* n°291

[19] Autres exemples concernant la peine d'emprisonnement : Soudan, trois ans (art.36) ; Rwanda, deux ans (art.76)

[20] Minimum 200 kwachas (environ 0, 40 euros), maximum 15 000 kwachas soit environ 27, 50 euros (art. 48.1)

[21] Minimum, 100 000 francs CFA, (soit 150 euros) maximum 250 000 francs CFA, soit 380 euros (art. 77)

[22] Minimum, 10 000 francs Burundi (environ 8,20 euros), maximum 100 000 francs Burundi soit environ 82 euros (art. 40)

Quelquefois le montant de l'amende est laissé à l'appréciation des tribunaux. C'est ce que prévoit par exemple la loi du Soudan[23].

D'autres sanctions pénales sont prévues comme la confiscation des exemplaires contrefaisants, la confiscation du matériel ayant permis la contrefaçon, la saisie des sommes perçues grâce à la contrefaçon, la fermeture des établissements ayant servi à commettre l'infraction.

282. Droits voisins. Dans certaines lois les sanctions prévues pour les atteintes aux droits voisins sont moins sévères que pour les atteintes au droit d'auteur. Ainsi dans la loi congolaise par exemple l'atteinte au droit d'auteur est passible d'une amende de 250 000 francs (environ 381 euros) pour la première infraction (art.77). Le montant de cette amende est ramené à 60 000 francs (91,50 euros) pour une atteinte aux droits voisins (art.101).

283. Efficacité. Dans l'ensemble ces sanctions paraissent, de prime abord, peu dissuasives pour faire respecter les droits des créateurs, des interprètes et des investisseurs. Mais avant d'envisager de prévoir des sanctions plus sévères il faut déjà une application plus fréquente des textes. Par ailleurs si les sanctions pénales ne sont pas suffisamment dissuasives, il conviendra que le juge saisi face preuve de plus de sévérité en prononçant les sanctions civiles.

§2. Sanctions civiles

284. Réparation du préjudice subi. L'application des sanctions civiles suppose un préjudice subi par le titulaire des droits. Ce qui est en principe le cas s'il y a infraction pénale. Mais indépendamment d'une sanction pénale, il est possible au titulaire des droits d'auteur d'obtenir réparation du préjudice subi. L'importance du préjudice est en principe appréciée par la juridiction compétente[24].

Selon l'importance du préjudice, la condamnation du contrefacteur peut s'élever à plusieurs millions de francs CFA. Dans une affaire opposant la choriste du célèbre chanteur sénégalais Youssou Ndour

---

[23] Art. 36

[24] Sur la base des prétentions du demandeur

à un autre musicien du Sénégal, le tribunal de première instance de Dakar a prononcé une condamnation au paiement de cinq millions de francs CFA (7500 euros) de dommages intérêts. La choriste de la star sénégalaise avait repris en y apportant quelques modifications une œuvre d'un auteur - compositeur et interprète sans autorisation[25].

Les sanctions civiles consistent principalement dans la condamnation à des dommages intérêts et, parfois, accessoirement dans la publication partielle ou intégrale du jugement.

---

[25] Trib. 1ere instance Dakar, 23 juillet 2003, *El Hadj Faye c/ Viviane Ndour*, *inédit*.- L'affaire a été largement couverte par la presse quotidienne sénégalaise compte tenu de la célébrité des plaideurs. Le compositeur El Hadj Faye, auteur de la chanson *boubou ngary* reprochait à Viviane Ndour de l'avoir plagié dans la chanson *Sammina* figurant sur l'album de la chanteuse. Cette dernière contestait au demandeur la paternité de l'œuvre qu'elle attribuait à un troisième "protagoniste", Mademba Diop. Ses arguments n'ont pas emporté la conviction du tribunal.

Chapitre II

Application des sanctions prévues

285. Mise en œuvre insuffisante. Si les Etats africains, dans leur majorité, ont adopté des lois sur la protection des œuvres de l'esprit, un pas doit encore être fait quant à l'effectivité de sa mise en œuvre. Si les choses avancent assez vite concernant la gestion collective des droits, la sanction en justice du non respect des droits des auteurs n'est, hélas, pas toujours effective. Des décisions relatives à la propriété littéraire et artistique existent, mais elles sont peu nombreuses par comparaison au nombre d'atteintes constatées.

Pourtant la contrefaçon des œuvres de l'esprit est massive. Si les livres sont peu touchés, la contrefaçon des œuvres musicales atteint des proportions considérables. Le phénomène paraît avoir des causes économiques. Il faut cependant ajouter l'absence d'un élément psychologique non négligeable : la croyance dans la légitimité d'une règle juridique et surtout la crainte de la sanction de sa violation.

Compte tenu de cette absence d'effectivité des sanctions, il a notamment été proposé l'encouragement des modes alternatifs de résolution des litiges[1] tel que l'obligation d'une transaction préalable[2]. Tel est plus ou moins l'esprit de la nouvelle loi béninoise. Particulièrement concernant les litiges relatifs aux contrats il paraît judicieux d'encourager la médiation et l'arbitrage. Ce qui serait une manière de prendre en compte la propension des auteurs et artistes africains à abandonner leurs

---

[1] D. Bohoussou, *Les atteintes aux droits d'auteur : la piraterie des œuvres*, in *Creative Ideas for Intellectual Property – The ATRIP Papers 2000-2001*, CEDIDAC, Lausanne, 2002, p. 489 (à la p.497)

[2] Ce que prévoyait l'article 57 al. 2 de la loi camerounaise de 1982

droits plutôt qu'à les faire valoir devant le juge étatique. Concernant l'arbitrage, il est possible, pour les Etats qui en sont membres, d'opter pour les règles prévues par l'OHADA. Il serait aussi souhaitable de prévoir un système de médiation et d'arbitrage spécialisé et coordonné par une ou plusieurs sociétés de gestion collective. Les pistes relatives à la conciliation, la médiation et l'arbitrage sont, dans le contexte africain, très intéressantes à explorer pour contribuer à l'accès des artistes à leurs droits.

Pour autant il n'est pas possible de faire l'économie d'un arsenal répressif. Les sanctions judiciaires, pour peu qu'on les applique, peuvent être dissuasives. C'est la raison pour laquelle il vaut mieux prévoir des sanctions mesurées et applicables plutôt que des sanctions dont l'extrême sévérité risque de conduire bien souvent à leur non prononciation.

Malheureusement, l'une des raisons de cette absence d'effectivité des sanctions aux atteintes au droit d'auteur s'explique par la complaisance de certains fonctionnaires. Ainsi au Mali on a déploré la complicité de certains douaniers[3]. La même situation prévaut d'ailleurs dans d'autres pays d'Afrique.

L'effectivité de la mise en œuvre de la protection des œuvres de l'esprit ne passe pas par la seule répression. Une approche globale, qui exige une analyse de la situation, est nécessaire.

286. Formes de piraterie. – Causes du fléau. Le niveau du développement économique et de l'évolution technologique, conjugué avec des facteurs culturels, contribue au développement de la contrefaçon en Afrique. Concernant les questions de droit d'auteur, le premier secteur concerné est celui des œuvres musicales. Ces œuvres font souvent l'objet de reproductions illicites sous forme de cassettes vendues à l'étalage dans les marchés à côté des denrées alimentaires, de médicaments ou de textiles (généralement contrefaits). La qualité de ces enregistrements laisse à désirer, mais, pour des raisons économiques, les mélomanes préfèrent s'en contenter. La moindre exigence quant à la qualité des supports s'explique aussi par la qualité moyenne des appareils en permettant la lecture.

Un deuxième phénomène constituant un véritable manque à gagner pour les titulaires de droits est la copie supposée privée. De nombreuses boutiques se sont spécialisées dans l'enregistrement d'œuvres

---

[3] *www.izf.net/izf/ee/pro/mali/5020_prop_intelect.asp*

existantes (et difficile à acquérir pour le consommateur moyen) sur cassette d'assez bonne qualité. La taxation applicable aux cassettes audio vierges prend alors toute son importance. Il serait aussi efficace de prévoir le versement par ce type de boutique d'une redevance au profit des ayants droit. Ainsi, à défaut d'exercer leur droit exclusif, les titulaires de droits pourront au moins bénéficier d'un droit à rémunération plus facile à mettre en œuvre.

Le développement de l'Internet sur le continent est déjà, on s'en doute, hélas, une aubaine pour les contrefacteurs qui disposent, au grand dam des titulaires de droits, ainsi d'un nouvel outil pour se livrer à leur activité.

L'utilisation des nouvelles technologies, et précisément des outils numériques, par les contrefacteurs est déjà décriée par certains titulaires de droits. Ainsi le BURIDA (bureau ivoirien du droit d'auteur) organise souvent des descentes dans les marchés pour saisir de nouveaux "produits pirates". Il s'agit de VCD (principalement de clips vidéo) fabriqués à Lagos et inondant le marché ivoirien. Ces supports numériques illicites d'œuvres protégées sont accessibles aux consommateurs pour des prix inférieurs à ceux des cassettes vidéo VHS proposées par les titulaires de droits. Le développement de cette contrefaçon est rendu possible, dans certaine mesure, par le fait que des lecteurs VCD bon marché en provenance du Nigeria investissent le marché[4].

Les programmes d'ordinateurs n'échappent pas au fléau. De nombreux tribunaux africains (par exemple au Kenya ou en Côte d'Ivoire) ont été saisis d'affaires relatives à la contrefaçon de logiciels. Pour faciliter l'acquisition de logiciels et l'accès aux nouvelles technologies en Afrique il a été suggéré d'avoir davantage recours aux logiciels libres.

287. Conséquences. – Victimes. Les victimes de la contrefaçon littéraire et artistique ne sont pas seulement les titulaires de droits d'autres continents. En effet, les œuvres africaines, musicales principalement, sont parmi les plus contrefaites sur le continent. L'ampleur du fléau est telle que de nombreux investisseurs potentiels sont dissuadés de se lancer dans « l'industrie culturelle ».

Lorsqu'un producteur met sur le marché un phonogramme, il s'est pour chaque phonogramme acquitté des droits de reproduction

---

[4] *http:// www.afrikeco.com/articles/economie.php3?id_article=6523*

mécanique[5]. Lorsque ce phonogramme est contrefait, il est impossible pour le producteur de récupérer ces sommes, sans parler des frais engagés pour l'enregistrement de l'œuvre (location du studio, cachet des artistes intervenant dans la réalisation de l'album, etc.). Il est dans ces conditions impossible pour le producteur d'envisager de nouveaux tirages et donc de verser à la société d'auteurs de nouvelles redevances ou encore d'envisager de nouveaux investissements dans la diffusion des œuvres musicales. De même il sera impossible aux interprètes et aux auteurs d'attendre le produit de la vente de leurs interprétations ou créations.

Le phénomène cause à la fois un manque à gagner pour les investisseurs (allant jusqu'à la fermeture de certaines usines ou au dépôt de bilan de certains producteurs) et les créateurs, des pertes d'emplois et une évasion fiscale.

288. Nécessaire application du droit. Bien entendu, l'application effective des sanctions prévues par les lois contribuera à atténuer le phénomène. Il pourrait aussi être utile, à des fins pédagogiques et dissuasives, de publier les décisions de justice[6].

289. Efforts politiques. La lutte contre la "piraterie" passe aussi par l'élaboration et la mise en œuvre d'une politique tendant à faire baisser les coûts de réalisation des œuvres et de fabrication des supports. En effet la contrefaçon trouve l'une de ses causes dans le prix prohibitifs des produits importés (y compris les produits permettant la fabrication de supports de phonogrammes), le montant excessif des droits de douanes, l'absence d'infrastructure permettant la réalisation de produits de qualité.

Parmi les questions qui devraient intéresser les pouvoirs publics pourraient figurer celle des moyens à mettre en œuvre pour permettre l'acquisition par un plus grand nombre d'appareils permettant la lecture d'œuvres musicales, celle de la construction de bibliothèques, de l'acquisition d'infrastructures diverses, des incitations fiscales en vue de permettre l'installation de ces infrastructures nécessaires à la diffusion des œuvres de l'esprit. Autant de mesures qui pourraient contribuer à réduire considérablement l'ampleur du phénomène en décourageant les

---

[5] Ce droit est versé par le producteur à la société de gestion collective compétente à chaque tirage en fonction du nombre d'exemplaires qui vont être fabriqués.

[6] Un auteur a proposé, et l'idée mérite d'être approuvée, que l'OAPI consacre une partie de son Budget à cet effet. - R. Kiminou, *La révision du droit des marques de l'organisation africaine de la propriété intellectuelle : RDPI,* 2001, n°129, pp. 23 et s., à la p.39(n°28)

contrefacteurs et en incitant, compte tenu de leur coût, les consommateurs à acquérir des œuvres non contrefaites. Ces mesures peuvent contribuer à enrayer le phénomène au niveau local.

D'une manière générale le progrès économique et social sera un facteur majeur pour rendre effective la protection des œuvres de l'esprit en Afrique. Il convient donc d'intégrer les questions relevant du domaine de la culture dans les réflexions sur le développement économique en Afrique.

Le laxisme des pouvoirs publics conduit parfois les producteurs à recourir à des mesures préventives privées, en se substituant pratiquement aux forces de l'ordre et agents des sociétés d'auteurs. Au début des années 1990, certains producteurs congolais disposaient de leurs propres brigades «anti-piraterie» qui sillonnaient les marchés des grandes villes pour traquer les vendeurs d'exemplaires contrefaits d'œuvres de leurs catalogues. On peut déplorer que de tels moyens ne soient pas mis à la disposition des titulaires de droit d'auteur par l'Etat. Néanmoins la tendance générale est à la participation (bien que toujours insuffisante) des différentes autorités et principalement des autorités douanières.

Parmi les efforts visibles en vue d'actions dépassant les frontières d'un seul d'Etat, il convient de relever le projet ouest-africain de mise en place d'un réseau de sociétés de gestion collective. L'un des objectifs de ce réseau est de travailler à la mise en commun des moyens et méthodes de lutte contre la piraterie.

290. Réponses régionales. Il est aussi nécessaire de s'attaquer au problème au niveau régional. Souvent les contrefaçons d'œuvres d'auteurs ou interprètes d'un Etat africain diffusées sur son territoire ont été fabriquées dans un Etat africain voisin y compris dans des unités de production ayant pignon sur rue. Ainsi en 1991 des producteurs congolais avaient déploré une contrefaçon massive de leurs phonogrammes par des "pirates" installés à Nairobi et à Lagos. Ces contrefaçons étaient destinées aussi bien au marché ouest africain qu'au marché congolais. Il est donc nécessaire (en plus de la sanction des importations et des exportations des contrefaçons) de prévoir une véritable politique régionale de lutte contre la piraterie.

291. Vignettes d'authentification. Parmi les mesures pouvant contribuer à la lutte contre la piraterie on peut signaler le système dit de «banderole» mis en place pour la première fois, semble-t-il, au Togo sous l'impulsion du Bureau Togolais du Droit d'auteur (BUTODRA) et réglementé par un arrêté ministériel de 1992[7]. L'exemple a été suivi par le Bureau Ivoirien du Droit d'Auteur (BURIDA) dont l'assemblée générale a officiellement adopté le système en novembre 1998. Deux arrêtés ministériels sont intervenus pour étendre l'obligation aux personnes physiques ou morales qui ne sont pas membres du BURIDA et encadrer ladite pratique[8].

Le système de «Banderole» (encore appelée «sticker» ou vignette d'authentification) consiste dans l'apposition sur des supports d'œuvres des timbres, étiquettes ou «banderoles» infalsifiables avant leur mise en circulation. L'obligation d'apposer ces vignettes est imposée aux fabricants et importateurs de support de phonogrammes et de vidéogrammes. Ces vignettes sont fournies par l'organisme ou la société d'auteurs.

L'un des arrêtés ministériels ivoiriens précise qu'une redevance sera perçue à cet effet par le BURIDA (35francs CFA l'unité, soit environ 6 centimes d'euros). Aux termes des textes togolais (art. 5) et ivoirien (arrêté du 19 août, art. 1er al.5), les supports non munis de «banderole» sont considérés comme des "articles pirates" et soumis aux sanctions prévues par la loi sur le droit d'auteur.

Compte tenu de l'origine réglementaire de ces textes, dans certains pays, on peut s'interroger sur la légalité du renvoi aux sanctions des violations du droit d'auteur et des droits voisins. Aussi a-t-on proposé, à juste titre, que les législateurs respectifs se saisissent de la question[9].

Cette mesure de lutte contre la "piraterie" a aussi été adoptée en 1999 au Nigeria[10], en 2002 au Mali et au Sénégal. D'autres pays, tels que le Kenya et la Tanzanie[11] ont introduit ce système avec l'appui de l'organisation mondiale de la propriété intellectuelle. La mesure a aussi été adoptée en Ouganda, à Maurice, au Malawi et, plus récemment, en République démocratique du congo.

---

[7] Arrêté n°1503/MCC/CAB du 6 octobre 1992

[8] Arrêté n°47 du 19 août 1999 et arrêté n° 53 du 18 octobre 1999

[9] D. Bohoussou, Vers l'établissement d'un cadre juridique pour le fonctionnement du système de « banderole » dans les pays francophones d'Afrique : Analyse des programmes de « banderole » au Bénin, en Côte d'Ivoire et au Togo, in Creative Ideas for Intellectual Property – The ATRIP Papers 2000-2001, CEDIDAC, Lausanne, 2002, p.477 (aux pp.483-484)

[10] V. F. Shyllon, *Recent developments in Copyright Law and Enforcement Procedure in Nigeria : IIC* 2001, Vol. 32, pp. 298 et s., aux pp. 300 et s.

[11] V. *Programme anti-piraterie pour l'industrie musicale africaine : Revue de l'OMPI,* juill.-sept. 2002, p.10

L'efficacité du système a paru, dans un premier temps, incontestable. Au Sénégal l'introduction de ce système aurait permis en juin 2002 la perception de plus de 100 millions de francs CFA (environ 150 000 euros) de droit de reproduction mécanique contre 45 millions de francs CFA (68500 euros) pour toute l'année 2001. Cependant, le système n'a pas tardé à montrer ses limites. En effet, les contrefacteurs ont déjà trouvé le moyen, non seulement de contourner le dispositif, mais aussi de falsifier les vignettes. On a également pu déplorer la circulation d'exemplaires non autorisés sur lesquels étaient pourtant apposés des vignettes « authentiques », non falsifiées[12]. Par ailleurs, certains contrefacteurs acquièrent quelques exemplaires licites (munis des vignettes) qu'ils incluent dans un stock d'exemplaires pirates[13].

292. Unités, Commissions et brigades anti-piraterie. De nombreux Etats africains ont institué des unités ou des organes favorisant un maillage entre différents acteurs en vue de rendre plus efficace les actions contre la piraterie. Ces différentes entités[14] comptent généralement parmi leurs membres des douaniers, des policiers, des fonctionnaires du ministère de la culture…

Un décret en date du 14 avril 2005 a été institué au Bénin une Commission nationale de lutte contre la piraterie des œuvres littéraires et artistiques (CNPL)[15]. Conçue comme un organe d'appui au BUBEDRA (Bureau béninois du droit d'auteur). Cette commission a pour mission de « mener à bien des réflexions stratégiques et prospectives sur le méthodes et moyens de lutte contre la piraterie »[16]. Les choix stratégiques et les plans d'actions décidés par la CNPL sont mis en oeuvre par des structures et organes spéciaux dont les brigades nationales de lutte contre la piraterie, les unités spécialisées de la police et les postes de douanes aux frontières. Il est rendu compte des actions menées au BUBEDRA.

Des mesures identiques ont été prises, par exemple, en Côte d'ivoire. Une brigade de lutte contre la piraterie est prévue par un décret

---

[12] Trib. 1ère instance Bamako, Commune IV, ch. corr. 16 nov. 2004 : *RJT* Vol. 41, n°3, 2007, p.776, obs. L.Y. Ngombé

[13] Trib. 1ère instance Ouagadougou, 19 juillet 2005,BBDA c/Compaoré et cons. : *RJT* Vol. 41, n°3, 2007, p.776, obs. L.Y. Ngombé

[14] Pour un panorama de ces commissions, unités et Brigades, notre *Chronique d'Afrique : RIDA* Juillet 2009

[15] Décret n° 2005-187 du 14 avril 2005

[16] Décret n° 2005-187 du 14 avril 2005, art. 4, al. 1.

du 15 février 2006[17]. Un arrêté interministériel en date du 09 mai 2006[18]. Au Ghana également est instituée un *Copyright monitoring Team,* équipe de surveillance chargée, notamment, de veiller au respect des droits d'auteur et de mener des actions de lutte contre la piraterie[19].

Une brigade nationale de lutte contre la piraterie et la contrefaçon (BNLPC) a également vu le jour au Sénégal[20]. La Brigade contre la piraterie au Sénégal est rattachée à la direction de la sécurité publique de la direction générale de la sûreté nationale (donc aux services du ministère de l'intérieur et non du ministère de la culture comme dans d'autres pays).

A Madagascar, un arrêté interministériel du 17 juillet 2006[21] fixe des « mesures renforçant la lutte contre la contrefaçon ». Ce texte prévoit l'obligation pour les agents assermentés de l'office malgache du droit d'auteur (OMDA), des officiers de police judiciaire ou des agents des douanes de saisir les exemplaires illicites, en cas de constatation d'infraction, « sans plainte préalable » du titulaire des droits. Il crée également un comité de contrôle placé sous l'autorité du ministre. Parmi les mesures que comportent le texte figure également la création d'une « brigade spéciale anti-contrefaçon ».

293. Sensibilisation. Au-delà de la lutte contre la « piraterie », il est utile de vulgariser, autant que faire se peut, le droit d'auteur et la propriété intellectuelle en général. Ce qui suppose, entre autres, une meilleure formation des différents acteurs, qu'il s'agisse des représentants du ministère de la culture, des magistrats, des étudiants, des professionnels de l'industrie culturelle... Une formation est souvent assurée de manière ponctuelle grâce à l'UNESCO ou à l'OMPI. Une formation permanente ainsi que des études locales seraient aussi utiles. De ce point de vue l'action de l'UNESCO pour la création progressive de chaires de droit d'auteur dans les différentes universités africaines constitue une aide considérable.

---

[17] Décret n° 2006-10 du 15 février 2006

[18] Arrêté interministériel n° 016 du 09 mai 2006 portant organisation et fonctionnement de la brigade de lutte contre la piraterie des œuvres culturelles (Brigade culturelle).

[19] LDA Ghana, art. 50

[20] Créée par le décret n°2006-1398 du 28 décembre 2006 portant création de la Brigade nationale de Lutte contre la Piraterie et la Contrefaçon. – Un arrêté ministériel du 4 juin 2007 en précise les attributions, l'organisation et le fonctionnement

[21] Arrêté interministériel n° 12226/2006

La sensibilisation peut aussi passer par des campagnes publicitaires institutionnelles. L'initiative pourrait venir du ministère ayant en charge la culture ou par le bureau du droit d'auteur. Les artistes les plus célèbres pourraient alors y apporter leur concours.

TITRE VII

ASPECTS REGIONAUX

294. OAPI. L'intégration régionale en matière de propriété littéraire et artistique se réalise sous l'égide de l'organisation africaine de la propriété intellectuelle (OAPI)[1] à laquelle n'avaient adhéré, jusqu'à une date récente, que des Etats de l'Afrique noire francophone[2].

295. ARIPO. Quant aux pays anglophones, ils sont généralement membres de l'*African Regional Intellectual Property Organization* (ARIPO) créée par l'accord de Lusaka (9 décembre 1976) et dont le siège se situe à Harare au Zimbabwe. L'histoire de l'ARIPO remonte au début

---

[1] V. B. Cazenave, *L'organisation africaine de la propriété intellectuelle (OAPI) de Libreville à Bangui* : *Prop. Ind.*, 1989, p.311.- V. également C.-J. Kingué, *La protection du droit d'auteur dans les Etats membres de l'organisation africaine de la propriété intellectuelle,* Thèse Paris II, 1985

[2] Deux Etats non francophones (Guinée Bissau et Guinée équatoriale) font désormais partie de l'OAPI

des années soixante-dix lors d'un séminaire sur le droit d'auteur et les brevets dans les pays africains anglophones qui s'est tenu à Nairobi au Kenya. Ce séminaire recommanda la création d'une organisation régionale de la propriété industrielle. Répondant à l'attente des pays anglophones concernés, en 1973 la commission économique des nations unies pour l'Afrique et l'Organisation mondiale de la propriété intellectuelle (OMPI) ont apporté leur assistance en vue de la création de cet organisme. Une série de réunions a permis la création, lors de la conférence diplomatique de Lusaka, de l'organisation de la propriété industrielle de l'Afrique anglophone (connue sous le sigle ESARIPO, ES étant l'abréviation de "English-Speaking"). L'accord de Lusaka a été modifié en 1985 notamment pour permettre l'adhésion à tout Etat membre de l'OUA (devenue UA). Le nom de l'organisation est devenu *African Regional Industrial Property Organisation* (le sigle ARIPO remplaçant alors celui d'ESARIPO), puis *African Regional* Intellectual *proprerty Organization*. L'adjectif «anglophone» (*English-Speaking*) est abandonné pour refléter la nouvelle perspective panafricaine de l'organisation. Le domaine de compétence de l'ARIPO étant limité, pour le moment[3], à la propriété industrielle, nous ne lui consacrerons pas de développement.

296. OAPI et Annexe VII de l'accord de Bangui. Avant d'évoquer succinctement l'annexe VII de l'accord de Bangui, texte régional sur la propriété littéraire et artistique, il convient de présenter brièvement l'institution sous l'égide de laquelle elle a été élaborée (OAPI).

---

[3] L'ARIPO a décidé en 2002 d'étendre son champ de compétence au droit d'auteur. Elle adoptera prochainement un texte sur la propriété littéraire et artistique.

Chapitre I

L'organisation africaine de la propriété intellectuelle

297. Plan. Pour présenter sommairement l'OAPI, notamment sa composition, son fonctionnement et ses missions, il est utile de s'intéresser à son histoire.

Section 1. Historique

298. Accord de Libreville. Le 13 septembre 1962, douze pays d'Afrique francophone signent à Libreville un accord prévoyant une réglementation de la propriété industrielle. Ces pays étaient le Cameroun, le Congo, la Côte d'Ivoire, le Dahomey (actuellement Bénin), le Gabon, la Haute-Volta (devenue Burkina Faso), Madagascar, la Mauritanie, le Niger, la République Centrafricaine, le Sénégal et le Tchad. Ces douze pays créent alors l'Office Africain et Malgache de la Propriété Industrielle (OAMPI) et fixent son siège à Yaoundé au Cameroun. En 1967, le Togo décide d'adhérer à l'OAMPI, tandis que Madagascar se retire.

L'accord de Libreville comporte des annexes relatives aux brevets, aux marques et aux dessins et modèles. Mais ces dispositions vont s'avérer inadaptées.

Dès 1963, lors de la réunion de Brazzaville, l'idée d'une intégration régionale en matière de droit d'auteur voit le jour. En effet, l'une des recommandations de la réunion de Brazzaville était relative à la « possibilité de créer un office africain du droit d'auteur ». A partir de 1967, l'OAMPI s'étaient saisie de la question de la protection du droit d'auteur par un texte régional. Par ailleurs, la révision de l'accord de Libreville était à l'ordre du jour[4].

299. Accord de Bangui. Les travaux entrepris aboutissent à la signature, à Bangui, d'un nouvel accord le 2 mars 1977. Les pays signataires de l'accord de Bangui sont : le Bénin, le Burkina Faso, le Cameroun, le Congo, la côte d'ivoire, le Gabon, la Mauritanie, le Niger, la République Centrafricaine, le Sénégal, le Tchad et le Togo.

Ce nouvel accord prévoit désormais des dispositions relatives à la propriété littéraire et artistique. Ces dispositions font l'objet de l'annexe VII qui crée une loi commune pour la protection des œuvres de l'esprit et dont l'objectif est aussi d'harmoniser les dispositions existant déjà dans plusieurs pays (notamment au Sénégal). L'annexe VII de l'accord de Bangui a subi une forte influence de la loi française du 11 mars 1957 sur le droit d'auteur.

Les dispositions relatives au droit d'auteur sont complétées par quelques articles concernant la protection et la promotion du patrimoine culturel.

En raison du retrait de Madagascar et de l'extension du domaine du nouvel accord, l'OAMPI est devenue OAPI : Organisation Africaine de la Propriété Intellectuelle. La référence à Madagascar est supprimée (M) et les lettres P et I désignent désormais la propriété intellectuelle (et non plus la seule propriété industrielle).

Ce n'est que le 8 février 1982 que l'accord de Bangui entre en application, car ce n'est qu'à cette date que la condition posée par le texte a été remplie. En effet, l'accord de Bangui prévoit que le texte ne devient applicable qu'après ratification par les deux tiers des Etats signataires.

300. Révision de l'accord de Bangui. En 1999, l'accord de Bangui a fait l'objet d'une révision, notamment pour tenir compte de l'évolution internationale et mettre en conformité le texte africain avec l'accord sur les ADPIC (aspects de droit de propriété intellectuelle qui touchent au

---

[4] C.J. Kingué, *La protection du droit d'auteur dans les Etats membres de l'Organisation africaine de la propriété intellectuelle : Thèse Paris II*, 1985, pp. 18 et s.

commerce) et les traités de l'OMPI. L'accord du 2 mars 1977 a été remplacé par l'accord intervenu à Bangui le 24 février 1999.

Section 2. Fonctionnement

301. Trois organes. Les organes de l'OAPI sont le conseil d'administration, la commission supérieure des recours et la direction générale (V. art. 27 et s.).

275. Conseil d'Administration. Le Conseil d'Administration est composé des représentants des Etats membres à raison d'un représentant par Etat. Mais il est possible à tout Etat membre de confier au représentant d'un autre Etat membre sa représentation au conseil. Cependant aucun membre du conseil ne peut représenter plus de deux Etats (V. art.28.1 et 28.2). Les Etats associés ne peuvent être représentés au Conseil d'Administration de l'OAPI.

C'est le Conseil d'Administration qui arrête la politique générale de l'organisation et qui est chargé d'en réglementer et contrôler l'activité. A cet effet il approuve le rapport annuel sur les activités de l'organisation ou statue sur les demandes d'adhésion en qualité de membre ou d'admission en qualité d'associé (art.29). Le conseil se réunit en session ordinaire une fois par an. Des sessions extraordinaires peuvent être convoquées en tant que de besoin à la demande du tiers des membres ou à la demande du directeur général (art.31).

302. Commission supérieure des recours. La commission supérieure des recours est composée de membres choisis au tirage au sort sur une liste de représentants désignés par les Etats membres à raison d'un représentant par Etat (art.33.1). Cette commission intervient en matière de propriété industrielle. Il n'est donc pas nécessaire, dans le cadre du présent ouvrage, d'y consacrer plus de développements.

303. Direction générale.- Directeur général. Placée sous l'autorité d'un directeur général, *la direction générale* est chargée des tâches exécutives de l'organisation. Elle en assure la gestion quotidienne, exécute les directives du Conseil d'Administration ainsi que les tâches découlant des dispositions de l'accord et de ses annexes (art.34).

Le *directeur général*, plus haut fonctionnaire de l'organisation, la représente dans tous les actes de la vie civile. Il est responsable de la gestion de l'OAPI devant le Conseil d'Administration «auquel il rend compte et aux directives duquel il se conforme en ce qui concerne les affaires intérieures et extérieures de l'organisation» (art.35.2a et art.35.2.b de l'accord). C'est le directeur général qui prépare les projets de budget, de programme et de bilan d'activités ainsi que les rapports qu'il transmet aux Etats membres. C'est aussi le Directeur général qui «recrute, nomme, révoque et licencie le personnel de l'organisation excepté le personnel hors catégorie» (art.35.). Le directeur général prend part, sans droit de vote, aux sessions du Conseil d'administration. Il est secrétaire d'office desdites sessions (art.35.4)

304. Ressources financières. Les ressources financières de l'organisation sont constituées, notamment, des produits des taxes, des recettes en rémunération de services rendus (art.36.1). Il est également prévu une contribution exceptionnelle des Etats membres, et éventuellement des Etats associés, au cas où l'équilibre du budget l'exige.

Section 3. Etats Membres et Etats associés

305. Etats majoritairement francophones. Les Etats composant actuellement l'OAPI sont les douze signataires de l'accord de Bangui de 1977 cités plus haut auxquels il faut désormais ajouter le Mali, la Guinée (Conakry), la Guinée Bissau et la Guinée équatoriale.

On relèvera, en la déplorant, l'absence de pays anglophones et de pays d'Afrique du Nord. L'intégration régionale mérite d'être plus ambitieuse. L'élargissement de l'OAPI à un plus grand nombre de pays passe sans doute par une harmonisation de certaines dispositions. Elle passe aussi par une plus grande information sur les éléments qui rapprochent les différents Etats africains relativement à la protection des œuvres de l'esprit.

Les conditions et la procédure d'adhésion sont définies à l'article 22 de l'accord. La demande doit être adressée au conseil d'administration qui statue à la majorité des voix. Le partage des voix vaut rejet.

L'article 23 dispose que tout Etat non partie à l'accord peut devenir associé. Le Conseil d'Administration statue sur cette demande dans les mêmes formes que pour les demandes d'adhésion.

Section 4. Missions en matière de droit d'auteur

306. Missions explicites. La rédaction de l'accord de Bangui laisse apparaître que l'organisation est investie de certaines missions relatives à l'ensemble de la propriété intellectuelles, d'autres relatives au seul domaine de la propriété industrielle, et d'autres encore à la propriété littéraire et artistique.

Les missions relatives au seul domaine du droit d'auteur sont les suivantes : contribuer à la promotion du droit d'auteur « en tant qu'expression des valeurs culturelles et sociales », susciter la création d'organisme de gestion collective dans les Etats membres qui n'en auraient pas (nous pourrions ajouter « ou qui n'en auraient plus) et, aussi, de coordonner et de diffuser l'information relative au droit d'auteur[5].

Les autres missions relatives au droit d'auteur (et qui concernent également la propriété industrielle) sont la promotion du développement économique (notamment par une protection efficace du droit d'auteur) et la formation[6]. Concernant ce que l'on peut nommer, même si l'expression n'est pas très élégante, la mission formatrice de l'OAPI, un pas important a été franchi à la fin de l'année 2004 avec la création du centre de formation en propriété intellectuelle[7].

307. Missions implicites. En plus de ces missions, l'accord ajoute que l'OAPI est également chargée de réaliser toute autre mission, en liaison avec son objet, qui pourrait lui être confiée par les Etats membres[8]. Tel pourrait être le cas, par exemple, selon nous, du recensement et de la

---

[5] Accord de Bangui, art.3.b, 3.c et 3.d

[6] Accord de Bangui, art. 3.e et 3.f

[7] Le centre porte le nom de l'ancien directeur de l'organisation : Denis Ekani

[8] Accord de Bangui, art. 3.g

publication de la jurisprudence topique des Etats membres en matière de propriété intellectuelle. L'accord prévoit aussi la possibilité pour les Etats membres de confier à l'Organisation toute mission relative à l'application des lois de propriété intellectuelle[9].

On peut se demander si les lois visées par les textes sont, en fait, les textes régionaux d'application immédiate en droit interne ou si le législateur régional vise également les lois nationales. Quelle que soit l'interprétation qui peut être retenue sur ce point, on peut penser que l'Accord de Bangui permet ainsi aux Etats membres de prévoir, notamment, la possibilité de confier à un organe de l'OAPI la mission d'en interpréter les textes.

[9] Accord de Bangui, art. 20

Chapitre II

L'annexe VII de l'accord de Bangui

308. Propriété littéraire et artistique. L'accord de Bangui réglemente les brevets, les marques, les dessins et modèles, la concurrence déloyale, le nom commercial et le droit d'auteur ainsi que la protection et la promotion du patrimoine culturel. Dans le cadre du présent ouvrage, nous ne nous intéresserons qu'à l'annexe VII de l'accord consacrée à la protection du droit d'auteur et à la promotion et la protection du patrimoine culturel.

309. Régime commun. Le texte régional constitue, pour les Etats adhérents qui n'en auraient pas, la législation nationale sur le droit d'auteur, du moins jusqu'à l'adoption d'un texte national[1]. Néanmoins, en principe, chaque texte national est censé se conformer au texte régional. Le texte régional constitue un régime commun[2] devant faciliter l'harmonisation du droit d'auteur dans les Etats membres. Les Etats membres n'ayant pas l'obligation de transposer à l'identique le texte régional, il sera parfois nécessaire de se livrer à l'exercice, pas toujours aisé, de déterminer ce qui dans le texte n'est que directif de ce qui est impératif[3].

---

[1] V. C.-J. Kingué, *Thèse citée supra,* p.533 et s. (qui relève que malgré la vocation du texte régional à s'appliquer en l'absence de texte national, la tendance était plutôt à l'application du texte de l'ancienne métropole).

[2] Annexe VII, art.1

[3] V. sur ce point notre article : *A propos de la supranationalité de la législation de l'organisation africaine de la propriété intellectuelle (OAPI) sur le droit d'auteur : RDPI,* 2005, n°176, p.9

310. Droit d'auteur (*lato sensu*). – Promotion et protection du patrimoine culturel. La protection du droit d'auteur et des droits voisins fera l'objet d'un survol rapide afin d'en donner une vue générale, car de nombreux points ont fait l'objet de plus amples développements dans les précédents chapitres. La partie consacrée à la promotion du patrimoine culturel ne fera pas l'objet de plus de développements parce qu'elle déborde largement l'objet du présent ouvrage consacré très précisément au droit d'auteur (auquel est consacré le titre I de l'annexe VII de l'accord de Bangui).

311. Plan. Avant d'évoquer les règles matérielles du texte de l'OAPI sur la propriété littéraire et artistique, il convient d'envisager la question de la portée de ce texte, de sa supranationalité. Il sera donc question dans le présent chapitre de la supranationalité de l'annexe VII (section 1), puis des règles relatives d'une part au Droit d'auteur et aux droits voisins (Section 2) et d'autre part à la promotion et la protection du patrimoine culturel (Section 3). Enfin, une vue globale sur le droit d'auteur régional paraît s'imposer (Section 4)

Section 1. Supranationalité de l'annexe VII de l'accord de Bangui

312. Supériorité des conventions internationales. Aux termes de l'accord de Bangui, les dispositions de la convention de Berne (et de ses arrangements), de la convention universelle sur le droit d'auteur, de l'accord sur les droits de propriété intellectuelle qui touchent au commerce (ADPIC) et de convention de Rome sur les droits voisins[4] ont une valeur supérieure à celles de la législation de l'OAPI. Les nationaux des Etats de l'OAPI peuvent revendiquer l'application des dispositions de ces traités et conventions internationaux et les législations des Etats membres peuvent écarter certaines règles du texte régional qui seraient

[4] Liste à laquelle il faudra, sans doute, bientôt ajouter la convention relative aux droits des organismes de radiodiffusion *infra* n°369

contraires ou moins protectrices que celles de l'un de ces textes internationaux ayant une valeur supérieure.

C'est ce qui peut être aisément déduit des articles 3.2 et 17 de l'accord de Bangui qui disposent respectivement :

« Les nationaux peuvent revendiquer l'application à leur profit [...] des dispositions de la convention de Berne [...], de la convention universelle sur le droit d'auteur, de l'accord sur les aspects des droits de propriété intellectuelle qui touchent au commerce [...] dans tous les cas où ses dispositions sont plus favorables que celles du présent accord»

« En cas de divergence entre les dispositions contenues dans le présent accord ou dans ses annexes et les conventions internationales auxquelles les Etats membres sont parties, ces dernières prévalent ».

313. Minimum conventionnel. L'Annexe VII de l'accord de Bangui établi un minimum conventionnel auquel les Etats membres sont censés se conformer. Les Etats membres peuvent donc prévoir des règles plus protectrices. Non seulement l'ambition du législateur de Bangui n'est pas, en matière de droit d'auteur, d'uniformiser mais d'harmoniser ; de plus de nombreuses règles ne sont pas d'application immédiate (*self executing* diraient les anglo-saxons). L'application de plusieurs dispositions régionales suppose l'intervention inévitable du législateur ou du pouvoir exécutif national. Tel est le cas, entre autre, de la détermination de la part des redevances d'exploitation du folklore destinées à des fins culturelles et sociales (art. 59.3 de l'Annexe VII).

314. Absence de mécanisme de contrainte. Il n'existe pas dans le système OAPI un mécanisme permettant aux Etats membres de se conformer au minimum conventionnel édicté par le législateur régional. Il n'existe pas non plus de règle permettant d'obliger les Etats membres à transposer les règles du texte régional dans un délai raisonnable. Aucun organe de l'OAPI n'est investi d'une mission. Est également absent du système institutionnel de l'OAPI un organe ayant pour mission d'interpréter les dispositions régionales.

315. Absence de système juridictionnel régional en droit d'auteur. La plupart des organisations africaines tendant à l'intégration juridique du continent ou d'une sous-région du continent prévoient un système judiciaire ou, à tout le moins, une juridiction supranationale. C'est le cas par exemple de la Communauté économique des Etats d'Afrique centrale.

L'exemple le plus important semble être celui de la Cour commune de justice et d'arbitrage de l'OHADA (Organisation pour l'harmonisation en Afrique du droit des affaires). Cette juridiction est une cour suprême particulière car elle juge en droit mais elle juge également au fond. Dans le système juridictionnel OHADA, les juridictions nationales connaissent des litiges avant la juridiction régionale qui intervient comme juridiction suprême. Cette juridiction interprète les dispositions régionales aussi bien dans le cadre d'un contentieux qu'en émettant des avis.

La législation de l'OAPI ne prévoit, au niveau régional, qu'une juridiction administrative : la Commission supérieure des recours citée plus haut. Cette juridiction n'intervient qu'en matière de propriété industrielle. En matière de droit d'auteur le contentieux relève, selon la législation régionale, des juridictions nationales[5].Il n'existe pas dans le système OAPI de juridiction supranationale ayant par exemple pour attribution l'interprétation de la législation régionale. A défaut d'un système juridictionnel aussi élaboré que celui de l'OHADA, on peut souhaiter dans le cadre de l'OAPI, au moins comme première étape, une juridiction pouvant être saisie pour résoudre des questions préjudicielles[6]. Les juridictions nationales saisies se conformeraient alors à l'interprétation supranationale de la règle régionale.

316. Reconnaissance des décisions nationales dans l'espace OAPI. A défaut de juridiction supranationale, l'accord de Bangui prévoit, à l'article 18, que les décisions des juridictions nationales ont une portée régionales (dans l'espace OAPI), sauf si elles portent atteinte à l'ordre public et aux bonnes mœurs. Même si ce texte mentionne le mot « titre » (qui évoque plutôt la propriété industrielle), il prévoit son applicabilité à toutes les matières régies par la législation de l'OAPI et donc, aussi, au droit

---

[5] V. notamment art. 62 et s. Annexe VII

[6] Sur la nécessité et l'intérêt d'une juridiction régionale, v. C.-J. Kingué, *La protection du droit d'auteur dans les Etats membres de l'Organisation africaine de la propriété intellectuelle*, Thèse, Université de Paris II, 1985, p. 44. – L. Y. Ngombé, *Le droit d'auteur dans les Etats membres de l'Organisation africaine de la propriété intellectuelle (OAPI) : une harmonisation inachevée ?, e-Bulletin du droit d'auteur,* janvier-mars 2005, p. 9.- S. Ngo Mbem, *Les enjeux de la protection des dessins et modèles dans le développement en Afrique : le cas des pays membres de l'OAPI, Thèse Strasbourg IIII,* 2007, pp. 30 et s.- P. Edou Edou *Les incidences de l'Accord ADPIC sur la protection de la propriété industrielle au sein de l'Organisation africaine de la propriété intellectuelle (OAPI)* : *Thèse Strasbourg III* p. 65

d'auteur. On peut considérer que concernant le droit d'auteur l'article 18 de l'accord de Bangui s'interprète comme se référant aux décisions de justice relatives à l'existence du droit (éligibilité à la protection et titularité).

Le texte vise précisément les Annexes I à X. Ce qui inclut donc l'Annexe VII relative au droit d'auteur. En réalité cet article n'est pas sans poser de difficulté. En effet, en matière de propriété industrielle (notamment de Brevet et de marque) l'OAPI a prévu une législation uniforme. Les règles relatives à la validité d'un titre sont donc les mêmes d'un Etat membre à l'autre, puisque les Annexes visées par l'article 18 s'appliquent dans tous les Etats membres. L'application de l'article 18 est, dans ce cas, plutôt facile.

En revanche, en droit d'auteur chaque Etat a son texte (supposé se conformer au minimum conventionnel de l'OAPI). Or, le texte régional vise non pas les lois nationales, mais l'Annexe VII (relative à la propriété littéraire et artistique). Il nous paraît cependant possible de considérer que le texte régional vise implicitement les lois nationales conformes au texte régional. Il existe deux interprétations possibles de la portée de l'article 18 de l'accord de Bangui. On peut penser, au moins, qu'une décision ayant acquis autorité de la chose jugée dans un Etat membre ne peut être remise en cause dans un autre Etat de l'espace OAPI. On peut aussi, deuxième interprétation, considérer qu'une telle décision pourra être exécutée dans n'importe quel Etat membre sans exequatur[7].

Section 2. Protection du droit d'auteur et des droits voisins

317. Aperçu. Le titre Premier de l'Annexe VII est relatif à la protection du droit d'auteur. Dès la première version (adoptée en 1977), l'empreinte du droit français est très présente. L'accord révisé reste influencé par le droit français, malgré quelques changements concernant, notamment, la titularité des droits. L'accord prévoit également une mise en conformité

---

[7] V. privilégiant la seconde interprétation, J. Issa-Sayegh, *L'intégration juridique des Etats africains dans la zone franc (2ème partie) : Penant* 1997, p.125 et s., à la p. 133, n°94

avec les récents instruments internationaux. Aussi l'annexe VII emprunte-t-il certaines règles à ces textes internationaux.

318. Objet de la protection. Concernant les œuvres protégées, l'article 4 prévoit la protection de «toute œuvre originale de l'esprit». La fixation matérielle de l'œuvre n'est pas requise. La protection est indépendante du mode ou de la forme d'expression (art.5.2 de l'annexe VII).

Figurent, parmi les œuvres citées dans l'annexe VII de l'accord de Bangui, entre autres, les œuvres littéraires auxquelles sont assimilées les programmes d'ordinateurs, les œuvres audiovisuelles, musicales ainsi que les œuvres du folklore. Les œuvres du folklore sont protégées par les dispositions sur le droit d'auteur (Titre I de l'Annexe) et par les dispositions sur la protection et la promotion du patrimoine (Titre II de l'Annexe).

319. Titularité des droits. Quant à la titularité des droits, ce sont plutôt les règles inspirées du droit français qui s'appliquent. On notera cependant un changement majeur avec la révision de 1999. Contrairement aux dispositions déjà adoptées par certains Etats membres de l'OAPI, l'annexe VII prévoit désormais qu'en cas de création dans le cadre d'un contrat de travail ou d'un contrat de commande, les droits patrimoniaux sur cette œuvre sont considérés comme transférés à l'employeur ou à la personne qui a commandé l'œuvre (art.31).

Il convient de relever que les attributs moraux du droit conférés à l'auteur ne sont pas visés par cette «présomption de cession». Ce qui permet, d'une certaine manière, de rester fidèle à l'esprit de la conception française qui a inspiré le texte (du moins en 1977). Le texte de 1977 disposait à l'article 2, alinéa 2 : « l'existence ou la conclusion d'un contrat de louage d'ouvrage ou de service par l'auteur d'une œuvre de l'esprit n'emporte aucune dérogation à la jouissance [de son droit de propriété incorporelle]». Pour le cas particulier des œuvres audiovisuelles, le principe est celui selon lequel ses titulaires initiaux sont les créateurs intellectuels.

Toutefois pour tenir compte de la pluralité d'intervenants, il est prévu une liste (non exhaustive) de créateurs présumés. La solution est inspirée par le modèle français[8]. Par ailleurs l'article 30 du nouveau texte dispose : «le premier titulaire des droits moraux et patrimoniaux sur une œuvre collective est la personne physique ou morale à l'initiative de laquelle l'œuvre a été créée et qui la publie sous son nom».

320. Titulaires de droits voisins. Le texte prévoit aussi la protection des droits voisins dont sont titulaires les producteurs de phonogrammes et/ou vidéogrammes, les artistes-interprètes et exécutants ainsi que les organismes de radiodiffusion.

321. Droits conférés. – droits moraux. L'accord de Bangui reconnaît aux auteurs des *droits moraux.* Les droits moraux sont perpétuels et inaliénables et consistent dans le «droit de revendiquer la paternité de son œuvre», le «droit de rester anonyme ou d'utiliser un pseudonyme», le «droit de s'opposer à toute [...] modification de l'œuvre [ou] à toute autre atteinte qui serait préjudiciable à [l]'honneur ou à [la] réputation [de l'auteur]» (art.8.1) et le droit de divulgation (art.8.2). Concernant les caractères du droit moral, nous avions déjà proposé[9] qu'au niveau des Etats de l'OAPI (puis dans l'ensemble des Etats africains), le droit moral et le droit pécuniaire soient protégés (au profit de l'auteur) pendant une durée identique et qu'ensuite le droit moral soit exercé par l'organisme chargé de la défense et de la promotion du patrimoine culturel national. Il est par ailleurs heureux qu'au niveau régional soit reconnu l'inaliénabilité du droit moral. Une évolution de l'ensemble des textes africains vers une telle approche nous paraît souhaitable.

322. Droits conférés. – Droits patrimoniaux. Les articles 9 et 10 énumèrent quelques droits patrimoniaux. L'article 9 pose d'abord le principe, au profit de l'auteur, du droit exclusif d'exploiter son œuvre sous quelque forme que ce soit et d'en tirer un profit pécuniaire. Puis sont cités parmi les droits patrimoniaux : le droit de reproduction, le droit de traduction, le droit d'adaptation et de transformation, le droit de distribution au public par vente, par location ou tout autre transfert, le

---

[8] Pour une lecture critique des dispositions relatives aux œuvres audiovisuelles dans l'espace OAPI, L. Y. Ngombé, *L'œuvre audiovisuelle dans les Etats de l'organisation africaine de la propriété intellectuelle (OAPI) : CPI* Vol. 17, n°2, 2005, p.337

[9] V. notre article : *Propriétés artistiques et acculturation juridique. Réflexions sur la réception du Droit d'auteur et du Copyright en Afrique : RRJ,* 2002-4, pp.2011 et s, spéc. 2020-2023

droit de représentation, la communication par radiodiffusion ou par télédiffusion, la communication au public par câble ou par tout autre moyen. L'article 10 enfin prévoit pour les auteurs d'œuvres graphiques et plastiques ainsi que pour les auteurs de manuscrits le droit de suite. Le droit de suite n'est cependant pas applicable pour les œuvres d'architecture et les œuvres d'arts appliqués.

323. Droits patrimoniaux. – Durée. La durée de protection des droits patrimoniaux s'étend en principe jusqu'à soixante-dix ans après la mort de l'auteur (art.22). Elle est de soixante-dix ans après la réalisation de l'œuvre pour les créations audiovisuelles, de soixante-dix ans après leur publication pour les œuvres collectives, de vingt-cinq ans à compter de leur réalisation pour les œuvres d'arts appliqués (V. art 25 et 26). Quant aux droits voisins, leur durée de protection est de cinquante ans à compter de l'exécution, de la réalisation ou de la publication de l'interprétation ou du phonogramme.

324. Limitations. Reconnaissant ces droits, le texte africain prévoit, comme tous les textes nationaux et internationaux, des «limitations». Ainsi est prévue la libre reproduction à des fins privées (art.11) à condition, notamment, qu'il ne s'agisse pas d'une reproduction «qui porterait atteinte à l'exploitation normale de l'œuvre ou causerait un préjudice injustifié aux intérêts légitimes de l'auteur». La formule est empruntée à la Convention de Berne (art. 9.2)[10] et figure dans l'accord sur les ADPIC et dans les traités OMPI Elle est connue sous l'appellation de triple test.

Figure également au nombre des exceptions : la libre reproduction revêtant la forme de citation. La libre reproduction sous forme de citation suppose aussi le respect de certaines conditions, à savoir l'indication de la source et du nom de l'auteur (si la source indique ce nom), la conformité aux bons usages et que l'ampleur ne dépasse pas celle justifiée par le but à atteindre (art.12). Le texte africain ne fait pas mention du caractère scientifique, polémique et d'information de la citation que l'on trouve en droit français (art.L.122-5 3°a. du code de la propriété intellectuelle). Ce

[10] « Est réservée aux législations des pays de l'Union la faculté de permettre la reproduction desdites œuvres dans certains cas spéciaux, pourvu qu'une telle reproduction ne porte pas atteinte à l'exploitation normale de l'œuvre ni ne cause un préjudice injustifié aux intérêts légitimes de l'auteur ».

qui devrait faciliter l'application de la notion à toutes les catégories d'œuvres et notamment aux œuvres musicales (catégorie d'œuvres largement diffusées en Afrique).

Sont encore prévues : la libre utilisation pour l'enseignement (art.13), la libre reproduction au moyen de la reprographie par les bibliothèques et les services d'archives notamment pour la réalisation d'un exemplaire de remplacement pour les cas de perte ou de détérioration éventuelle d'un exemplaire (art.14), la libre reproduction à des fins judiciaires (art.15) et la libre utilisation à des fins d'information (art.16). L'article 17 prévoit la libre utilisation d'images situées en permanence dans un lieu public, sauf si l'œuvre est le sujet principal d'une telle reproduction, radiodiffusion ou communication et si elle est utilisée à des fins commerciales. La rédaction du texte permet de supposer qu'une reproduction, par exemple, dans laquelle l'image de l'œuvre est le sujet principal sera libre si ladite reproduction n'a aucune finalité commerciale. L'article 18 prévoit, au nombre des limitations au droit d'auteur, les copies de sauvegarde des logiciels.

Section 3. Protection du patrimoine culturel

325. Productions humaines matérielles ou immatérielles. Le titre II de l'annexe VII de l'accord de Bangui est consacré à la protection et la promotion du patrimoine culturel. L'article 67 définit le patrimoine culturel comme l'ensemble des «productions humaines matérielles ou immatérielles caractéristiques d'un peuple dans le temps et dans l'espace».

326. Folklore, ensembles et sites. Ce patrimoine est composé du folklore, de sites et monuments et d'ensembles. Le folklore étant également protégé au titre du droit d'auteur il est intéressant d'en citer la définition et les éléments constitutifs mentionnés par l'accord de Bangui. Des dispositions sont consacrées à l'inventaire, le classement et la mise en sécurité des éléments constitutifs du patrimoine (art.72). Aux termes de l'article 97, «il est institué dans chaque Etat membre, une commission supérieure du patrimoine culturel. Cette commission est consultée sur toute question concernant la sauvegarde et la promotion du patrimoine culturel».

327. Folklore. Le folklore est défini comme l'ensemble des productions littéraires, artistiques, religieuses, scientifiques, technologiques et autres des communautés transmises de générations en générations. Il s'agit notamment des : productions littéraires de tout genre et toutes catégories orales ou écrites, légendes, gestes, mythes, devinettes, styles et productions artistiques, productions d'art plastique et décoratif de tout procédé, traditions et manifestations religieuses, traditions éducatives, connaissances et œuvres scientifiques, techniques de la chasse et de la pêche, etc. Cette définition inclut des expressions du folklore qui sont des œuvres de l'esprit au sens du droit d'auteur et qui relèvent aussi du titre I de l'accord de Bangui (et d'une manière générale des dispositions nationales sur le droit d'auteur sur les œuvres du folklore). Mais le folklore ainsi défini nous paraît également comprendre un ensemble d'expressions qui ne relèvent que du titre II de l'accord (et, éventuellement, des dispositions nationales spéciales sur la protection du patrimoine).

328. Droit au patrimoine culturel. Le texte reconnaît au citoyen de tout Etat (partie à l'accord) un droit au patrimoine culturel. Ce droit suppose l'accès aux valeurs du patrimoine et le droit pour les artisans, artistes et autres créateurs à l'aide et à l'encouragement (art.94). On peut rattacher cette disposition de la législation de l'OAPI au droit au développement culturel prévu par l'article 22 de la Charte africaine des droits de l'homme et des peuples et à l'accès à la culture prévue par l'article 4 de la Charte de la renaissance culturelle africaine de 2006.

329. Sanctions. Sont également prévues des « pénalités pour infraction à la protection des biens culturels » (art.96). Ces pénalités sont une amende et/ou une peine d'emprisonnement (dont le quantum relève de la compétence des législateurs nationaux) ainsi que des dommages intérêts.

Section 4. Appréciation globale

330. Intérêt et possibilité d'une autre approche de l'intégration en matière de droit d'auteur en Afrique. Il serait souhaitable qu'un organisme régional unique ait compétence sur les questions relatives à la propriété intellectuelle. Un premier pas vers une harmonisation plus ambitieuse aurait été l'adhésion à l'OAPI des Etats anglophones pour les questions relatives à la propriété littéraire et artistique. Cette adhésion était aisément envisageable tant que l'ARIPO n'incluait pas dans son domaine de compétence le droit d'auteur. L'étape suivante aurait consisté à envisager une fusion de l'OAPI et de l'ARIPO. Le projet aurait été ambitieux mais son utilité aurait justifié qu'on s'y intéresse. L'ARIPO va dans un avenir plus ou moins proche légiférer sur le droit d'auteur. Ainsi en a décidé son conseil des ministres. Ce qui aura pour conséquence d'attirer les Etats anglophones vers l'ARIPO y compris lorsqu'ils seront plutôt intéressés par les questions de droit d'auteur. Pour autant l'idée d'une institution régionale unique conserve tout son intérêt[11].

Il demeure, en effet, possible d'envisager, sous réserve que soient levés les obstacles, financiers notamment, une organisation régionale unique pour la propriété intellectuelle dans son ensemble. Et à côté de cet organisme régional, des organismes ou des délégations sous-régionaux. Mais dans ce cas, il serait souhaitable d'éviter la répartition par langues et de privilégier une répartition géographique. Ainsi il pourrait y avoir un office de la propriété intellectuelle pour l'Afrique Centrale, un autre pour l'Afrique de l'ouest, etc. L'office pour l'Afrique de l'ouest inclurait aussi bien un Etat francophone comme la Côte d'ivoire qu'un Etat anglophone comme le Ghana. Il est souhaitable que l'obstacle de la langue ne soit pas un frein à l'intégration régionale en matière de droit d'auteur et, plus généralement, de propriété intellectuelle. On trouve déjà en Afrique des exemples d'organisations (en plus de l'Union Africaine) réunissant des Etats sur un critère autre que linguistique. Tel est le cas de la SADC (Communauté de développement d'Afrique australe) qui regroupe aussi bien des Etats francophones comme la RDC ou Madagascar que des Etats anglophones comme l'Afrique du Sud ou la Namibie ou même un Etat lusophone comme le Mozambique.

On ne peut que déplorer cette séparation entre Etats francophones et Etats anglophones. Et, sur ce point, il est intéressant de regarder l'exemple européen et de relever que les langues officielles des Etats européens membres de l'UE sont plus nombreuses que les langues officielles africaines. Nous ne contestons cependant pas que la réunion entre Etats ayant une langue commune puisse être une première étape (et

---

[11] V. par exemple E. S. Nwauche., *An Evaluation of the African Regional Intellectual Property Systems: JWIP*, Vol. 6, n°1, Janv. 2003, p. 101

parfois même une étape nécessaire) sur le chemin d'une harmonisation plus large[12].

Une harmonisation plus ambitieuse n'est certes pas pour l'instant envisageable. Néanmoins, à défaut d'y aboutir à moyen terme, il est souhaitable d'ouvrir le débat et de commencer à en jeter les bases. On a vu que de nombreuses questions, notamment celle de la protection du folklore, nécessitent une plus grande concertation entre les Etats africains. Ces questions et problèmes communs sont un prétexte à saisir pour s'engager dans une voie qui contribuera à l'efficacité de la protection des œuvres de l'esprit en Afrique.

331. Partenariat OAPI/ARIPO. A ce jour il existe déjà des accords entre l'ARIPO et l'OAPI. L'ARIPO a été représentée (tout comme l'OAPI) à la dernière *Consultation Régionale* organisée par l'OMPI et l'UNESCO sur la protection du folklore en Afrique. On peut aussi relever la volonté d'élargissement affichée par l'ARIPO lors de la révision de l'accord de Lusaka et le fait que l'OAPI accueille désormais en son sein deux Etats non francophones.

332. Organisation panafricaine de la propriété intellectuelle. Il convient aussi de signaler que des réflexions sont actuellement en cours concernant la création d'une future organisation panafricaine de la propriété intellectuelle.

---

[12] Pour plus de détails concernant le champ de l'harmonisation, V. sur ce point L. Y. Ngombé, *Le droit d'auteur dans les Etats membres de l'organisation africaine de la propriété intellectuelle. Une harmonisation inachevée ? : e. Bull. dr. auteur,* Janv.-Mars 2005

TITRE VIII

ASPECTS INTERNATIONAUX

333. Droit international privé. Les œuvres de l'esprit sont destinées à une diffusion planétaire. D'où la dimension internationale du droit de la propriété littéraire et artistique. Pourtant dans la majorité des pays s'applique le principe de la territorialité des lois. Aussi faut-il en principe avoir recours aux règles de droit international privé pour résoudre d'éventuels conflits. Les règles applicables varient en principe d'un Etat à l'autre.[1].

D'une manière générale se poseront les questions de la condition des étrangers, de la loi applicable, de la juridiction compétente et de

[1] Sur le droit international privé dans l'espace OAPI, v. L. Y. Ngombé, *Mise en œuvre du droit d'auteur dans les Etats membres de l'organisation africaine de la propriété intellectuelle (OAPI) et questions de droit international privé : JDI,* n°2, 2006, p.563

l'application d'une décision de justice prononcée à l'étranger. Les réponses à ces questions peuvent être recherchées dans les lois sur le droit d'auteur, dans les textes de droit processuel ou, éventuellement dans les codes de droit international privé[2]. Dans de nombreux Etats africains, du moins en droit d'auteur, les lois sont lacunaires sur ces questions et la jurisprudence encore inexistante et par, conséquent, le droit pas encore fixé. Il est possible, néanmoins, de présenter aussi bien un bref exposé théorique qu'un essai de synthèse des règles existantes ou envisageables.

334. Conventions internationales. L'ubiquité des œuvres de l'esprit a conduit, depuis longtemps, de très nombreux Etats à adopter des conventions internationales. Ces conventions sont relatives aussi bien au droit d'auteur qu'aux droits voisins. De nombreux Etats africains sont ainsi partie à la Convention de Berne, à la Convention Universelle, à la Convention de Rome sur la protection des artistes-interprètes, des producteurs de phonogrammes et des organismes de radiodiffusion encore appelée Convention de Rome sur les droits voisins, la Convention de Genève (dite Convention phonogramme), l'accord de Marrakech (Accord ADPIC). Quant aux traités de l'OMPI (traité sur le droit d'auteur et traité sur les interprétations et exécutions et les phonogrammes, souvent cités sous leurs abréviations anglaises (respectivement WCT et WPPT) adoptés à Genève le 20 décembre 1996, les pays africains y adhèrent progressivement[3].

335. Plan. Après un bref essai de présentation des règles de droit international privé du droit d'auteur (et des droits voisins) en Afrique (Chapitre I), puis un aperçu des conventions internationales (Chapitre II), une petite analyse sur le cas particulier de l'Afrique semble s'imposer. Sur ce point deux questions se posent : celle du rôle de l'Afrique dans l'évolution du droit d'auteur international (Chapitre III) et celle de la compatibilité des règles internationales avec les intérêts africains (Chapitre IV). Enfin, l'évocation des aspects internationaux du droit de la propriété littéraire et artistique en Afrique ne saurait passer sous silence les aides internationales dans ce domaine. (Chapitre V)

---

[2] En Tunisie par exemple, un code de droit international privé a été adopté en 1998

[3] On peut trouver la liste de ces Etats en consultant, sur le site de l'Organisation mondiale de la propriété intellectuelle, la liste des Etats contractants, régulièrement mise à jour.

Chapitre I

Eléments de droit international privé de la propriété littéraire et artistique en Afrique

336. Conditions des étrangers. Règles de conflit. Les difficultés que posent les questions juridiques pouvant relever de plusieurs ordres de juridictions se résolvent de deux manières. Soit, première possibilité, par des règles matérielles applicables à l'ensemble des pays concernés comme c'est le cas avec les actes uniformes de l'organisation pour l'harmonisation en Afrique du droit des affaires (OHADA) ou des textes de l'OAPI sur les brevets et les marques par exemple. Soit, deuxième possibilité, par la méthode conflictuelle permettant la désignation de la loi applicable selon un ou plusieurs critères de rattachement. La question de la désignation de la loi applicable doit être distinguée de celle dite de la « condition des étrangers »[1]. Les règles de conflits ne se limitent pas à la désignation de la loi applicable. Elles peuvent aussi être relatives à la désignation de la juridiction compétente. Malgré une confusion parfois constatée en jurisprudence[2], les deux questions sont différentes.

En matière de propriété littéraire et artistique, la recherche d'une loi nationale applicable va souvent s'avérer nécessaire, car il existe des

---

[1] Pour une vue d'ensemble, V. notamment, P. Meyer, *Droit international privé Burkinabé et comparé,* cité *supra.*- M. Issad, *Droit international privé. Tome I : Les règles de conflit,* Publisud, 1986

[2] CA Tchad, 27 novembre 1970 : *Penant* 1971, p.398 qui pose le principe de l'incompétence des tribunaux tchadiens dans les litiges entre étrangers

différences, dans ce domaine, d'un Etat africain à l'autre, y compris parmi les Etats membres d'une organisation telle que l'OAPI[3].

337. Plan. Il convient alors d'évoquer successivement les questions du conflit de juridictions, de la condition des étrangers et de la loi applicable.

Section 1. Les conflits de juridiction

338. Deux questions. – Juridiction compétente. –Application des décisions des juridictions étrangères. Deux questions sont ici regroupées. D'une part celle de la désignation de la juridiction compétente et, d'autre part, celle de la reconnaissance et de l'application des décisions de justice étrangères.

Les réponses se trouvent en général dans des textes nationaux de droit commun. On les trouve néanmoins aussi dans certaines dispositions de droit international privé. Plus rarement on les trouve dans des dispositions relatives précisément à la propriété intellectuelle. Dans l'espace OAPI, une règle relative à l'exécution des jugements étrangers peut trouver à s'appliquer en matière de droit d'auteur.

339. Extension des règles de compétence interne. Dans une majorité d'Etat africains il n'existe pas de règles de droit international privé dans ce domaine, et c'est parmi les règles de droit interne qu'il faut aller chercher les réponses[4]. Ce sont donc principalement les codes de procédure civile et les codes de travail qu'il conviendra de compulser. Certains textes posent même le principe de l'extension des règles internes de compétence à l'ordre international. On trouve, par exemple, une telle règle, dans le Code des personnes et de la famille burkinabé (art. 988). En côte d'Ivoire, la jurisprudence a eu l'occasion d'appliquer les règles internes de procédure à des litiges d'ordre international[5].

---

[3] Sur ce point, L. Y. Ngombé, *Mise en œuvre du droit d'auteur dans les Etats membres de l'organisation africaine de la propriété intellectuelle (OAPI) et questions de droit international privé : JDI,* n°2, 2006, p.563

[4] V. P. Meyer, *Droit international privé Burkinabé et comparé,* Namur, éditions André Boland, 1993, n°149 et s.

[5] CA Abidjan, 20 janv. 1978, UAP c/ Compagnie Maritime des Chargeurs réunis: *Revue Ivoirienne de dr.* 1979-1980, n°1-2, p.39. obs. Veaux ; *JDI* 1991, p.1031, obs. L. Idot

340. Compétence de la juridiction du domicile du défendeur. Le principe communément admis est celui selon lequel la juridiction compétente est celle du domicile du défendeur. En vertu de ce principe, la victime a la possibilité d'attraire le contrefacteur devant le juge du ressort du lieu de résidence de l'auteur du fait dommageable. Lorsqu'il existe plusieurs auteurs du délit, la victime pourra choisir l'une quelconque des juridictions de l'un des domiciles des défendeurs. A défaut de domicile, c'est la juridiction du lieu de résidence ou du dernier domicile connu qui peut être saisie. Lorsque le défendeur est une personne morale, c'est la juridiction du lieu de son siège social (ou d'une succursale) qui est compétente. On trouve la règle dans quasiment tous les codes de procédure civile des Etats africains. Appliquée à un litige portant sur un contrat, elle suppose la possibilité pour la partie plaignante de saisir la juridiction du domicile de son cocontractant défaillant. Dans ce cas, si le contrat porte une élection de domicile, c'est le domicile élu qui est pris en compte. Ce que semble clairement exprimé certains textes africains[6].

341. Autres règles de compétence. En plus de la juridiction du domicile du défendeur, le demandeur a la possibilité de saisir d'autres juridictions. Il est généralement distingué entre la juridiction compétente en matière extra-contractuelle et celle compétente en matière contractuelle.

En matière extra-contractuelle, la juridiction compétente est généralement celle du « lieu où le fait dommageable s'est produit »[7]. Dans l'ordre international (notamment sur l'Internet), le lieu du fait dommageable peut être différent du lieu où le dommage est subi. Il semble que la compétence du juge du lieu où est subi le dommage puisse aussi être admise. La règle est en tout cas juste et souhaitable. Le code de droit international privé tunisien porte cette précision en disposant que le juge tunisien est compétent si le fait générateur ou le préjudice est survenu en Tunisie[8].

En matière contractuelle, le principe est celui de la juridiction choisie par les parties, lorsque ce choix contractuel n'est pas contraire à la loi. En l'absence d'un tel choix par les parties, il est parfois prévu que le

---

[6] Notamment Code de procédure civile algérien, art.9, Code de procédure civile et commerciale congolais, art. 2

[7] V. par exemple Congo, art.2, Mali, art. 28

[8] art. 5.1. CDIP (Tunisie)

demandeur a le droit de saisir la juridiction du lieu de conclusion ou d'exécution du contrat.

342. Disposition particulière sur la propriété intellectuelle. Le texte tunisien comporte, en ce qui concerne les règles de compétence internationale, une disposition spécifique aux litiges portant sur la propriété intellectuelle. Aux termes de l'article 5.4. du Code de droit international privé, le juge tunisien est compétent si la protection de la propriété intellectuelle est réclamée en Tunisie.

343. Reconnaissance et exécution des jugements étrangers. Dans l'ensemble des Etats africains, il est prévu le principe selon lequel les décisions étrangères peuvent faire l'objet d'une exécution après le respect par le demandeur de la procédure d'*exequatur*[9]. Entre autres conditions, il ne faut pas que la décision rendue par la juridiction étrangère soit contraire à l'ordre public de l'Etat dans lequel l'exécution est demandée.

344. Accord de Bangui. - OAPI. Dans les Etats de l'Organisation africaine de la propriété intellectuelle (OAPI), l'article 18 de l'accord de Bangui dispose que les décisions judiciaires définitives rendues dans les Etats membres sur la validité des titres, en application des dispositions des annexes, font autorité dans tous les Etats. Ce qui signifie, au moins, qu'une juridiction d'un Etat membre ne peut remettre en cause une décision définitive d'une juridiction d'un autre Etat membre qui s'est prononcée sur la validité d'un titre. La règle peut signifier aussi, par extension, sans doute, qu'une décision définitive rendue dans un Etat membre est applicable sans *exequatur* dans un autre Etat membre[10].

La règle vise sans ambiguïté les droits de propriété industrielle. En effet, d'une part ces droits sont constatés par des titres et d'autre part les annexes relatives aux propriétés industrielles constituent des lois uniformes. En revanche, on peut s'interroger concernant la propriété littéraire et artistique. D'abord parce que la législation de l'OAPI sur le

---

[9] V. par exemple, sur l'exequatur en RDC, J. De Burlet, *Précis de droit international privé congolais,* Kinshasa, Université Lovanium, Bruxelles, éd. Ferdinand Larcier, 1971, n°392 et s.

[10] En ce sens, J. Issa Sayegh, *L'intégration juridique des Etats africains dans la zone franc : Penant* 1997, p. 5 et s. et p. 125 et s., à la p. 133 (n°94)). – V. également notre article *Mise en œuvre du droit d'auteur dans les Etats membres de l'organisation africaine de la propriété intellectuelle et questions de droit international privé* cité *supra*, p. 568 (n°12)

droit d'auteur ne constitue qu'un minimum conventionnel, les textes applicables étant des textes nationaux, différents d'un Etat à l'autre. Ensuite, l'évocation d'un titre renvoie à la seule propriété industrielle.

Pour autant, l'article 18 de l'accord de Bangui visant toutes les annexes, il est permis de penser qu'il s'applique également à la propriété littéraire et artistique. Ce qui suppose cependant que la loi appliquée par la juridiction étrangère soit conforme à l'annexe VII de l'accord de Bangui. La « validité d'un titre » visée par l'annexe peut, en matière de droit d'auteur, être interprétée comme l'ensemble des règles relatives à l'existence du droit d'auteur (éligibilité à la protection et titularité).

Section 2. La condition des étrangers

345. Réciprocité. Traditionnellement, les lois sur le droit d'auteur prévoient, sous réserve d'application des traités internationaux, que tout ressortissant étranger bénéficie des mêmes droits que les nationaux, dans la mesure où l'Etat dont est ressortissant ledit étranger reconnaît les mêmes droits aux nationaux. On trouve cette règle par exemple dans la loi ivoirienne (art.4) ou la loi malienne (art.149). Certains textes, suivant en cela l'exemple français, prévoient que la réciprocité n'est pas exigée concernant la protection du droit à la paternité et du droit à l'intégrité[11]. Même lorsque la règle de la réciprocité n'est pas mentionnée, elle peut être prévue par le droit commun (généralement dans le code civil) et avoir vocation à s'appliquer dans les cas, désormais rares, où une convention internationale ne sera pas applicable.

346. Conventions et traités internationaux. La majorité des textes récents prévoient que les auteurs étrangers bénéficient de la protection qu'ils accordent, en vertu des traités et conventions qui lient l'Etat ayant édicté le texte à l'Etat dont est ressortissant l'auteur étranger. De nombreux textes visent d'une manière générale les Conventions internationales[12]. Parfois ces conventions peuvent être mentionnées avec précision. On relèvera le cas particulier du texte égyptien qui accorde les mêmes droits que les nationaux, non pas aux ressortissants des Etats de l'Union de

[11] V. par exemple, LDA – Mali, art. 149

[12] V. Par exemple, LDA – Burkina Faso, art. 2; LDA – Niger, art. 2. iv

Berne ou des Etats signataires des conventions sur le droit d'auteur ou les droits voisins, mais aux ressortissants des Etats membres de l'organisation mondiale du commerce (OMC)[13].

Dans tous les cas, au moins dans les Etats ayant adhéré à la convention de Berne ou à la Convention Universelle[14], lorsque l'auteur étranger publie son œuvre pour la première dans un Etat de l'union de Berne (ou simultanément hors de l'union de Berne et dans un Etat de cette Union), son œuvre est protégée comme les œuvres des nationaux de cet Etat de l'Union de Berne. De même, les ressortissants étrangers résidant dans un Etat bénéficient généralement des mêmes droits que les nationaux[15].

Section 3. La désignation de la loi applicable

347. Solutions tirées de l'interprétation de la convention de Berne. Pour les litiges dans lesquels la convention de Berne a vocation à s'appliquer, la consultation de ses règles de droit international privé sera nécessaire. Même en dehors d'une telle hypothèse, à défaut de solutions de droit national claires, les règles permettant de résoudre les conflits de loi en matière de droit d'auteur peuvent être inspirées d'une interprétation de la convention de Berne. Cette convention, à la vérité, comme l'a remarqué une spécialiste, n'a sur la question « qu'une approche empirique et fragmentaire »[16]. La convention précise en effet des critères de rattachement pour des questions précises et ne semble pas, du moins de manière évidente, prévoir un principe général. Les spécialistes du droit international de la propriété intellectuelle s'accordent plus ou moins sur la portée générale de l'une des dispositions de la convention en matière de droit d'auteur.

La doctrine tente de tirer de l'article 5.2 de la Convention de Berne la règle principale de conflit en matière de droit d'auteur. L'article

---

[13] LDA – Egypte, art 139.- Sur la condition des étrangers en droit d'auteur égyptien, I.A. Ibrahim, *L'évolution de la condition des auteurs étrangers en Egypte*, in *Mélanges Victor Nabhan, CPI Hors série* éd. Yvon Blais, 2004, p.209

[14] Sur ces conventions, V. *infra* n°353 et s.

[15] V. par exemple, LDA – Djibouti, art. 109

[16] G. Koumantos, *Le droit international privé et la convention de Berne : Dr. auteur* 1988, p. 439

5.2 de la Convention de Berne prévoit que l'étendue de la protection ainsi que les moyens de recours garantis à l'auteur pour sauvegarder ses droits se règlent exclusivement d'après la loi du pays où la protection est réclamée. Il y a dans cette disposition aussi bien une affirmation sans équivoque qu'une part d'incertitude. Ce qui est certain c'est la désignation de la loi du pays pour lequel la protection est réclamée (*lex loci protectionis)* concernant les questions précises de l'étendue de la protection et de sa mise en œuvre. C'est de cette précision que vient justement la part d'incertitude. Incertitude qui a donné lieu à deux principales interprétations.

Pour certains auteurs, de plus en plus nombreux, malgré cette précision, la convention de Berne désigne comme loi applicable, pour l'ensemble des questions relatives au droit d'auteur (à l'exception de quelques cas particuliers) la seule loi du pays pour lequel la protection est réclamée. Pour d'autres, la rédaction de l'article 5.2 de la Convention de Berne paraît autoriser, concernant des questions telles que l'existence de la protection ou la titularité des droits, la désignation de la loi du pays d'origine. Cette approche consistant, pour une même affaire à séparer, par exemple, la question de la jouissance du droit de celle de sa titularité a été critiquée comme aboutissant à un « dépeçage artificiel ». Mais c'est une distinction que font encore souvent de nombreuses juridictions[17].

Si une majorité de spécialistes admet de plus en plus qu'on peut considérer que la désignation de la *lex loci protectionis* est le principe, il est de plus en plus proposé, du moins sur certaines questions, des alternatives à cette règle. Nombreux sont les auteurs estimant que la loi du pays de protection est tout à fait inadaptée à la question de la titularité. D'où la proposition de recourir, notamment, à la loi du pays d'origine[18].

La Convention de Berne désigne expressément la loi du pays d'origine concernant la question de la durée de protection (art. 7.8). Plus précisément elle prévoit que loi du pays de protection ne s'applique pas lorsque la durée de protection dans le pays d'origine est plus courte, sauf disposition contraire.

L'article 14 *bis* de la convention de Berne désigne encore la loi du pays où la protection est réclamée concernant la titularité initiale de

[17] V. par exemple, en droit américain, US Court of appeals (2nd C), 27 août 1998, *Itar Tass Russian News Agency v. Russian Kurier Inc.* : 153 F. 3d 82, décision dans la quelle le juge américain a jugé applicable à la question de la titularité la loi du pays d'origine (loi russe).
[18] M. Van Eechoud, *The Choice of Law in Copyright. Alternatives to Lex Protectionis,* The Hague, London, New York, Kluwer Law International, 2003

l'œuvre cinématographique. La solution pourrait se comprendre aujourd'hui comme s'appliquant à l'œuvre audiovisuelle (catégorie plus large). Cette désignation de la *lex protectionis* pour les œuvres cinématographiques (ou audiovisuelles) en particulier a ouvert le débat, au niveau de la doctrine, sur la question de la titularité pour les autres œuvres. Soit on considère que la règle applicable aux œuvres cinématographiques n'est qu'un exemple et devrait donc être appliquée à toutes les catégories d'œuvres. Soit on considère qu'elle apparaît comme une exception et que le principe devrait donc être cherché ailleurs. Une abondante jurisprudence, suivant en cela une doctrine nombreuse, désigne comme loi applicable la loi du pays d'origine[19].

La convention de Berne désigne, en revanche, sans équivoque, la loi du pays d'origine pour désigner la règle relative à la titularité des droits sur les œuvres du folklore.

Savoir si la loi applicable est la loi du pays de protection ou la loi du pays d'origine n'est qu'une étape. En effet, il restera à définir ce qu'il faut entendre par exemple par pays d'origine.

Si la Convention de Berne ne répond pas de façon claire à toutes les questions, elle permet en tout cas d'avoir une vue sur les principales solutions possibles. Il faut aussi aller chercher des solutions dans les lois nationales, concernant par exemple les contrats.

348. Solutions tirées de l'interprétation du droit commun. – généralités. A défaut de dispositions spéciales sur le droit international privé de la propriété littéraire et artistique, il faudra souvent aller chercher dans le droit commun les règles applicables. Les droits nationaux seront consultés soit parce que le litige à résoudre est hors du champ de la convention de Berne par exemple, soit encore pour, éventuellement, résoudre une question non prévue par la convention.

Dans de nombreux Etats d'Afrique francophone il n'existe que des dispositions éparses sur certaines questions précises telle que le contrat de travail. On peut estimer que les juridictions de ces Etats pourraient, en plus de la Convention de Berne, s'inspirer des solutions applicables avant les indépendances. Ces solutions ne s'éloignent pas beaucoup de celles que l'on trouve dans certains Etats dont les textes comportent des dispositions de droit international privé.

---

[19] Torremans *Authorship, Ownership of Rights and Works Created by Employees: Which Law Applies?: EIPR*, 2005 p. 220

349. Solutions tirées de l'interprétation du droit commun.- loi applicable aux obligations extra-contractuelles. On peut trouver dans certains textes des dispositions relatives à la loi applicable aux obligations non contractuelles. Ces règles peuvent s'appliquer en matière de contrefaçon d'œuvres littéraires et artistiques. Le principe retenu par l'ensemble, à tout le moins par la très grande majorité, des Etats africains est celui de la loi du lieu où est commis le délit (*lex loci delicti*). La règle est prévue, notamment, par le droit malgache[20], le droit centrafricain[21], le droit congolais (RDC)[22], le droit mauritanien[23] et le droit gabonais[24]. Dans ces textes, la loi du lieu du délit est la seule applicable.

Parfois, la règle existe soit avec un correctif, soit en permettant la désignation d'une autre loi. Le code civil algérien (art.20), par exemple, prévoit que la loi étrangère du lieu du fait dommageable ne sera pas appliquée si le fait reproché quoique licite selon la loi étrangère est licite selon la loi algérienne. On trouve une disposition similaire dans le code soudanais des transactions civiles (art. 11.14 b) Le code tunisien de droit international privé prévoit que la responsabilité extra-contractuelle est soumise à la loi de l'Etat sur le territoire duquel s'est produit le fait dommageable[25]. Le même texte prévoit des possibilités d'écarter la *lex loci delicti* par exemple lorsque l'auteur et la victime ont leur résidence habituelle dans le même Etat. Dans ce cas, c'est la loi de la résidence commune qui est applicable. Appliqué à la propriété intellectuelle, cela supposerait que, par exemple, pour une contrefaçon commise au Burkina Faso, si le titulaire des droits et le contrefacteur présumé résident au Maroc, le juge chérifien appliquera la loi marocaine. Le texte marocain prévoit également la possibilité pour les parties, après la survenance du fait dommageable, de convenir de l'application de la loi du juge saisi (loi du *for*)[26]. Cette possibilité d'un accord procédural est exclu par d'autres textes.

---

[20] art. 30 al. 2 de l'ordonnance n°62-041 du 19 septembre 1962 relative aux dispositions générales de droit interne et de droit international privé

[21] art. 42 de la loi du 3 juin 1965 relative à la force obligatoire de la loi, des actes administratifs, des traités diplomatiques, au conflit de lois dans l'espace, à la condition d'étranger et aux conflits de lois

[22] V. J. De Burlet, *op. cit.,* n°359

[23] Code des obligations et des contrats, art. 11

[24] art. 42 c. civ.

[25] Art. 70

[26] art. 71

350. Solutions tirées de l'interprétation du droit commun. – Loi applicable aux obligations contractuelles. Concernant le droit applicable au contrat d'auteur, il convient, parmi les règles prévues par les textes africains, de distinguer celles prévues pour les contrats en général de celles prévues pour le contrat de travail. En effet on pourrait recourir à l'une ou l'autre règle selon que le contrat porterait ou non sur une création réalisée dans le cadre d'un contrat de travail. Toutes ces règles ne répondent que partiellement aux questions et quelques suggestions peuvent s'avérer utiles.

Le principe de base en matière contractuelle est celui selon lequel la loi applicable est celle choisie par les parties (*loi d'autonomie*). Il est expressément consacré par certaines lois. Ainsi, le code civil de la RDC, le code civil gabonais, le code civil algérien, le code tunisien de Droit international privé (art. 62). La volonté des parties est celle clairement exprimée dans le contrat. Il est également possible au juge de rechercher cette volonté à partir d'éléments objectifs ou subjectifs. Il vaut mieux pour les contractants prendre la précaution d'exprimer clairement leur choix dans le contrat. Cette volonté des parties n'est pas absolue. Il n'est pas possible, sous couvert de loi d'autonomie, de« redessiner à la mesure des parties l'ensemble du droit d'auteur »[27].

La question de savoir si les parties peuvent par contrat désigner la loi applicable à la titularité initiale des droits peut se poser.

Il existe des divergences quant à savoir quelle est la loi applicable en l'absence de désignation par les parties. De nombreux textes désignent la loi du lieu de conclusion du contrat. Tel est notamment le cas des codes civils de l'Algérie, du Burundi ou du Gabon. En l'absence de dispositions sur le droit d'auteur, ce sont ces règles qui s'appliqueront. La loi du lieu de conclusion n'est, pourtant, pas toujours celle qui présente les liens les plus étroits avec l'œuvre ou les obligations découlant du transfert des droits ou de leur concession.

Il existe d'ailleurs certaines lois africaines qui prévoient d'autres lois applicables que la seule loi du lieu de conclusion au contrat. Ainsi, en droit international privé soudanais, à défaut de désignation d'une loi applicable par les contractants, la loi du lieu de conclusion du contrat ne

---

[27] A. Lucas, *La loi applicable aux contrats d'exploitation des droits d'auteur et des droits voisins,* in *Mélanges Victor Nhaban, CPI Hors série,* éd. Yvon Blais 2004, pp. 289 et s. à la p.293

s'applique que si les parties ne résident pas sur le même territoire[28]. On trouve des dispositions similaires dans le code mauritanien des obligations et des contrats[29]. En droit marocain[30], le *Dahir* portant code des obligations et des contrats prévoit une hiérarchie de critères dans laquelle la loi du lieu de conclusion du contrat n'arrive qu'en dernière position, bien après le domicile commun (entendre domiciles sur le même territoire) ou la nationalité commune[31].

Il découle de la majorité des législations africaines sur le droit du travail que la loi applicable au contrat de travail est celle du lieu d'exécution du contrat de travail. C'est une interprétation que l'on peut, par exemple, déduire des codes du travail du Cameroun, du Congo, du Gabon , du Sénégal ou du Tchad, qui disposent que ces codes régissent les contrats de travail conclus pour être exécutés sur leurs territoires respectifs. La règle s'applique quel que soit le lieu de conclusion du contrat. Dans le cas d'un contrat portant sur une œuvre de l'esprit et entrant dans le cadre de l'exécution d'un contrat de travail, c'est la loi du lieu d'exécution du contrat de travail qui sera applicable.

Une intervention législative à l'échelle des Etats ou au niveau régional paraît souhaitable. Plusieurs pistes peuvent alors être explorées en utilisant le point cardinal qu'est le principe de proximité.

351. Solutions tirées de l'interprétation du droit commun. Statut réel. Les autres règles générales pouvant servir de bases à résolution des conflits de lois dans le domaine du droit d'auteur peuvent être inspirées de celles applicables en matière de biens (*Statut réel)*, et plus précisément de biens meubles. En général, la loi applicable est celle du lieu où se trouvait le bien au moment où a eu lieu le fait ou l'acte créant le droit sur ce bien[32].

En matière de propriété littéraire et artistique, l'immatérialité rend la localisation difficile. La règle générale applicable aux biens doit donc être interprétée et adaptée à l'immatériel. L'enregistrement de l'œuvre n'étant pas constitutif du droit d'auteur, il n'est donc pas possible de retenir le pays d'enregistrement de l'œuvre comme critère de

---

[28]Art. 11.13. a Code des transactions civiles soudanais de 1984 (J.O., n° 1340 du 16 févr. 1984)

[29] art.10

[30] Sur le droit international privé des contrats au Maroc, v. B. Baalouk, *La loi applicable aux contrats en droit international privé marocain, Thèse Paris II,* 1984

[31] art. 13 al. 2 du *Code des obligations et des contrats (loi du 12 août 1913)*

[32] V. par exemple, Soudan (art. 11.12 du Code des transactions civiles)

localisation. En toute logique c'est la loi du pays de création qui devrait être retenue, ou, à tout le moins le pays de première publication. C'est, en tout cas, l'une des solutions qui pourraient découler de la seule interprétation du droit commun. Certains auteurs avaient ainsi, s'inspirant de la doctrine française, pu écrire que « les droits intellectuels font[...] l'objet d'une localisation et les conflits de loi qu'ils font naître sont tranchés par application de la loi du pays du lieu de leur situation » ; celui-ci étant celui de la première publication[33].

A la vérité, l'argument de la localisation peut aussi servir la thèse de l'application de la loi du pays de protection, entendu comme loi du pays pour lequel la protection est réclamée. Ce choix tiendrait mieux compte de l'immatérialité et de l'ubiquité de l'œuvre[34]. Le résultat de ce choix serait le risque d'avoir sur la même œuvre des titulaires différents selon les pays. C'est l'une des critiques les plus fréquentes à l'encontre de la loi du pays de protection concernant la titularité. Et c'est principalement cet argument qui conduit de nombreux spécialistes à proposer d'autres solutions, parmi lesquelles la loi du pays d'origine, loi du lieu de première publication[35].

Le recours au droit commun conduit généralement à une « dualité de la règle applicable[36].

Toutefois le recours au statut réel sera exclu lorsque le problème relatif à la propriété littéraire et artistique ne concernera ni un contrat, ni une contrefaçon. Ces deux questions étant résolues respectivement par les règles applicables aux obligations contractuelles et celles relatives aux obligations non contractuelles. Ce qui semble réduire les cas d'adaptation du statut réel aux seules questions de l'existence même du droit et de sa titularité.

352. Solutions tirées des textes nationaux visant expressément le droit d'auteur. Les questions de droit international privé de la propriété littéraire et artistique peuvent faire l'objet de dispositions spécifiques. Le

---

[33] J. De Burlet, *op.cit.,* n°346

[34] V. B. Docquir, *Le titulaire du droit d'auteur. Etude de conflits de lois : Revue de droit intellectuel, L'ingénieur Conseil* 2003, n°5, p.409 et s., spéc. p. 436 et s.

[35] V. par exemple, P. Torremans, *La loi applicable au droit d'auteur. Quels droits sont créés et qui en est titulaire ? : RIDA* avr. 2001, p. 36

[36] V., pour l'Algérie en particulier, M. Issad, *op. cit.*, p. 287

code tunisien de droit international privé[37], par exemple, prévoit des règles spécifiques concernant les contrats relatifs à la propriété intellectuelle. Ce qui inclut les contrats relatifs au droit d'auteur et aux droits voisins. Aux termes de l'article 69 du code tunisien de droit international privé, en l'absence de stipulation contractuelle sur la question, la loi applicable est celle du pays de résidence habituelle de la personne qui transfert ou concède le droit. Le même texte précise que lorsque le droit ainsi cédé fait l'objet d'un contrat entre un salarié et un employeur et qu'il porte, notamment, sur une œuvre créée dans le cadre du contrat de travail, la loi applicable est celle du contrat de travail. Le texte tunisien ne prévoit de règle spécifique au droit d'auteur que concernant les contrats et la désignation de la juridiction compétente.

353. Solutions tirées des textes nationaux visant expressément le droit d'auteur (suite). La nouveau texte sénégalais sur le droit d'auteur consacre un titre au droit international privé. L'article 155 de ce texte opte pour le principe de l'application de la loi du pays pour lequel la protection est réclamée. Aux termes de ce texte, la loi du pays de protection ne peut être évincée que dans les cas où une autre règle de conflit serait prévue par une convention internationale à laquelle est partie le Sénégal. Ce qui suppose, par exemple, pour la question de la désignation du titulaire des droits sur une œuvre du folklore, que la loi applicable sera celle du pays d'origine, conformément à la Convention de Berne, à laquelle est partie le Sénégal. D'autres problèmes pourraient se poser concernant la loi applicable à la question de la titularité en général, selon l'interprétation que la jurisprudence aura de l'article 5.2 de la Convention de Berne. En effet, si elle considère, comme certains auteurs et certaines juridictions à travers le monde, que la loi applicable aux questions de l'existence du droit (éligibilité à la protection et titularité) est celle du pays d'origine, la loi désignée par le texte sénégalais pourra alors être évincée.

Il est souhaitable que d'autres Etats africains, à l'image du Sénégal et de la Tunisie, prévoient des règles spécifiques en matière de propriété littéraire et artistique. S'il ne semble pas utile de prévoir une disposition particulière concernant les délits, des règles plus claires seraient bien venues pour les autres questions. Les possibilités sont nombreuses. Des règles communes, au moins parmi les Etats d'une même organisation

[37] Loi n°98-97 du 27 nov. 1998 portant promulgation du code de droit international privé : *JORT* n°96 du 1er déc. 1998, pp. 2332-2336

régionale, seraient souhaitables. Le droit comparé offre de nombreuses pistes de réflexions sur cette discipline juridique dans laquelle il a été, à juste titre, rappelé qu' « il est souvent difficile d'acquérir des certitudes »[38]. Dans une recherche sur un droit international privé commun de la propriété intellectuelle, le droit comparé peut offrir de multiples pistes de réflexion[39].

[38] A. Lucas, *La loi applicable à la violation du droit d'auteur dans l'environnement numérique: e-Bull. dr. auteur* oct.-déc. 2005, à la p.1

[39] V. nos observations et propositions au *JDI*, article cité *supra*

Chapitre II

Aperçu des conventions et traités internationaux sur le droit d'auteur et les droits voisins

354. Plan. Les principales conventions internationales[1] dans le domaine du droit de la propriété littéraire et artistique sont, dans l'ordre chronologique, la Convention de Berne (droit d'auteur), la Convention universelle (droit d'auteur), la Convention de Rome (droits voisins), la convention phonogrammes, l'accord de Marrakech (ADPIC) et les traités de l'OMPI adoptés en 1996. Un troisième traité de l'OMPI, relatif aux droits des organismes de radiodiffusion, est actuellement en cours d'élaboration. Nous présenterons brièvement ces différents instruments internationaux.

---

[1] Sur ces conventions S. Ricketson and J.C. Ginsburg, *International Copyright Law and Neighbouring Rights: The Berne Convention and Beyond,* Oxford University Press, 2006-. H. Desbois, A. Françon et A. Kérever, *Les conventions internationales du droit d'auteur et des droits voisins,* Dalloz, 1976.- C.M. Correa and A.A. Yusuf (editors), *Intellectual property and international Trade: The Trips Agreement,* Boston, Kluwer Law International, 1998.- A. D'amato and D. E. Long. (edited by), *International Intellectual Property Law,* London, The Hague, Boston, Kluwer Law International, 1997.- D. Gervais, *The TRIPs Agreement: Drafting History and Analysis,* 2nd edition, London, Sweet & Maxwell, 2003.- V. également, A. et H.-J. Lucas, *Traité de la propriété littéraire et artistique,* 3ème éd. Litec, 2006, n° 1256 et s.

Section 1. La Convention de Berne

355. Union de Berne. En 1886 (9 septembre) est signée à Berne la Convention pour la protection des œuvres littéraires et artistiques. Les pays signataires ont constitué ce que l'on nomme l'Union de Berne. Cette convention a subi, depuis 1886, plusieurs modifications, par l'adoption d'Actes successifs. La dernière modification est celle que constate l'Acte de Paris de 1971.

De nombreux Etats africains sont devenus membres de l'Union de Berne (c'est-à-dire partie à la convention de Berne). Ils font partie des Etats unionistes. La Convention de Berne est à ce jour celle qui regroupe le plus d'Etats membres. Elle est sans conteste la Convention internationale la plus importante en matière de droit d'auteur.

356.Champ d'application. La convention de Berne n'a vocation à s'appliquer que lorsqu'une question de droit d'auteur comporte un élément d'extranéité. Ces bénéficiaires sont les auteurs ressortissants de l'un des pays de l'Union et ceux résidant habituellement dans un Etat de l'Union, pour les œuvres qu'ils publient pour la première fois dans un Etat unioniste.

357.Traitement national. Parmi les principales dispositions de la Convention de Berne figure le principe du traitement national encore appelé principe de l'assimilation de l'auteur unioniste à l'auteur national. En vertu de ce principe énoncé à l'article 5.1 de la Convention, l'étranger (ressortissant d'un Etat unioniste) a les mêmes droits et la même protection que le national.

358. Minimum conventionnel. La convention de Berne prévoit un ensemble de règles matérielles constituant un minimum conventionnel (encore appelé *jus conventionis*). Ces règles constituent le droit minimal uniformément applicable dans l'ensemble des Etats de l'Union de Berne. Il convient de préciser que chaque Etat membre n'est lié que par l'Acte de la convention qu'il a ratifié. Les Etats membres peuvent prévoir, ce qui arrive souvent, un niveau de protection plus élevé (art.19 de la Convention de Berne).

Cette protection plus large ou plus élevée peut d'ailleurs être prévue par des arrangements entre tous ou une partie des Etats membres (art.20). Les traités de l'OMPI (V. ci-dessous) et l'annexe VII de l'accord de Bangui sont des arrangements au sens de la convention de Berne.

359. Règles matérielles. Le minimum conventionnel comprend de nombreuses règles matérielles. Sont ainsi prévus la protection sans formalité (art.5.2), le droit moral (droit à la paternité et droit au respect contre toute atteinte à l'œuvre préjudiciable à l'honneur et à la réputation ; art.6 *bis*) ainsi que la reconnaissance du droit de reproduction, du droit de représentation et du droit de suite (art. 14 *ter*). Figure également parmi les dispositions de la Convention de Berne, le principe du triple test (pour le droit de reproduction).

La Convention de Berne prévoit également les durées minimales de protection, le principe étant la protection jusqu'à la cinquantième année après la mort de l'auteur. Des règles particulières sont prévues, sur ce point, pour certaines œuvres (arts appliquées, photographies...).

Par ailleurs la Convention de Berne comporte une annexe relative aux pays en développement.

Section 2. La Convention Universelle

360. Niveau de protection moins élevé que la Convention de Berne. Le niveau minimal de protection de la Convention de Berne avait paru trop élevé à certains Etats. De grands Etats comme l'URSS, l'Inde et les Etats-Unis, n'avaient pas adhéré à la convention de Berne. Pour permettre l'adhésion d'un plus grand nombre d'Etats à une convention internationale sur le droit d'auteur, une autre convention a été signée le 6 sptembre1952 à Genève. Son ambition étant de réunir un plus grand nombre d'Etat que la convention de Berne, la Convention de Genève est dite Convention Universelle.

Elle prévoit, notamment, des durées de protection inférieures à celles de la Convention de Berne. Elle ne consacre pas de disposition au droit moral. Elle prévoit un allègement des formalités (qui se réduisent à l'apposition du sigle ©, suivi du nom du titulaire de droit et de l'année de publication). Elle comporte dans sa dernière version (issue de la révision intervenue à Paris en 1971) des dispositions relatives aux pays en développement. La convention universelle reprend aussi le principe de l'assimilation au national.

Compte tenu de son faible niveau de protection, cette convention paraissait, a priori, plus adaptée pour les pays en développement, dont, bien entendu, les pays africains. De nombreux Etats d'Afrique anglophone n'avaient, pendant longtemps, adhéré qu'à la Convention Universelle.

361. Avenir incertain. Compte tenu du succès de la Convention de Berne, de l'adhésion des Etats-Unis à cette convention en 1989 et de l'adoption de nouveaux instruments (ADPIC notamment), l'utilité de la Convention Universelle est, depuis la fin du siècle dernier, remise en cause. Il y a, en tout cas, une incertitude sur son avenir[2].

Section 3. La Convention de Rome

362. Droits voisins. Le 26 octobre 1961 est signée à Rome la Convention relative à la protection des artistes-interprètes, des producteurs de phonogrammes et des organismes de radiodiffusion. Les producteurs de vidéogrammes ne sont pas visés dans cette convention. Cette convention protège les droits voisins. Elle reconnaît aux auxiliaires de la création des droits sur leurs interprétations, phonogrammes ou programmes. Ces droits sont protégés pour une durée de vingt ans.

La Convention de Rome prévoit également la rémunération équitable et unique versée par l'utilisateur à l'artiste interprète et au producteur (art. 12), lorsque le phonogramme, ou une interprétation, est utilisée pour la radiodiffusion ou pour une communication directe au public.

Figure également dans ce texte le principe du traitement national et celui de la primauté du droit d'auteur sur les droits voisins (art. 1er).

Les droits des producteurs sont soumis à formalité. Ladite formalité consiste dans l'apposition, sur les exemplaires du phonogramme,

---

[2] Pour un aperçu rapide sur la Convention Universelle dans le contexte actuel du droit international de la propriété intellectuelle, V. S. Von Lewinski, *Le rôle et l'avenir de la convention universelle sur le droit d'auteur : e-Bull. dr. auteur* Oct – Déc. 2006

du symbole (p) suivi de l'indication de date de publication et de la mention du titulaire des droits.

Section 4. La Convention Phonogramme

363. Une convention peu contraignante. A une époque où le nombre d'adhésion à la convention de Rome était encore faible, les producteurs de phonogrammes avaient obtenu la signature, à Genève, en 1971 (29 octobre), d'une convention dont le but est de lutter contre la contrefaçon des phonogrammes. Cette convention est communément désigné sous l'appellation « Convention Phonogramme ». Elle ne prévoit ni le principe d'assimilation, ni un minimum conventionnel. Ce qui en fait une convention moins contraignante que la convention de Rome. Elle prévoit comme la convention de Rome la formalité consistant dans l'apposition du symbole (p) sur les exemplaires du phonogramme.

Section 5. L'accord ADPIC

364. Commerce international. Les conventions relatives au commerce international avaient, pendant longtemps, négligé les droits de propriété intellectuelle, tout au moins le droit d'auteur. L'exploitation des droits d'auteur représente une part significative du commerce international, principalement dans le domaine de l'audiovisuel et de la musique. C'est la raison pour laquelle, sous l'impulsion des Etats-Unis, le droit d'auteur et les autres droits de propriété intellectuelle ont été inscrits dans l'agenda du GATT (Uruguay Round). C'est ainsi qu'a été adopté à Marrakech, en 1994, l'Accord relatif aux aspects de propriété intellectuelle qui touchent au commerce (plus connu sous les sigles ADPIC, en français, ou TRIPs, en Anglais). Le droit d'auteur fait donc, désormais, partie des questions et des problèmes traités au niveau de l'Organisation mondiale du commerce

(OMC)[3]. Certaines règles, telle que celle du traitement de la nation la plus favorisée, sont applicables au droit d'auteur, dans le cadre du droit du commerce international (régi par l'OMC).

365. Niveau élevé de protection. L'accord ADPIC renvoie à la Convention de Berne (excepté les dispositions sur le droit moral). Il prévoit un niveau de protection au moins aussi élevé que la Convention de Berne et élargit la protection à des objets qui n'étaient pas prévus par la Convention de Berne (programmes d'ordinateurs et bases de données). Il prévoit aussi l'application du triple test à l'ensemble des droits exclusifs alors que la Convention de Berne ne l'avait prévu que pour le droit de reproduction. Au nombre des droits exclusifs il prévoit le droit de location des programmes d'ordinateurs et des œuvres cinématographiques. Si, pour le Droit d'auteur, les durées de protection ne sont pas plus élevées que celle de la Convention de Berne (art.12), l'accord ADPIC prévoit une durée de protection plus élevée pour les phonogrammes et les interprétations (art. 14.5). Comme pour les autres instruments internationaux, il ne s'agit que d'un minimum conventionnel.

366. Recherche d'une protection effective. La grande ambition de l'Accord ADPIC est de rendre effective la protection des droits de propriété intellectuelle (dont le droit d'auteur). Pour ce faire, elle impose aux Etats des mécanismes garantissant l'efficacité de la protection (garantie d'ordre procédural, mesures aux frontières, sanctions...). L'accord ADPIC institue aussi un Conseil des ADPIC chargé de contrôler le respect de leurs obligations par les Etats membres (art. 68). Par ailleurs, les litiges relatifs au droit d'auteur (et à la propriété industrielle) entre Etats membres pourront être soumis à l'organe de règlement des litiges (ORD). Dans le domaine du droit d'auteur, l'ORD a déjà été saisie de litiges opposant l'Union Européenne aux Etats-Unis.

---

[3] Même si ces questions relèvent principalement de l'organisation mondiale de la propriété intellectuelle (OMPI) qui gère, notamment, la Convention de Berne, et même si l'UNESCO (qui gère la Convention Universelle) continue d'œuvrer dans ce domaine.

Section 6. Les traités de l'OMPI de 1996[4]

367. Environnement numérique. Le 20 décembre 1996 a été adopté, sous l'égide de l'Organisation mondiale de la propriété intellectuelle (OMPI) deux traités L'un sur le droit d'auteur (souvent cité par ces initiales anglaises: WCT, pour *WIPO Copyright Treaty*) et l'autre sur les interprétations et les phonogrammes (souvent cité sous son abréviation anglaise WPPT, pour *WIPO Performances and Phonograms Treaty*). Le traité sur le droit d'auteur est un arrangement, au sens de l'article 20 de la convention de Berne.

Ces deux textes adaptent, en quelque sorte, la Convention de Berne et la Convention de Rome (sauf en ce qui concerne les organismes de radiodiffusion) à l'environnement numérique. Ainsi, ils prévoient, notamment, la répression du contournement des mesures techniques de protection et de la suppression des informations sur le régime des droits. Ce traité prévoit aussi des prérogatives qui ne figuraient pas (du moins, pas expressément) dans la Convention de Berne. Ainsi, le droit de distribution et le droit de location.

368. Droit d'auteur. Au nombre des dispositions relatives exclusivement au droit d'auteur, il faut relever celle relative à la durée de protection des œuvres photographiques. La Convention de Berne permet de soumettre ces œuvres à une durée minimale de vingt-cinq ans (art. 7.4) au lieu de cinquante ans. Le traité de l'OMPI sur le droit d'auteur exclut désormais ce régime spécial.

369. Droits voisins des artistes interprètes d'œuvres musicales. L'une des innovations importantes concernant les droits voisins est relative au droit moral des artistes interprètes. Le WPPT prévoit au profit des interprètes d'œuvres musicales un droit à la paternité et un droit au respect de l'interprétation.

Quant à la durée de protection elle est de cinquante ans. Ce qui est supérieur de trente ans à celle prévue par la Convention de Rome, mais conforme aux exigences de l'ADPIC.

---

[4] V. notamment, A. Kéréver, *Les nouveaux traités de l'OMPI. Traité de l'OMPI sur le droit d'auteur et traité de l'OMPI sur les interprétations et exécutions : Bull. dr. auteur* Vol. 32, n°2, 1998, p. 3.- V. aussi références citées note 1 du présent chapitre.

L'autre disposition importante est relative aux formalités. A la différence de la Convention de Rome, le traité de l'OMPI prévoit que la protection des interprétations et des phonogrammes n'est soumise à aucune formalité.

Section 7. Le projet de traité de l'OMPI sur les droits des organismes de radiodiffusion

370. Traité inspiré du WPPT. L'Organisation mondiale de la propriété intellectuelle entend actualiser les dispositions de la convention de Rome sur les droits des organismes de radiodiffusion comme elle l'a fait pour les interprétations et exécution dans le traité WPPT de 1996.

Le projet de traité relatif à la protection des programmes des organismes de radiodiffusion s'inspire beaucoup du traité sur les interprétations et les phonogrammes. Il prévoit une protection sans formalité, une durée de protection minimale de cinquante ans. Il prévoit aussi la sanction du contournement des mesures techniques de protection. Les travaux, ouverts depuis 1998 ont du mal à aboutir car de nombreuses parties émettent des réserves. Le projet de traité a suscité de vives réactions sur de nombreux points. Ainsi, les parties n'ont pas pu, par exemple, se mettre d'accord sur l'objet de la protection ou sur l'extension du champ des bénéficiaires de la protection aux organismes de distribution par câble[5]. De nombreuses réticences peuvent surprendre car elle concerne des points qui ont abouti à un accord lorsqu'il s'était agit du traité WPPT[6]. Le comité permanent du droit d'auteur et des droits connexes de l'OMPI réuni du 10 au 12 mars 2008, a décidé de poursuivre les débats sur la protection des organismes de radiodiffusion. Il s'agira principalement pour les parties d'arriver à un accord sur l'objet de la protection.

---

[5] Sur ce projet et les points qui posent difficultés, on peut lire avec profit A. Lucas, *La protection internationale des organismes de radiodiffusion. Observations sur le projet de traité de l'OMPI,* in *Droit et technique (Mélange X. Linant de Bellefonds)* Litec 2007, p.337.- Ce projet a également suscité des interrogations sur une éventuelle atteinte à la liberté d'expression. Sur ce point, P. Akester, *The Draft WIPO Broadcasting Treaty and It's Impact on Freedom of Expression: e-Bull.dr.auteur* avr. 2006 et T. Dreier, *Réflexions sur le projet de traité de l'OMPI sur les organismes de radiodiffusion et son impact sur la liberté d'expression.*

[6] A. Lucas, *art. cité supra* note 5

Chapitre III

Le rôle modeste de l'Afrique dans l'élaboration du droit d'auteur international

371. Absence de l'Afrique dans l'élaboration des traités initiaux. M. David et Mme Jauffret-Spinosi ont relevé que «trop souvent après avoir accédé à l'indépendance, les pays d'Afrique et Madagascar, en maints domaines ont adopté des lois très inspirées des pays européens. Ces lois n'étaient pas appropriés aux conditions et aux besoins spécifiques de ces pays, il était difficile aux Etats africains, trop pauvres et dépourvus de juristes, d'étudier de façon indépendante, chacun pour soi, la législation qui pourrait leur convenir». Ces auteurs ajoutent, à juste titre, que «ce qui est vrai pour les lois l'est aussi pour les conventions internationales. Même si les Etats d'Afrique participent activement à la vie internationale, leurs intérêts ne sont pas toujours suffisamment représentés»[1]. Ces observations valent plus ou moins pour le domaine du droit d'auteur[2].

Il ne serait pas exagéré de dire que l'Afrique a pris en marche le train de l'internationalisation du droit d'auteur. La raison en est que lors de l'adoption de la Convention de Berne, les Etats africains n'avaient pas

---

[1] R. David et C. Jauffret- Spinosi, *Les grands systèmes de droit contemporains*, 11ème édition, Dalloz 2002, n°488

[2] V. A. D'Amato and D. E. Long (edited by), *International Intellectual Property Law*, London, The Hague, Boston, Kluwer Law International, 1997, pp. 45 et s.

encore accédé à l'indépendance. De fait, la Convention, adoptée le 9 septembre 1886 n'a pas pu prendre en compte les intérêts des futurs Etats africains. De même les africains n'ont pas pu faire valoir leurs positions et influer sur le texte de la Convention.

372. Adhésions. Néanmoins, dès le début des années soixante, les Etats africains ont adhéré à l'Union de Berne, soit par nouvelles adhésions, soit par déclaration de continuité[3]. Ont par exemple adhéré le Gabon (le 19 décembre 1961 avec prise d'effet au 26 mars 1962 et le Sénégal (en juin 1962 avec effet le 25 août de la même année). Ont, entre autres, opté pour une déclaration de continuité le Congo (8 mai 1962), le Soudan (22 septembre 1960) et le Niger (2 mai 1962).

De même, de nombreux Etats africains ont adhéré à la Convention Universelle sur le droit d'auteur, bien qu'ils n'aient pas participé à son élaboration. La révision de paris en Juillet 1971 a permis, comme dans la Convention de Berne, de prévoir des règles spéciales pour les pays en développement[4].

373. Revendications. Les Etats Africains associés à d'autres pays en développement ont demandé que soient prises en compte leurs particularités et notamment leur propension à importer massivement des "produits culturels" en provenance de pays développés[5]. C'est ainsi qu'une annexe a été adoptée, applicable aux seuls pays en développement et destinée à favoriser la diffusion dans ces pays (en Afrique notamment) des œuvres utiles dans les domaines de l'enseignement ou de la recherche[6].

Les revendications africaines ont moins abouti à une transformation du droit international de la propriété littéraire qu'à l'adoption de mesures en principe provisoires qui leurs sont applicables. Du moins à ce jour.

---

[3] V. C. Masouyé, *Décolonisation, indépendance et droit d'auteur : RIDA,* Juil.-oct. 1962, p.3 et s. aux. pp. 87 et s.- V. également M. Moreira Da Silva, *Le droit d'auteur et l'Afrique : RIDA,* sept. 1965, p.5 et s. aux pp.41 et s.

[4] Colombet, *Grands principes du droit d'auteur et des droits voisins dans le monde. Approche de droit comparé,* Litec/Unesco, 2ème éd., pp. 163 et s.

[5] V. Shrader, *Analysis of The Protocol Regarding Developing Countries* : *Bulletin of The Copyright Society of The USA,* Vol. 17, 1970, p.160 et s.- A. Françon, *Le droit d'auteur et les pays en voie de développement : JDI,* 1968, p. 889

[6] H. Desbois, A. Françon et A. Kéréver, *op.cit,* p. 255 et s.- C. Colombet, *Grands principes du droit d'auteur et des droits voisins dans le monde. Approche de droit comparé,* 2ème édition, UNESCO/LGDJ, 1992. pp. 154 et s.

L'Afrique n'a pas pesé d'un grand poids, excepté sur certaines questions comme celle du folklore qui n'a d'ailleurs pas réellement obtenu l'adhésion de la majorité des pays occidentaux, malgré une concession accordée via l'article 15.4 de la Convention de Berne. Si on peut admettre l'action des Etats africains (associés à d'autres pays en développement) sur la convention de Berne principalement depuis Stockholm en 1967[7], son impact reste bien modeste. Encore faudrait-il davantage relativiser le rôle de l'Afrique car sur cette question l'action n'a pas été menée par les seuls Etats africains, mais par une majorité de pays en développement.

L'article 15.4 de la Convention de Berne ne mentionne pas parmi les œuvres protégées les œuvres du folklore, mais elle y fait indirectement allusion. En effet le texte de la convention cite «les œuvres non publiées dont l'identité de l'auteur est inconnue, mais pour lesquelles il y a tout lieu de présumer que cet auteur est ressortissant d'un pays de l'Union»[8].

L'influence de la Convention de Berne sur les lois africaines est sans commune mesure avec l'action des Etats africains sur ladite Convention. De plus, généralement ce sont des institutions internationales qui ont travaillé à l'élaboration des textes africains sur le droit d'auteur. En effet, l'UNESCO et l'OMPI ont contribué et contribuent encore dans une large mesure au développement du droit d'auteur en Afrique. Cette contribution a consisté notamment dans l'élaboration de la loi-type de Tunis de 1976 qui a servi de modèle à de nombreux Etats africains (à cette date certains Etats possédaient un texte sur le droit d'auteur inspiré du droit français, comme le Sénégal ou du droit anglais comme l'Ouganda). Cette loi-type proposait sur chaque question (ou presque) un choix entre le modèle anglo-saxon et le modèle latin[9].

---

[7] N. Mezghani, *Interaction de la Convention de Berne et des pays en développement dans l'évolution du droit d'auteur : Dr. auteur,* 1986, p.151 et s. .- C. Masouyé, *La convention de Berne depuis Stockholm : RIDA,* janv. 1984, p.3 et s. spéc. pp. 25 et s

[8] La même définition avait été reprise dans l'ordonnance algérienne sur le droit d'auteur de 1973 (texte remplacée depuis par la loi de 2003). D'autres textes africains ont repris cette définition restrictive (car elle exclut les œuvres d'auteurs connus). Heureusement, certains textes récents ont élargi leur définition des œuvres du folklore, ou plutôt du patrimoine national, pour inclure les œuvres d'auteurs connus.

[9] Sur l'historique de l'élaboration de cette loi et son économie générale, E. Abdallah, *Principes fondamentaux de la loi-type de Tunis sur le droit d'auteur à l'usage des pays en développement : Dr. auteur,* 1977, pp.294 et s.

374. Influences internationales. D'une manière générale, les textes proposés par les institutions internationales aux Etats africains s'inspirent soit du système du droit d'auteur, soit du système du copyright. Les fonctionnaires et experts internationaux intervenant dans la rédaction des lois africaines (ou des modèles dont s'inspirent les législateurs africains) essaient, en principe, de s'adapter aux réalités africaines. En effet leurs interventions sont généralement faites à partir d'études de l'environnement auquel s'appliqueront les textes. L'aide des institutions internationales concerne aussi la contribution à l'établissement effectif des sociétés de gestion collective.

L'intérêt de l'aide des institutions internationales est évident. On peut néanmoins souhaiter une participation plus importante des acteurs directement concernés ainsi que celle des juristes des pays africains. Cela ne pourrait que contribuer à l'élaboration de règles toujours en phase avec l'environnement professionnel et économique. Les organisations internationales ou même les gouvernements étrangers contribuant à la divulgation du droit d'auteur font d'ailleurs de plus en plus intervenir des juristes africains.

L'aide, aussi bien des juristes étrangers (africains ou pas) que des experts des organisations internationales, se justifie en partie par l'absence ou l'insuffisance de spécialistes locaux et le besoin de profiter des expériences étrangères en la matière. Ainsi que l'a souligné Jean Carbonnier, il est raisonnable d'estimer qu'«il faut que les lois soient faites par la nation qu'elles auront à régir» mais d'un autre côté «il est tout simple qu'un pays qui manque d'experts en législation en demande à l'Etat qui en possède le plus»[10]. Dans ce cas le recours aux spécialistes autres que nationaux doit être provisoire (le temps que les Etats concernés forment suffisamment d'experts), puis exceptionnel ou ponctuel (car il peut être à certaines occasions, ou pour certaines questions, utile et même nécessaire de bénéficier d'expériences étrangères)[11]. Il n'en demeure pas moins que l'aide des organismes internationaux tels que l'OMPI ou l'UNESCO est encore utile. Dans certains Etats elle paraît même encore

---

[10] J. Carbonnier, *A beau mentir qui vient de loin ou le mythe du législateur étranger,* in *Essai sur les lois,* 2ème édition, Répertoire du Notariat Défrénois, 1995, pp. 227-238 spéc. pp. 227 et 229

[11] Il est, sur ce point, intéressant de relever le fait que certains spécialistes étrangers intervenant dans des Etats africains dans lesquels il y a peu de spécialistes sont eux-mêmes africains.

insuffisante, compte tenu de l'état des structures et des instruments législatifs de ces Etats.

375. Rapport de force. S'il est vrai que l'absence d'experts africains au moment des indépendances peut expliquer que les intérêts des pays africains n'aient pas été pris en compte dans les conventions internationales, il n'est pas certain que cette explication soit suffisante. En effet, il y a un autre élément à prendre en compte : c'est le rapport de force (d'ordre économique essentiellement) entre les différentes parties. En effet même pour des conventions plus récentes ou pour des révisions d'anciennes conventions les intérêts des Etats africains n'ont pesé que d'un faible poids.

Si les Etats africains ont surtout adopté des règles internationales à l'élaboration desquelles ils n'ont pas participé, doit-on pour autant les juger totalement incompatibles avec la culture ou les conditions socioéconomiques de ces Etats ?

Chapitre IV

La compatibilité des traités et conventions internationaux avec les intérêts culturels et socioéconomiques de l'Afrique

376. Analyse de quelques dispositions et appréciation de la méthode. S'interroger sur la compatibilité des règles des conventions et traités internationaux suppose une analyse, même sommaire, de quelques dispositions de ces textes. Aussi convient-il d'analyser quelques dispositions de la Convention de Berne, de l'annexe de l'accord de Marrakech du 15 avril 1994 sur les aspects des droits de propriété intellectuelle qui touchent au commerce (accord ADPIC) et le traité OMPI sur le droit d'auteur. Le traité de l'OMPI sur les phonogrammes et les droits des artistes interprètes ne sera pas analysé ci-après, ni les Conventions sur les droits voisins. Le choix est certes arbitraire mais les instruments internationaux qui seront analysés de façon très succincte suffisent pour réfléchir globalement à la compatibilité de l'état du droit international des propriétés artistiques avec les intérêts culturels et socioéconomiques des Etats d'Afrique. S'il est utile de présenter une analyse sommaire de certaines dispositions principales des textes internationaux, il convient aussi de dire un mot sur la méthode généralement choisie pour tenir compte des intérêts des Etats africains (et des pays en voie de développement en général).

Section 1. Analyse de quelques dispositions

377. Plan. Nous choisirons quelques dispositions dans la convention de Berne, puis dans l'accord ADPIC et les traités OMPI.

§1– La Convention de Berne

378. Compatibilité de nombreuses dispositions. On peut, au hasard, citer pêle-mêle quelques dispositions de la Convention de Berne qui ne peuvent pas être considérées comme incompatibles avec la culture et les conditions socioéconomiques en Afrique. Ainsi on peut citer la règle de l'assimilation au national prévue dans la convention (art. 5.1)[1], la possibilité de saisie de toute œuvre contrefaite (art. 16), l'énumération des œuvres protégées, le droit moral (article 6 *bis*). Compte tenu de l'activité culturelle actuelle en Afrique, il est possible d'affirmer que le principe d'un droit exclusif reconnu à tout créateur d'œuvres de l'esprit quel que soit son pays d'origine n'est pas en décalage avec les réalités africaines. Quant aux arguments consistant à dire que les produits culturels occidentaux sont utiles au développement des Etats africains et que le coût de ces produits justifie la contrefaçon[2] des produits occidentaux en Afrique, il ne faudrait pas qu'ils deviennent une excuse trop facile. Il est en tout cas impératif de présenter la question de façon très nuancée.

Peut-on prétendre que la «consommation de musique américaine» est si utile aux populations africaines pour qu'elle doive se faire au mépris des droits des créateurs et investisseurs ? Il est sans doute intéressant pour toute personne de découvrir des produits culturels étrangers. Sans doute qu'une baisse des prix des produits culturels occidentaux réduirait la contrefaçon. La question dépasse en réalité la seule rédaction de textes à vocation internationale. Il faut des efforts économiques aussi bien au niveau international qu'au niveau des Etats africains, même s'il est

---

[1] Principe en vertu duquel l'étranger a les mêmes droits que le national. V. A. Kéréver, *La règle du « traitement national » ou le principe d'assimilation : RIDA,* oct. 1993, p. 75

[2] Sur les justifications généralement avancées par les contrefacteurs en Afrique, V. B. Sodipo, *Piracy and Counterfeiting. GATT, TRIPs and developping Countries,* London, The Hague, Boston, Kluwer Law International, 1997, pp. 121 et s.

possible de s'appuyer sur les exceptions autorisées par la convention de Berne (notamment l'article 9) pour faciliter l'accès aux œuvres, au moins pour les besoins d'enseignement et de recherche. Il n'est, de ce point de vue, pas inutile de se poser la question de la distinction entre les œuvres ; entre celles qui sont nécessaires ou même indispensables au savoir et les autres[3]. Concernant le droit moral tel que reconnu dans la convention de Berne, il n'est pas non plus incompatible avec la culture africaine, qu'il s'agisse de son adoption dans l'ordre interne ou de son application dans d'éventuels litiges auxquels s'applique la convention.

On a de plus en plus tendance, en Afrique, à tenir la législation internationale sur le droit d'auteur pour l'unique, ou à tout le moins pour le principal, responsable de la difficulté de l'accès au savoir. Il faut, comme en toute chose, se garder de présentation excessive. L'absence de politique globale et d'efforts soutenus contribue aussi à limiter l'accès au savoir. Par exemple, en matière d'ouvrages d'enseignement, il est tout à fait possible d'envisager un accès à certaines connaissances sans dépendre des titulaires de droits étrangers. Est-il indispensable, par exemple, d'acquérir un ouvrage onéreux édité hors d'Afrique pour accéder à la connaissance du droit africain ou à la connaissance de l'histoire africaine ? N'est-il pas envisageable d'inciter à la rédaction d'ouvrage locaux dans certains domaines, avec le soutien des autorités locales. Ne convient-il pas, lorsque l'on déplore les effets négatifs du droit d'auteur sur l'accès aux savoirs, de bien faire la différence entre le savoir que détiennent déjà les africains et les autres formes de savoir? Il reste, néanmoins, qu'avec les instruments internationaux les plus récents, les inquiétudes émises par de plus en plus de spécialistes du monde de la recherche et de l'éducation méritent davantage d'être prises en compte.

§2– L'Accord ADPIC et les Traités de L'OMPI

379. ADPIC. Quant à l'accord ADPIC, il prévoit notamment le principe du traitement national[4], le traitement de la nation la plus favorisée en vertu duquel un avantage accordé par un Etat aux ressortissants d'un

---

[3] La rédaction de l'annexe de la Convention de Berne et de l'article V de la Convention Universelle permet de supposer que de telles considérations n'étaient pas absentes des débats (ou des préoccupations des participants).

[4] V. A. et H.-J. Lucas, *Traité de la propriété littéraire et artistique,* 3ème édition, Litec, 2006, n°1182

autre Etat membre profite aux ressortissants de tous les Etats membres. On peut sur le «traitement de la nation la plus favorisée»[5] admettre qu'elle n'est pas inadaptée à l'Afrique. En revanche on peut s'interroger sur les possibles sanctions que pourrait prononcer l'organe de règlement des conflits (ORD). De même la possibilité de mesures de rétorsion croisée ne paraît pas être une règle qui tienne compte des intérêts africains si l'on considère l'infériorité et la dépendance économique des Etats de ce continent. Mais il ne s'agit pas là d'une règle applicable au seul domaine du droit d'auteur.

La majorité des règles matérielles[6] ne paraissent pas incompatibles (cas par exemple de l'obligation de protéger les programmes d'ordinateurs et les bases de données) avec la situation socioéconomique en Afrique, sauf que certaines de ces règles peuvent être considérées comme limitant l'accès aux nouvelles technologies.

Concernant les prescriptions de l'accord ADPIC, le véritable problème qui se pose aux Etats africains est moins l'adoption des règles[7] prévues par l'accord que leur mise en œuvre effective[8].

380. Traité OMPI (WCT). Si on s'arrête au traité OMPI qui est un arrangement au sens de la convention de Berne (V. art. 20 de la Convention de Berne) obligeant les Etats membres notamment à accorder

---

[5] «En ce qui concerne la protection de la propriété intellectuelle, tous avantages, faveurs, privilèges ou immunités accordés par un membre aux ressortissants de tous autres pays seront immédiatement et sans condition, étendus aux autres ressortissants de tous les autres Etats membres », sauf lorsque les avantages ainsi accordés « vont au-delà des prescriptions énoncés dans le présent accord» (art.4). Sur ce point, v. notamment, D. Gervais, *op. cit.*, n°2.35 et s. (pp. 96 et s.).- D. Luff, *Le droit de l'Organisation mondiale du commerce : Analyse critique*, Bruylant/LGDJ, 2004, pp. 690 et s. A. et H.-J. Lucas, *op. cit.*, n°1183

[6] Sur lesquelles V. notamment A. et H.-J. Lucas, *op.cit.*, n°1187 et s.-D. Gervais, *op. cit.*, n°2.86 et s. (pp.123 et s.), A. Berenboom, *Le nouveau droit d'auteur et les droits voisins*, Larcier, 4ème édition, 2009, n°225 et s.

[7] De nombreuses lois d'Etats africains, et plus généralement de pays en développement, étaient déjà compatibles avec l'accord de Marrakech. V. sur ce point, notamment, S.K. Mathur, *Trade-Related Aspects of Intellectual Property Rights and Copyright Provisions. Some Issues with Special reference to Developing Countries: JWIP*, Vol. 6, n° 1, Janv. 2003, p.65

[8] V., pour les Etats de l'OAPI, D. L. Bohoussou, *La conformité à l'accord sur les ADPIC des lois relatives au droit d'auteur : le cas des Etats membres de l'OAPI : Penant*, 2001, p. 269.- V. aussi, T. Kongolo, *The New OAPI Agreement as Revised in February 1999. Complying With Trips: JWIP*, Vol. 3, n°5, 2000, p.717

aux titulaires de droit d'auteur les moyens d'assurer la sécurité des systèmes leur servant à empêcher les tiers à agir en violation de leurs droits, on peut formuler la même observation. Cette exigence est-elle remplie du seul fait de l'adoption d'un texte? Ne faut-il pas que cette protection soit effective? Or on ne peut, pour l'heure, parler d'une réelle effectivité des sanctions des atteintes aux droits des auteurs en Afrique pour les autres formes d'atteintes. Pour ces formes particulières d'atteintes, il est donc permis d'être sceptique. Ce qui expliquait le droit, au profit des Etats africains (parmi d'autres), de différer la mise en œuvre des mesures recommandées par l'accord.

La question particulière de la sanction du contournement des mesures techniques de protection est très discutée dans le contexte africain, notamment parce que la reconnaissance du droit pour les ayants droit de « verrouiller » ainsi les exemplaires incorporant leurs œuvres, pose le problème de l'accès à la connaissance pour un continent qui en a grand besoin. De ce point de vue, on peut se demander si la transposition de l'article 11 du traité OMPI sur le droit d'auteur par l'OAPI n'a pas été hâtive. Quoi qu'il en soit, dans le souci de favoriser un meilleur accès à la connaissance, une transposition *a minima* est souhaitable dans ce genre de cas.

Pour de nombreux auteurs, il est peu convaincant que les pays en développements, africains notamment, aient intérêt à un niveau toujours plus élevé de protection. Rien ne garantit, précisent certains, qu'un niveau élevé de protection favorisera la créativité dans ces pays, ni qu'il contribuera aux investissements étrangers[9].

Un début de solution pourrait être recherché dans des instruments internationaux qui ne sont pas relatifs au droit d'auteur mais qui s'y intéressent au moins indirectement. Ainsi la convention pour la protection et la promotion de la diversité des expressions culturelles adoptée le 20 octobre 2005 par la 33ème conférence générale de l'UNESCO. Il en sera surtout ainsi, probablement, du traité relatif à l'accès à la connaissance, inscrit dans le cadre de l'action de l'OMPI parmi les décisions adoptées en 2006 lors de la 33ème session de son assemblée générale (Annexe B, n°35).

---

[9] H. Sun, *Copyright Law under Siege. Under the Legitimacy of Copyright Protection in the Context of Global Digital Divide: IIC* vol. 36,°2, 2005, p. 192

381. Revendications africaines. Quel que soit le texte international considéré, le souci des Etats africains se manifeste surtout dans la demande de la reconnaissance de certaines spécificités à côté de la reconnaissance de règles qu'ils n'ont pas élaborées. Ces tout derniers temps la revendication la plus visible dans le champ de la propriété littéraire et artistique a été celle relative à la protection du folklore[10]. La méthode choisie par les organisations internationales a souvent consisté en l'adoption de règles provisoires applicables aux seuls Etats en développement.

Section 2. Appréciation de la méthode choisie

382. Plan. Sur ce point, nous évoquerons la Convention de Berne et la Convention universelle, puis l'accord sur les Aspects des droits de propriété intellectuelle qui touchent au commerce (ADPIC).

§1-. La convention de Berne et la Convention Universelle

383. Folklore et licences obligatoires. Concernant la Convention de Berne, on peut évoquer l'article 15(4) prévoyant la protection des œuvres du folklore. Concernant les deux conventions on relèvera la faculté pour les pays en développement d'instituer un système de licences légales de traduction et de reproduction[11].

a) L'article 15 alinéa 4 de la Convention de Berne

384. Protection implicite (et durable) du folklore. Concernant la convention de Berne, on peut dire que l'adoption de l'article 15 alinéa 4 reconnaît plus ou moins de manière pérenne le droit pour les Etats africains de protéger les œuvres de leurs folklores. Reste que la rédaction actuelle ne permet pas toujours de protéger efficacement les folklores africains. En effet, peuvent se poser en pratique certaines questions comme celle de la durée de la protection. L'article 15.4 de la Convention

---

[10] V. notamment, E. Pierrat, *La guerre des Copyrights,* Fayard 2006

[11] V. *supra* Chapitre III

de Berne renvoie concernant la durée à l'article 7.3 (œuvres anonymes) qui prévoit une protection de cinquante ans à compter de la publication (durée portée à soixante-dix ans dans de nombreux pays) ce qui ne correspond pas à la protection perpétuelle voulue par les Etats africains.

Les questions qui pourraient se poser sont nombreuses et ne peuvent être énumérées ici[12]. Il n'en reste pas moins que la méthode consiste à intégrer pleinement au texte de la convention une disposition visant à tenir compte dans la mesure du possible des intérêts de certains Etats. De plus, on peut considérer que l'accord ADPIC (art.9.1) suppose (du moins en théorie) le respect de l'article 15.4 de la Convention de Berne par les Etats signataires[13]. Mais la mise en œuvre de ce principe demeure difficile. Une protection plus efficace, et plus effective, est attendue des travaux en cours sous l'égide de l'OMPI.

b) L'annexe de la convention de Berne (Acte de Paris 1971) et l'article V de la Convention Universelle

385. Faculté (provisoire) de recourir aux licences de reproduction et de traduction. Concernant les licences obligatoires de reproduction par exemple, prévue aussi bien dans la Convention de Berne que dans la Convention Universelle (v. *supra*), il s'agit en fait d'un régime sinon de faveur, du moins spécifique. En effet c'est une faculté réservée aux pays en développement. Les pays pouvant s'en prévaloir sont ceux qui, «conformément à la pratique établie aux Nations Unies», sont considérés comme en développement. Il s'agit de mesures exceptionnelles destinées, en théorie du moins, à ne plus être appliquées. Il convient de noter que des licences, plus générales, sont envisagées parmi les propositions relatives à la convention pour l'accès à la connaissance. Il s'agit dans la convention en discussion, comme dans la CB et la CU de tenir compte du fait que l'existence d'un droit de propriété intellectuelle, ou plutôt sa protection excessive, peut constituer un frein à l'accès au savoir.

---

[12] Pour un inventaire non exhaustif des questions qui peuvent se poser en pratique, L. Y. Ngombé, *Protection of African Folklore by Copyright Law. Questions That are Raised in Practice: Journal of The Copyright Society of The USA,* Vol. 51, n°2, 2004, pp. 437 et s.

[13] V. M. Fiscor, « Indigenous peoples and local communities :exploration of issues related to intellectual property protection of traditional culture (expressions of folklore) » in *Collection of Papers Presented at ATRIP Annual Meeting (1999),* WIPO 1999, pp. 35-52, à la p. 49

§2.- L'accord ADPIC[14]

386. Délai de transposition. Le texte adopté par l'OMC porte aussi des mesures spécifiques qui tiennent compte du niveau économique de certains pays et de leurs difficultés à pouvoir appliquer rapidement l'accord ADPIC. Il s'agit ici aussi d'une mesure provisoire[15]. Toutefois, à la différence de la Convention de Berne dont l'annexe est applicable tant que l'Etat considéré peut être estimé comme étant «en développement», le texte de l'OMC ne prévoit que des «délais d'ajustement» variant suivant les obligations de deux à dix ans. La prise en compte de la particularité des intérêts africains, dilués dans l'océan des pays en développement, se résume généralement aux aspects économiques (dont il faut évidemment tenir compte) et s'exprime surtout par l'adoption de «mesures annexes» et provisoires. Par ailleurs, concernant l'accord ADPIC, il semble bien que globalement les Etats africains (et la plupart de ce que l'on appelle les pays du sud) se sentent plus ou moins victimes d'un "marché de dupe"[16]. Globalement, note une économiste, «les gains des accords de Marrakech sont demeurés pour l'instant extrêmement modestes pour les pays du Sud»[17], les sacrifices consentis par ces Etats n'étant pas compensés par la contrepartie escomptée. Ainsi la signature de l'accord ADPIC avait été acceptée notamment en promesse du démantèlement de l'accord multifibre (AMF)[18].

§3 -. Considérations générales

387. Nécessité d'une prise en compte de la diversité de conceptions. La question qui se pose alors est celle de savoir si cette méthode permet de tenir compte des intérêts des Etats africains. Certains auteurs ont déploré le fait que le modèle occidental de protection des œuvres de l'esprit ait été

---

[14] D. Gervais, *The TRIPs Agreement: Drafting History and Analysis,* 2nd edition, London, Sweet & Maxwell, 2003, n°1.83 et s. (pp.123 et s.).- A. et H.-J. Lucas, *Traité de la propriété littéraire et artistique,* 3ème éd. Litec, 2006,n°1395 et s.

[15] V. D. Luff, *op. cit.,* pp. 726 et s.

[16] O. Castel, *Le sud dans la mondialisation : quelles alternatives ?,* Paris, La Découverte, 2002, pp.64 et s. -V. également B. Remiche, *Le droit des brevets face à la mondialisation de l'économie : Annales de l'université de Louvain,* 1997, pp. 169 et s.

[17] O. Castel, *Op. cit.,* p.67

[18] *ibid*

imposé aux pays en développement[19]. La remarque est pertinente. Il est cependant possible que certaines règles importées s'adaptent bien à l'environnement professionnel, culturel et économique du pays de réception[20]. Il reste néanmoins vrai qu'en matière de propriété littéraire et artistique, il est nécessaire, ainsi que l'a suggéré un auteur, d'adopter une attitude pluraliste respectant la diversité des conceptions ; lesquelles sont souvent des réponses à un problème d'ordre économique[21]. Cette approche économique a conduit, sur certaines questions, à prévoir des règles particulières pour les pays dits du Sud.

388. Hétérogénéité de la catégorie « Pays du Sud ». Néanmoins, on peut se poser la question de savoir si, au-delà des considérations économiques, tous les Etats dits du Sud ont forcément les mêmes intérêts en matière de droit d'auteur. Pour évoquer la propriété intellectuelle d'une manière générale, autant il paraît évident que les intérêts sont généralement communs pour l'ensemble des pays en développement pour ce qui concerne les brevets (accès aux médicaments par exemple)[22], autant la chose est moins évidente en matière d'œuvres de l'esprit.

Pour ne citer que quelques exemples, on peut évoquer brièvement les licences prévues à l'annexe de l'Acte de Paris (1971) de la Convention de Berne. Est-il certain que les dispositions de cette Annexe aient le même intérêt dans tous les pays en développement, malgré les disparités pouvant exister d'un pays à l'autre quant à l'activité éditoriale ou à l'état des infrastructures par exemple?

Autre exemple : le besoin de consommation d'œuvres audiovisuelles étrangères est-il le même au Cameroun (pays en développement ne produisant que très faiblement des œuvres audiovisuelles) et en Inde ou au Nigeria (pays en développement dont la production dans ce domaine est prolixe)?

Au-delà de ces interrogations d'ordre économique, peut s'ajouter une interrogation d'un tout autre d'ordre : la culture de l'ensemble des Etats dits du Sud est-elle la même? Les traités internationaux paraissent

---

[19] V. Burkitt, *Copyright Culture – The History and Cultural Specificity of The Western Model of Copyright : IPQ*, 2001, Issue 2, p. 146

[20] V. notre article *Propriétés artistiques et acculturation juridique. Réflexions sur la réception du Droit d'auteur et du Copyright en Afrique : RRJ*, 2002-4, pp.2011 et s.

[21] D. Burkitt, *Copyright Culture…*, cité *supra* note 19

[22] Encore qu'on puisse sur ce point estimer que les intérêts des pays dits "émergeants" ne sont pas forcément les mêmes que ceux des pays "les moins avancés"

en tout cas, du moins pour de nombreux auteurs, ne pas avoir suffisamment tenu compte des intérêts des pays en développement[23] (et notamment de l'Afrique). Pour d'autres auteurs, les effets bénéfiques d'une protection « élevée », particulièrement telle que prévue par les traités de l'OMPI, dans les pays en développement seraient un leurre[24]. La conclusion paraît hâtive. Pour autant la question mérite d'être posée.

389. Réflexions au niveau international sur l'attente des Etats africains pour la protection du Folklore. Il n'en reste pas moins que l'on ne peut pas nier d'une part l'effet positif aussi bien des conventions internationales que de l'action des institutions internationales sur le droit d'auteur en Afrique et d'autre part la nécessité d'une coopération permanente à l'échelle internationale en vue d'une protection efficace des œuvres de l'esprit. L'effectivité d'une telle protection suppose non pas un «impérialisme culturel» mais un respect des différences entre les régions du globe. C'est l'approche qui semble avoir été adoptée par l'OMPI et l'UNESCO qui a adopté en 2005, lors de la 33ème conférence générale, la convention pour la protection et la promotion de la diversité des expressions culturelles.

Tenant compte dans une certaine mesure des intérêts des pays prévoyant (ou souhaitant) la protection du folklore, l'OMC s'est saisie de la question. En effet, le conseil des ADPIC[25] s'intéresse, dans le cadre du neuvième cycle de négociation, aux intérêts des pays en développement sur plusieurs questions parmi lesquelles la protection des savoirs traditionnels et du folklore. Des travaux sont également en cours sur cette question sous l'égide de l'OMPI[26]. Ce qui pourra sans doute contribuer à une protection efficace des œuvres du folklore dans l'ordre international. Les propositions dominantes tendent vers l'adoption d'une protection *sui generis* ainsi qu'une protection par les droits coutumiers.

Il nous paraît tout à fait possible d'envisager la mise en œuvre de la protection des folklores des différents Etats par le droit d'auteur à

---

[23] S. K. Mathur, *article cité supra* note 7

[24] H. Sun., *Copyright under Siege. An Inquiry into The Legitimacy of Protection of Copyright in The Context of the Global Digital Divide: IIC*, Vol. 36, n°2, 2005, p. 192

[25] Organe de l'OMC en charge des questions de propriété intellectuelle.-. D. Luff, *op. cit.*, pp. 730 et s.

[26] V. document WIPO/GRTKF/IC/9/4

l'échelle internationale[27]. Cela suppose cependant que les expressions du folklore ne ressortissant pas au domaine de la création littéraire et artistique soient appréhendées par d'autres branches du droit de la propriété intellectuelle. Cela suppose aussi, sans doute, qu'une partie du folklore soit soumise à un autre régime que celui de la propriété intellectuelle, car il ne serait pas raisonnable de vouloir absolument que l'ensemble des expressions du folklore soit accueilli par la propriété intellectuelle. D'abord, on peut, pour certaines atteintes, avoir recours à d'autres moyens juridiques. Ensuite, il n'y a pas que des réponses juridiques aux questions du respect des folklores.

En l'Etat actuel des travaux, le droit d'auteur reste néanmoins le modèle dont s'inspire le droit *sui generis* proposé.

390. Observation générale n° 17. Il est intéressant de relever également, concernant le folklore, l'observation générale n°17 (adoptée en novembre 2005) par le comité des droits économiques, sociaux et culturels, sur l'article 15.1.c. (article relatif aux droits d'auteur)[28] du pacte sur les droits économiques, sociaux et culturels. Ce document des Nations Unies[29] précise notamment que « le droit d'un auteur à bénéficier de la protection des intérêts moraux et matériels découlant de ses productions scientifiques, littéraires ou artistiques peut dans certains cas être revendiqué ou exercé par des groupes d'individus ou de communautés » (paragraphe 8). Les Etats parties au Pacte relatif aux droits économiques, sociaux et culturels sont, par exemple, « invités » à adopter des mesures visant à protéger « le droit d'auteur individuel ou collectif des peuples autochtones [...] » (paragraphe 32). Ces commentaires, qui se réfèrent à un droit collectif, évoquent la titularité des droits sur les œuvres du folklore par une communauté.

---

[27] V. notre article *The Protection of African Folklore by copyright Law: Questions That are Raised in Practice: J. Copyr. Soc'y*, 2004, Vol. 51, n°2, p. 437

[28] Droit de chacun à bénéficier de la protection des intérêts moraux et matériels découlant de toute production scientifique, littéraire ou artistique dont il est l'auteur.

[29] V. *e-Bull. Dr. auteur* Janv.-Mars 2006 et, pour un commentaire de ce document, H.M. Haugen, *General Comment n°17 on "Author's Rights" : JWIP* Vol. 10, n°1 Janv. 2007, p.53

Chapitre V

Aides internationales pour le développement du droit d'auteur en Afrique et efforts régionaux

391.UNESCO. – OMPI. – CISAC. L'un des aspects internationaux du droit d'auteur en Afrique est l'action de l'UNESCO, de l'OMPI et de la CISAC sur ce continent.

Cette action consiste principalement dans l'assistance technique, la formation et l'élaboration des lois.

Pour ce qui est l'assistance technique, elle concerne au premier chef la gestion collective. Dans le cadre de cette assistance, interviennent principalement l'OMPI et l'UNESCO, mais l'on peut aussi citer, parmi d'autres, la confédération internationale des sociétés d'auteurs et compositeurs (CISAC).

En marge ou en sus des ces aides internationales, il existe des actions, encore insuffisantes, ou des ambitions, pour l'instant modestes, au niveau régional, particulièrement à travers des textes ayant une certaine portée symbolique. Ces textes ou ces initiatives, qui ne concernent pas de manière précise le droit d'auteur s'y rattachent ou sont susceptible de s'y rattacher, au moins de manière incidente, et méritent, à ce titre, d'être évoqués car ils complètent ou peuvent compléter les aides internationales.

Section 1. Assistance technique

392. OMPI. – Assistance - Promotion du droit d'auteur. Les programmes de coopération pour le développement mis en œuvre par l'OMPI prévoient notamment la coopération avec les organismes, sociétés, organisations ou fédérations de gestion collective compétentes aux niveaux national, régional et international afin de renforcer les systèmes de gestion collective dans les pays en développement en particulier pour tenir compte de l'environnement numérique. Est aussi prévu la mise en place de programmes propres à faciliter la compatibilité des systèmes de gestion des sociétés des pays en développement avec les normes techniques et les systèmes internationaux.

D'une manière générale l'objectif pour l'OMPI est de développer et de renforcer la capacité des pays africains à assurer la protection et la promotion des droits de propriété intellectuelle en faveur d'un développement économique, technique et culturel durable.

393. OMPI.- Comité du développement et de la propriété intellectuelle. Les Etats membres de l'OMPI ont créé, en 2007, un nouvel organe chargé du développement et de la propriété intellectuelle. Ce nouvel organe, le Comité du développement et de la propriété intellectuelle (CDIP), a tenu sa première session en mars 2007. Le CDIP a notamment pour mission de mettre en œuvre les recommandations adoptées par l'Assemblée générale de l'organisation mondiale de la propriété intellectuelle (OMPI).

Section 2. Textes, initiatives et projets régionaux

394. Promotion du droit d'auteur. – Union Africaine. – NEPAD. La nécessité de la promotion de la propriété intellectuelle en Afrique a été prise en compte par l'Organisation de l'Unité Africaine (devenue Union Africaine) dont la 35ème session des chefs d'Etats a adopté une résolution proclamant le 13 septembre "journée africaine de la technologie et de la propriété intellectuelle". Il reste à espérer que l'encouragement de la propriété intellectuelle voulu par l'Union Africaine ne se réduise, en réalité, qu'à la seule propriété industrielle. Par ailleurs, le NEPAD

(Nouveau partenariat pour le développement de l'Afrique) mis en œuvre par l'Union Africaine prévoit (§144) que les dirigeants du NEPAD prendront des mesures pour garantir que la connaissance indigène soit protégée en Afrique grâce à une réglementation appropriée[1] et qu'ils vont promouvoir sa protection au niveau international. La propriété littéraire et artistique peut constituer l'un des moyens pour atteindre cette fin.

395. Charte africaine des droits de l'homme et des peuples. Le droit d'auteur, ou de manière plus générale la propriété littéraire et artistique telle que définie par l'Organisation africaine de la propriété intellectuelle (incluant la protection du patrimoine culturel), peut aussi s'inscrire dans la mouvance de la protection des droits de l'homme et des peuples tels que garantis par la charte africaine du 27 juin 1981[2]. Par exemple, l'article 17.2 prévoyant le droit de prendre part librement à la vie culturelle de la communauté suppose aussi bien la liberté de création que l'accès au savoir. On peut aussi citer le droit à l'information prévu à l'article 9 et songer à sa conciliation avec la protection du droit d'auteur. On peut encore se demander s'il n'est pas possible de considérer que le droit de propriété garanti par l'article 14 de la charte africaine inclut la propriété littéraire et artistique. La lecture de ce texte invite même à poser la question du devoir « de servir sa communauté nationale en mettant ses capacités [...] intellectuelles à son service »[3]. Ce devoir, qui implique, notamment, de servir son pays par ses créations, a-t-il pour corollaire une protection élevée ou bien induit-il, au contraire, au nom du service dû à la nation, une protection minimale ?

Section 3. Programmes de formation et diffusion de l'information

396. OMPI. L'assistance technique en matière de gestion collective se poursuit par un programme de formation à la gestion collective mis en

---

[1] Ce qui paraît être le cas, du moins en partie, de la législation de l'OAPI sur la protection du patrimoine culturel

[2] Sur ce texte, K. Mbaye, *Les droits de l'homme en Afrique*, Paris, A. Pedone, 2ème édition 2002.

[3] Charte africaine des Droits de l'homme et des peuples, art. 29

œuvre par l'OMPI. Par ailleurs l'OMPI prévoit des programmes de formation destinés à des professionnels ainsi qu'à des néophytes. Il existe notamment plusieurs modules de formation à distance qui vont de la simple initiation à des approfondissements divers sur cet aspects de la propriété intellectuelle. L'OMPI participe également à l'information sur la question en publiant des guides ainsi que le *Magazine de l'OMPI* (Magazine mensuelle disponible sur le site de l'OMPI)[4]. S'y ajoute, l'appui de l'OMPI pour la formation des formateurs dans de nombreux pays d'Afrique.

397. UNESCO. L'Organisation des Nations Unies pour l'éducation et la culture a, donnant suite aux recommandations du congrès mondial sur l'enseignement et l'information en matière de droit d'auteur, mis en place un programme pour instituer l'enseignement du droit d'auteur dans les universités africaines. Ce programme prévoit : l'élaboration de programmes d'enseignement, la conception de manuels de base, une aide pour l'acquisition de documents. La conception de programmes type a été confiée à six groupes de travail dont deux pour l'Afrique (un pour les pays anglophones et l'autre pour les pays francophones). Les programmes adoptés ont été transmis aux ministres concernés des Etats membres.

L'UNESCO contribue également à l'enseignement du droit d'auteur en aidant à la création de chaires de droit d'auteur. Les conditions de créations des chaires de droit d'auteur sont précisées par l'UNESCO. La procédure prévoit notamment une formation de l'enseignant postulant à la titularité de la chaire dans un pays étranger (ayant une expérience de l'enseignement du droit d'auteur). Dans le cadre de ce programme de formation, ont notamment été instituées des chaires de droit d'auteur dans les universités de Tunis (Tunisie), d'Alger (Algérie) et de Yaoundé (Cameroun). Il est envisagé de créer très prochainement des chaires de droit d'auteur en Egypte, au Nigeria et au Sénégal.

Il est souhaitable, que les Etats africains introduisent massivement l'enseignement du droit d'auteur dans les facultés de droit, sans d'ailleurs attendre une aide internationale. On ne peut que constater, avec regret, que de nombreux Etats, notamment parmi les Etats membres de l'OAPI,

---

[4] Auparavant elle éditait d'une part *Le droit d'auteur* et d'autre part *La propriété industrielle*, puis les deux revues avaient fusionné pour constituer *La propriété industrielle et le droit d'auteur.*

n'ont pas encore introduit l'enseignement du droit d'auteur dans leurs cursus universitaires[5].

398. OAPI. Au niveau régional, un pas a été franchi par l'Organisation africaine de la propriété intellectuelle, dont le centre de formation devrait permettre au fil des années une formation, notamment, des différents acteurs du domaine de la culture ainsi que des juristes (magistrats en particulier) appelés dans le cadre de leurs activités à utiliser l'arsenal juridique, souvent méconnu, mis à leur disposition.

---

[5] V. notre chronique, *Trente ans de droit d'auteur dans l'espace OAPI : RJT* 2007, p. 759, spéc. pp. 777-778

CONCLUSION

399. Utilité de l'adoption de textes idoines.- Nécessité de leur application. L'impact du droit d'auteur sur la créativité a souvent été souligné[1]. D'où l'intérêt pour les Etats Africains à adopter des lois sur le droit d'auteur et à les faire respecter. A aussi été relevée l'importance d'un cadre juridique idoine, veillant au respect de l'identité culturelle de chaque Etat. En effet, «une loi doit répondre à l'aspiration profonde du peuple dont elle est censée émaner, [...] elle doit être conforme à ses besoins économiques, sociaux et culturels [...]»[2]. Toutes ces considérations sont plus ou moins prises en compte, ou presque.

D'abord les Etats africains, dans leur majorité, ont adopté des lois sur le droit d'auteur. Ces lois, bien qu'elles soient souvent rédigées par des experts d'organismes internationaux, tiennent plus ou moins compte des particularités locales même si elles s'inspirent généralement soit du modèle anglo-saxon du copyright, soit du modèle latin du droit d'auteur. Sans doute, les textes africains sur le droit d'auteur méritent de répondre davantage aux besoins locaux, sans doute aussi faudra-t-il qu'au fur et à mesure que les africains prennent une part plus significative à l'élaboration de leurs lois sur le droit d'auteur. En général, dans la mesure du possible, des juristes ou des professionnels locaux sont associés.

---

[1] V. J. R. Obon Leon, *Le droit d'auteur considéré comme moteur du développement : Bull. dr. d'auteur,* Vol. 16, n°4, 1982, p.6 ; A. Hassan, *Le droit d'auteur et le développement : Bull. dr. auteur,* Vol. 16, n°4, 1982, p.10.- N. Ndiaye, *L'influence du droit d'auteur sur le développement de la culture dans les pays en voie de développement : RIDA,* Oct. 1975, p.59

[2] N. NDiaye, *L'évolution du droit d'auteur en Afrique depuis les révisions de 1971 dans les conventions de Berne et de Genève : RIDA,* oct. 1994, pp.227 et s. à la p.237

L'application effective des textes en Afrique est encore à l'état de balbutiement. La question du droit d'auteur doit s'inscrire dans une stratégie plus globale, intégrant notamment les aspects économiques, et non pas les seuls aspects culturels. On peut par exemple souhaiter une politique favorisant l'exportation des créations littéraires et artistiques pour permettre aux différents acteurs de la culture d'en tirer profit. Il convient aussi de s'intéresser à la question des infrastructures (imprimeries, studios d'enregistrement, etc.). Il est en outre utile de s'interroger sur la condition des artistes, sur la promotion des arts et des lettres en y consacrant de meilleurs budgets.

400. Adaptations des règles importées aux réalités locales. Le droit d'auteur est un volet important de la culture. La question d'un "impérialisme culturel" et d'une éventuelle vocation universelle de l'approche "occidentale" de la protection des œuvres de l'esprit a parfois été posée.

Il est tout autant utile de ne pas accepter l'adoption complète et aveugle d'un système importé que de ne pas s'enfermer dans une logique absolue de la différence. L'important est de trouver les réponses les plus adaptées aux problèmes de chaque pays, fussent-elles importées. Dans le cadre de l'adaptation locale des lois, la question de leur accessibilité mérite d'être posée. Une réflexion sur un minimum de simplification des règles nous paraît alors s'imposer.

401. Internationalisation et intégration régionale. En outre dans un monde où les produits culturels sont en constante circulation, le droit international occupera une place de plus en plus importante en harmonisant progressivement les règles, mais sans doute pas complètement[3] (au fur et à mesure de l'évolution de la technique et du marché). L'adhésion des Etats africains aux différentes conventions sur le droit d'auteur est, de ce point de vue, une chose positive et, de toute façon, sans doute, inévitable.

Dans le cadre de l'internationalisation du droit d'auteur, une meilleure intégration régionale paraît utile pour mieux faire valoir les intérêts du continent. L'intégration régionale en matière de droit d'auteur est aussi un facteur facilitant le respect des droits des créateurs et des investisseurs dans un marché qui ne se limite pas aux frontières d'un Etat.

---

[3] Du moins en droit d'auteur

Dans ce contexte, une réflexion stratégique sur la question peut être opportune, aussi bien au niveau de chaque Etat qu'au niveau des espaces régionaux ou sous-régionaux d'intégration juridique ou économique.

402. Contexte économique.- Perspectives encourageantes. Bien qu'il ne faille pas réduire le droit d'auteur à sa dimension économique, il est certain que le respect du droit d'auteur entrera d'autant plus dans les mœurs que des progrès économiques auront été effectués. On songe sur ce point à la pyramide de Maslow sur l'échelle des besoins de l'être humain[4]. Compte tenu de la situation économique et sociale en Afrique on peut aisément imaginer et comprendre la place qu'occupe, pour l'instant, une telle question dans la hiérarchie des préoccupations des populations.

Mais d'un autre côté les africains sont de grands consommateurs et des créateurs prolixes d'œuvres de l'esprit (particulièrement d'œuvres musicales). Cela augure, espérons-le, de belles perspectives pour le développement du droit d'auteur en Afrique et, au-delà, d'une politique culturelle dynamique dans le respect d'une approche internationale des questions juridiques relevant du domaine de la culture.

403. Accessibilité.- Information.- Formation. Ces promesses en germes dans le dynamisme culturel africain ne seront que vaines si les principaux acteurs concernés n'ont pas accès à l'information juridique le concernant. Il est donc judicieux de mettre en œuvre les moyens nécessaire pour permettre aux artistes et aux entrepreneur de la culture un accès effective à l'information juridique et au droit. Une réflexion sur des outils d'information adaptés est alors indispensable. Par ailleurs à des degrés divers l'effectivité du droit nécessitera la poursuite de l'effort de formation entamée, particulièrement par les organisations régionales et internationales.

---

[4] V. A.H. Maslow, *Vers une psychologie de l'être,* Paris, Fayard 1997

ANNEXES

ACCORD DE BANGUI – Annexe VII (rédaction issue de la révision de 1999)

ANNEXE VII
DE LA PROPRIÉTÉ LITTÉRAIRE
ET ARTISTIQUE

Article premier

Généralités

Le régime commun prévu par la présente annexe couvre :

a) la protection du droit d'auteur;

b) la protection des droits des artistes, interprètes ou exécutants, des producteurs de phonogrammes et des organes de radiodiffusion (droits voisins); et

c) la protection et la promotion du patrimoine culturel.

TITRE I

DU DROIT D'AUTEUR

ET DES DROITS VOISINS

Première partie

Du droit d'auteur

Chapitre premier

Dispositions introductives

Article 2

Définitions

Les termes suivants et leurs variantes tels qu'ils sont employés dans la présente annexe ont la signification suivante :

i) Une "œuvre" est toute création littéraire ou artistique au sens des dispositions de l'article 5.

ii) Une "œuvre audiovisuelle" est une œuvre qui consiste en une série d'images liées entre elles qui donnent une impression de mouvement, accompagnée ou non de sons et, si elle est accompagnée de sons, susceptible d'être audible.

iii) Une "œuvre des arts appliqués" est une création artistique bidimensionnelle ou tridimensionnelle ayant une fonction utilitaire ou incorporée dans un article d'utilité, qu'il s'agisse d'une œuvre artisanale ou produite selon des procédés industriels. Un "article d'utilité" est un article qui remplit une fonction utilitaire intrinsèque ne consistant pas seulement à présenter l'apparence d'un article ou à transmettre des informations.

iv) Une "œuvre de collaboration" est une œuvre à la création de laquelle ont concouru deux ou plusieurs auteurs.

v) Est dite "collective", l'œuvre créée sur l'initiative d'une personne physique ou morale qui la divulgue sous sa direction et sous son nom, et dans laquelle la contribution personnelle des divers auteurs participant à son élaboration se fond dans l'ensemble en vue duquel elle est conçue, sans qu'il soit possible d'attribuer à chacun d'eux un droit distinct sur l'ensemble réalisé.

vi) Une "œuvre composite" est une œuvre nouvelle qui incorpore une œuvre préexistante et qui est réalisée sans la collaboration de l'auteur de cette dernière.

vii) Une "œuvre photographique" est l'enregistrement de la lumière ou d'un autre rayonnement sur tout support sur lequel une image est produite ou à partir duquel une image peut être produite, quelle que soit la nature de la technique (chimique, électronique ou autre) par laquelle cet enregistrement est réalisé. Une image fixe extraite d'une œuvre audiovisuelle n'est pas considérée comme "œuvre photographique" mais comme une partie de l'œuvre audiovisuelle concernée.

viii) L'"auteur" est la personne physique qui a créé l'œuvre.

ix) Le "producteur d'une œuvre" est la personne physique ou morale qui prend l'initiative et assume la responsabilité de la réalisation de cette œuvre.

x) Le "producteur d'une œuvre audiovisuelle" est la personne physique ou morale qui prend l'initiative et la responsabilité de faire réaliser l'œuvre.

xi) La "radiodiffusion" est la communication de l'œuvre (y compris la présentation ou la représentation ou l'exécution d'une œuvre) au public par la transmission sans fil; la "réémission" est l'émission d'une œuvre radiodiffusée. La "radiodiffusion" comprend la radiodiffusion par satellite qui est la "radiodiffusion" depuis l'injection d'une œuvre vers le satellite, y compris à la fois les phases ascendantes et descendantes de la transmission jusqu'à ce que l'œuvre soit communiquée au public. La radiodiffusion comprend également la communication des œuvres par la télévision.

xii) La "communication d'une œuvre au public" (y compris sa présentation, sa représentation ou exécution, ou sa radiodiffusion) est le fait de rendre l'œuvre accessible au public par des moyens autres que la distribution d'exemplaires. Tout procédé qui est nécessaire pour rendre l'œuvre accessible au public, et qui le permet, est une "communication", et l'œuvre est considérée comme "communiquée au public" même si personne dans le public auquel l'œuvre était destinée ne la reçoit, ne la voit ni ne l'écoute effectivement.

xiii) La "communication publique par câble" est la communication d'une œuvre au public par fil ou par toute autre voie constituée par une substance matérielle.

xiv) La "communication au public" est la transmission par fil ou sans fil de l'image, du son, ou de l'image et du son, d'une œuvre de telle manière que ceux-ci puissent être perçus par des personnes étrangères au cercle d'une famille et de son entourage le plus immédiat se trouvant en un ou plusieurs lieux assez éloignés du lieu d'origine de la transmission pour que, sans cette transmission, l'image ou le son ne puissent pas être perçus en ce ou ces lieux, peu important à cet égard que ces personnes puissent percevoir l'image ou le son dans le même lieu et au même moment, ou dans des lieux différents à des moments différents.

xv) La "représentation ou exécution publique" est le fait de réciter, jouer, danser, représenter ou interpréter autrement une œuvre, soit directement, soit au moyen de tout dispositif ou procédé ou, dans le cas d'une œuvre audiovisuelle, d'en montrer les images en série ou de rendre audibles les sons qui l'accompagnent, en un ou plusieurs lieux où des personnes étrangères au cercle d'une famille et de son entourage le plus immédiat sont ou peuvent être présentes, peu important à cet égard qu'elles soient ou puissent être présentes dans le même lieu et au même moment, ou en des lieux différents et à des moments différents, où la représentation ou exécution peut être perçue sans qu'il y ait nécessairement communication au public au sens de l'alinéa précédent.

xvi) Le terme "publié" signifie que des exemplaires de l'œuvre ont été rendus accessibles au public avec le consentement de l'auteur, par la vente, la location, le prêt public ou par tout autre transfert de propriété ou de possession, à condition que, compte tenu de la nature de l'œuvre, le nombre de ces exemplaires publiés ait été suffisant pour répondre aux besoins normaux du public. Une œuvre doit être aussi considérée comme "publiée" si elle est mémorisée dans un système d'ordinateur et rendue accessible au public par tout moyen de récupération.

xvii) La "reproduction" est la fabrication d'un ou plusieurs exemplaires d'une œuvre ou d'une partie de celle-ci dans une forme matérielle quelle qu'elle soit, y compris l'enregistrement sonore et visuel. La fabrication d'un ou plusieurs exemplaires tridimensionnels d'une œuvre bidimensionnelle et la fabrication d'un ou plusieurs exemplaires bidimensionnels d'une œuvre tridimensionnelle ainsi que l'inclusion d'une œuvre ou d'une partie de celle-ci dans un système d'ordinateur (soit dans l'unité de mémorisation interne soit dans une unité de mémorisation externe d'un ordinateur) sont aussi une "reproduction".

xviii) La "reproduction reprographique" d'une œuvre est la fabrication d'exemplaires en fac-similé d'originaux ou d'exemplaires de l'œuvre par d'autres moyens que la peinture, par exemple la photocopie. La fabrication d'exemplaires en fac-similé qui sont réduits ou agrandis est aussi considérée comme une "reproduction reprographique".

xix) "Représenter ou exécuter" une œuvre signifie la réciter, la jouer, la danser ou l'interpréter, soit directement soit au moyen de tout dispositif ou procédé ou, dans le cas d'une œuvre audiovisuelle, en montrer des images dans un ordre quel qu'il soit ou rendre audibles les sons qui l'accompagnent.

xx) Les "expressions du folklore" sont des productions d'éléments caractéristiques du patrimoine artistique traditionnel développé et perpétué par une communauté ou par des individus, reconnues comme répondant aux attentes de cette communauté et comprenant les contes populaires, la poésie populaire, les chansons et la musique instrumentale populaires, les danses et spectacles populaires ainsi que les expressions artistiques des rituels et les productions d'art populaire.

xxi) Une "copie" est le résultat de tout acte de reproduction d'une œuvre déjà fixée sur un support.

xxii) Un "programme d'ordinateur" est un ensemble d'instructions exprimées par des mots, des codes, des schémas ou par toute autre forme pouvant, une fois incorporés dans un support déchiffrable par une machine, faire accomplir ou faire obtenir une tâche ou un résultat particulier par un ordinateur ou par un procédé électronique capable de faire du traitement de l'information.
xxiii) Une "base de données" est une compilation de données ou de faits.
xxiv) Le "prêt public" est le transfert de la possession de l'original ou d'un exemplaire de l'œuvre pour une durée limitée, à des fins non lucratives, par une institution fournissant des services au public, telle qu'une bibliothèque publique ou des archives publiques.
xxv) La "location" est le transfert de la possession de l'original ou d'un exemplaire de l'œuvre pour une durée limitée, dans un but lucratif.

Article 3

Champ d'application

1) Les dispositions de la présente partie de l'annexe s'appliquent :
i) aux œuvres dont l'auteur ou tout autre titulaire originaire du droit d'auteur est ressortissant de l'un des États membres de l'Organisation, ou y a sa résidence habituelle ou son siège;
ii) aux œuvres audiovisuelles dont le producteur est ressortissant de l'un des États membres de l'Organisation, ou y a sa résidence habituelle ou son siège;
iii) aux œuvres publiées pour la première fois sur le territoire de l'un des États membres de l'Organisation ou publiées pour la première fois dans un pays étranger et publiées également dans l'un des États membres de l'Organisation dans un délai de 30 jours;
iv) aux œuvres d'architecture érigées dans l'un des États membres de l'Organisation.
2) S'il s'agit d'une œuvre de collaboration, il suffit, pour que les dispositions de la présente partie de l'annexe s'appliquent, qu'un des collaborateurs satisfasse à la condition prévue à l'alinéa 1)i) ci-dessus.
3) Les dispositions pertinentes de l'Accord portant révision de l'Accord de Bangui du 02 mars 1977 s'appliquent *mutatis mutandis* dans cette partie de l'annexe.
4) Demeurent réservées les dispositions des traités internationaux.

Chapitre II

Objet de la protection

Article 4

Objet de la protection : généralités

1) L'auteur de toute œuvre originale de l'esprit, littéraire et artistique jouit sur cette œuvre, du seul fait de sa création, d'un droit de propriété incorporelle, exclusif et opposable à tous. Ce droit comporte des attributs d'ordre moral ainsi que des attributs d'ordre patrimonial qui sont déterminés par la présente annexe.
2) La protection résultant des droits prévus à l'alinéa 1), ci-après dénommée "protection", commence dès la création de l'œuvre, même si celle-ci n'est pas fixée sur un support matériel.

Article 5

Objet de la protection : les œuvres

1) La présente annexe s'applique aux œuvres littéraires et artistiques, ci-après dénommées "œuvres", qui sont des créations intellectuelles originales dans le domaine littéraire et artistique, scientifique, telles que :
i) les œuvres exprimées par écrit, y compris les programmes d'ordinateur;
ii) les conférences, allocutions, sermons et autres œuvres faites de mots et exprimées oralement;
iii) les œuvres musicales qu'elles comprennent ou non des textes d'accompagnement;
iv) les œuvres dramatiques et dramatico-musicales;
v) les œuvres chorégraphiques et les pantomimes;
vi) les œuvres audiovisuelles;
vii) les œuvres des beaux-arts : les dessins, les peintures, les sculptures, les gravures et lithographies;
viii) les œuvres d'architecture;
ix) les œuvres photographiques;
x) les œuvres des arts appliqués;
xi) les illustrations, les cartes géographiques, les plans, les croquis et les œuvres tridimensionnelles relatives à la géographie, la topographie, l'architecture ou la science;

xii) les expressions du folklore et les œuvres inspirées du folklore.
2) La protection est indépendante du mode ou de la forme d'expression, de la qualité et du but de l'œuvre.

Article 6
Objet de la protection :
les œuvres dérivées et les recueils

1) Sont protégés également en tant qu'œuvres :
i) les traductions, les adaptations, les arrangements et autres transformations d'œuvres et d'expressions du folklore; et
ii) les recueils d'œuvres, d'expressions du folklore ou de simples faits ou données, tels que les encyclopédies, les anthologies et les bases de données, qu'elles soient reproduites sur support exploitable par machine ou sous toute autre forme, qui, par le choix, la coordination ou la disposition des matières, constituent des créations intellectuelles.
2) La protection des œuvres mentionnées à l'alinéa 1) est sans préjudice de la protection des œuvres préexistantes utilisées pour la confection de ces œuvres.

Article 7
Objets non protégés

La protection prévue par la présente partie de l'annexe ne s'étend pas :
i) aux textes officiels de nature législative, administrative ou judiciaire, ni à leurs traductions officielles;
ii) aux nouvelles du jour; et,
iii) aux simples faits et données.

Chapitre III
Droits protégés

Article 8
Droits moraux

1) Indépendamment de ses droits patrimoniaux et même après la cession desdits droits, l'auteur d'une œuvre a le droit :
i) de revendiquer la paternité de son œuvre, en particulier le droit de faire porter la mention de son nom sur les exemplaires de son œuvre et, dans la mesure du possible et de la façon habituelle, en relation avec toute utilisation publique de son œuvre;
ii) de rester anonyme ou d'utiliser un pseudonyme;
iii) de s'opposer à toute déformation, mutilation ou autre modification de son œuvre ou à toute autre atteinte à la même œuvre qui seraient préjudiciables à son honneur ou à sa réputation.
2) L'auteur a le droit de divulguer son œuvre. Il détermine le procédé de divulgation et en fixe les conditions. Nonobstant la cession de son droit d'exploitation, l'auteur, même postérieurement à la publication de son œuvre, jouit d'un droit de repentir ou de retrait vis-à-vis du cessionnaire. Il ne peut toutefois exercer ce droit qu'à charge d'indemniser préalablement le cessionnaire du préjudice que ce retrait peut lui causer. Lorsque, postérieurement à l'exercice de son droit de repentir ou de retrait, l'auteur décide de faire publier son œuvre, il est tenu d'offrir par priorité ces droits d'exploitation au cessionnaire qu'il avait originairement choisi et aux conditions originairement déterminées.

Article 9
Droits patrimoniaux

1) L'auteur jouit du droit exclusif d'exploiter son œuvre sous quelque forme que ce soit et d'en tirer un profit pécuniaire. Sous réserve des dispositions des articles 10 à 21, l'auteur d'une œuvre a notamment le droit exclusif de faire ou d'autoriser les actes suivants :
i) reproduire son œuvre;
ii) traduire son œuvre;
iii) adapter, arranger ou transformer autrement son œuvre;
iv) distribuer des exemplaires de son œuvre au public par la vente ou par tout autre transfert de propriété ou par location;
v) représenter ou exécuter son œuvre en public;

vi) communiquer son œuvre (y compris la représenter ou l'exécuter) au public par radiodiffusion (ou rediffusion), ou par télévision;
vii) communiquer son œuvre (y compris la représenter ou l'exécuter, ou la radiodiffuser) au public par câble ou par tout autre moyen.
2) Les droits de location prévus au point iv) de l'alinéa 1) ne s'appliquent pas à la location de programmes d'ordinateur dans le cas où le programme lui-même n'est pas l'objet essentiel de la location.

Article 10

Droit de suite

1) Les auteurs d'œuvres graphiques et plastiques et de manuscrits ont, nonobstant toute cession de l'œuvre originale, un droit inaliénable de participation au produit de toute vente de cette œuvre ou de ce manuscrit faite aux enchères publiques ou par l'intermédiaire d'un commerçant, quelles que soient les modalités de l'opération réalisée par ce dernier.
2) La disposition qui précède ne s'applique ni aux œuvres d'architecture ni aux œuvres des arts appliqués.
3) Les conditions de l'exercice de ce droit, ainsi que le taux de cette participation au produit de la vente, sont déterminés par l'autorité nationale compétente.

Chapitre IV

Limitation des droits patrimoniaux

Article 11

Libre reproduction à des fins privées

1) Nonobstant les dispositions de l'article 9, et sous réserve de celles de l'alinéa 2) du présent article et de celles de l'article 58, il est permis, sans l'autorisation de l'auteur et sans le paiement d'une rémunération, de reproduire une œuvre licitement publiée exclusivement pour l'usage privé de l'utilisateur.
2) L'alinéa 1) ne s'applique pas :
i) à la reproduction d'œuvres d'architecture revêtant la forme de bâtiments ou d'autres constructions similaires;
ii) à la reproduction reprographique d'œuvres des beaux-arts à tirage limité, de la présentation graphique d'œuvres musicales (partitions) et des manuels d'exercice et autres publications dont on ne se sert qu'une fois;
iii) à la reproduction de la totalité ou de parties importantes de bases de données;
iv) à la reproduction de programmes d'ordinateur sauf dans les cas prévus à l'article 18; et
v) à toute autre reproduction d'une œuvre qui porterait atteinte à l'exploitation normale de l'œuvre ou causerait un préjudice injustifié aux intérêts légitimes de l'auteur.

Article 12

Libre reproduction revêtant la forme de citation

Nonobstant les dispositions de l'article 9, il est permis, sans l'autorisation de l'auteur et sans le paiement d'une rémunération, de citer une œuvre licitement publiée dans une autre œuvre, à la condition d'indiquer la source et le nom de l'auteur si ce nom figure à la source, et à la condition qu'une telle citation soit conforme aux bons usages et que son ampleur ne dépasse pas celle justifiée par le but à atteindre.

Article 13

Libre utilisation pour l'enseignement

Nonobstant les dispositions de l'article 9, il est permis, sans l'autorisation de l'auteur et sans paiement d'une rémunération, mais sous réserve de l'obligation d'indiquer la source et le nom de l'auteur si ce nom figure à la source :
i) d'utiliser une œuvre licitement publiée en tant qu'illustration dans des publications, des émissions de radiodiffusion ou des enregistrements sonores ou visuels destinés à l'enseignement; et
ii) de reproduire, par des moyens reprographiques pour l'enseignement ou pour les examens au sein d'établissements d'enseignement dont les activités ne visent pas directement ou indirectement un profit commercial, et dans la mesure justifiée par le but à atteindre, des articles isolés licitement publiés dans un journal ou périodique, de courts extraits d'une œuvre licitement publiée.

Article 14
Reproduction reprographique par les bibliothèques et les services d'archives

Nonobstant les dispositions de l'article 9, sans l'autorisation de l'auteur ou de tout autre titulaire du droit d'auteur, une bibliothèque ou des services d'archives dont les activités ne visent pas directement ou indirectement un profit commercial peuvent réaliser par reproduction reprographique des exemplaires isolés d'une œuvre :

i) lorsque l'œuvre reproduite est un article ou un court extrait d'un écrit autre qu'un programme d'ordinateur, avec ou sans illustration, publié dans une collection d'œuvres ou dans un numéro d'un journal ou d'un périodique, et lorsque le but de la reproduction est de répondre à la demande d'une personne physique;

ii) lorsque la réalisation d'un tel exemplaire est destinée à le préserver et, si nécessaire, au cas où il serait perdu, détruit ou rendu inutilisable, à le remplacer ou, dans une collection permanente d'une autre bibliothèque ou d'un autre service d'archives, à remplacer un exemplaire perdu, détruit ou rendu inutilisable.

Article 15
Libre reproduction à des fins judiciaires et administratives

Nonobstant les dispositions de l'article 9, il est permis, sans l'autorisation de l'auteur et sans le paiement d'une rémunération, de reproduire une œuvre destinée à une procédure judiciaire ou administrative dans la mesure justifiée par le but à atteindre.

Article 16
Libre utilisation à des fins d'information

Nonobstant les dispositions de l'article 9, il est permis, sans l'autorisation de l'auteur et sans paiement d'une rémunération, mais sous réserve de l'obligation d'indiquer la source et le nom de l'auteur si ce nom figure dans la source :

i) de reproduire par la presse, de radiodiffuser ou de communiquer au public, un article économique, politique ou religieux publié dans des journaux ou recueils périodiques, ou une œuvre radiodiffusée ayant le même caractère, dans les cas où le droit de reproduction, de radiodiffusion ou de communication au public n'est pas expressément réservé;

ii) de reproduire ou de rendre accessible au public, à des fins de compte rendu des événements d'actualité par le moyen de la photographie, de la cinématographie, ou par voie de radiodiffusion ou communication par câble au public, une œuvre vue ou entendue au cours d'un tel événement, dans la mesure justifiée par le but d'information à atteindre;

iii) de reproduire par la presse, de radiodiffuser ou de communiquer au public des discours politiques, des conférences, des allocutions, des sermons ou autres œuvres de même nature délivrés en public ainsi que des discours délivrés lors de procès, à des fins d'information et dans la mesure justifiée par le but à atteindre, les auteurs conservant leur droit de publier des collections de ces œuvres.

Article 17
Libre utilisation d'images d'œuvres situées en permanence dans les endroits publics

Nonobstant les dispositions de l'article 9, il est permis, sans l'autorisation de l'auteur et sans paiement d'une rémunération, de reproduire, de radiodiffuser ou de communiquer par câble au public une image d'une œuvre d'architecture, d'une œuvre des beaux-arts, d'une œuvre photographique ou d'une œuvre des arts appliqués qui est située en permanence dans un endroit ouvert au public, sauf si l'image de l'œuvre est le sujet principal d'une telle reproduction, radiodiffusion ou communication et si elle est utilisée à des fins commerciales.

Article 18
Libre reproduction et adaptation de programmes d'ordinateur

1) Nonobstant les dispositions de l'article 9, le propriétaire légitime d'un exemplaire d'un programme d'ordinateur peut, sans l'autorisation de l'auteur et sans paiement d'une rémunération séparée,

réaliser un exemplaire ou l'adaptation de ce programme à condition que cet exemplaire ou cette adaptation soit :
i) nécessaire à l'utilisation du programme d'ordinateur à des fins pour lesquelles le programme a été obtenu; ou
ii) nécessaire à des fins d'archivage et pour remplacer l'exemplaire licitement détenu dans le cas où celui-ci serait perdu, détruit ou rendu inutilisable.
2) Aucun exemplaire ni aucune adaptation ne peuvent être réalisés à des fins autres que celles prévues à l'alinéa 1), et tout exemplaire ou toute adaptation sera détruit dans le cas où la possession prolongée de l'exemplaire du programme d'ordinateur cesse d'être licite.

Article 19

Libre enregistrement éphémère par les organismes de radiodiffusion

Nonobstant les dispositions de l'article 9, un organisme de radiodiffusion peut, sans l'autorisation de l'auteur et sans paiement d'une rémunération séparée, réaliser un enregistrement éphémère par ses propres moyens et pour ses propres émissions d'une œuvre qu'il a le droit de radiodiffuser. L'organisme de radiodiffusion doit détruire cet enregistrement dans les six mois suivant sa réalisation, à moins qu'un accord pour une période plus longue n'ait été passé avec l'auteur de l'œuvre ainsi enregistrée.
Toutefois, sans un tel accord, un exemplaire unique de cet enregistrement peut être gardé à des fins exclusives de conservation d'archives.

Article 20

Libre représentation ou exécution publique

Nonobstant les dispositions de l'article 9, il est permis, sans l'autorisation de l'auteur et sans paiement d'une rémunération, de représenter ou d'exécuter une œuvre publiquement :
i) lors de cérémonies officielles dans la mesure justifiée par la nature de ces cérémonies;
ii) lors des cérémonies religieuses dans les locaux prévus à cet effet; et
iii) dans le cadre des activités d'un établissement d'enseignement pour le personnel et les étudiants d'un tel établissement, si le public est composé exclusivement du personnel et des étudiants de l'établissement ou des parents et des surveillants ou d'autres personnes directement liées aux activités de l'établissement.

Article 21

Importation à des fins personnelles

L'importation d'un exemplaire d'une œuvre par une personne physique, à des fins personnelles, est permise sans l'autorisation de l'auteur ou de tout autre titulaire du droit d'auteur sur l'œuvre.

Chapitre V
Durée de protection

Article 22

Durée de protection : généralités

Sauf dispositions contraires du présent chapitre, les droits patrimoniaux sur une œuvre sont protégés pendant la vie de l'auteur et soixante-dix ans après sa mort.
Les droits moraux sont illimités dans le temps. Après l'expiration de la protection des droits patrimoniaux, l'organisme national de gestion collective des droits visés à l'article 60 est en droit de faire respecter les droits moraux en faveur des auteurs.

Article 23

Durée de protection pour les œuvres de collaboration

Les droits patrimoniaux sur une œuvre de collaboration sont protégés pendant la vie du dernier auteur survivant et soixante-dix ans après sa mort.

Article 24

Durée de protection pour les œuvres anonymes et pseudonymes

Les droits patrimoniaux sur une œuvre publiée de manière anonyme ou sous un pseudonyme sont protégés jusqu'à l'expiration d'une période de soixante-dix ans à compter de la fin de l'année civile où une telle œuvre a été publiée licitement pour la première fois, ou, à défaut d'un tel événement intervenu dans les soixante-dix ans à partir de la réalisation de cette œuvre, soixante-dix ans à compter de la fin de l'année civile où une telle œuvre a été licitement rendue accessible au public, ou, à défaut de tels événements intervenus soixante-dix ans à partir de la réalisation de cette œuvre, soixante-dix ans à compter de la fin de l'année civile de cette réalisation, sauf si, avant l'expiration desdites périodes, l'identité de l'auteur est révélée ou ne laisse aucun doute, auquel cas les dispositions de l'article 22 ou de l'article 23 s'appliquent.

Article 25
Durée de protection
pour les œuvres collectives et audiovisuelles

Les droits patrimoniaux sur une œuvre collective ou sur une œuvre audiovisuelle sont protégés jusqu'à l'expiration d'une période de soixante-dix ans à compter de la fin de l'année civile où une telle œuvre a été publiée licitement pour la première fois, ou, à défaut d'un tel événement intervenu dans les soixante-dix ans à partir de la réalisation de cette œuvre, soixante-dix ans à compter de la fin de l'année civile où une telle œuvre a été rendue accessible au public, ou, à défaut de tels événements intervenus dans les soixante-dix ans à partir de la réalisation de cette œuvre, soixante-dix ans à compter de la fin de l'année civile de cette réalisation.

Article 26
Durée de protection
pour les œuvres des arts appliqués

Les droits patrimoniaux sur une œuvre des arts appliqués sont protégés jusqu'à l'expiration d'une période de vingt-cinq ans à partir de la réalisation d'une telle œuvre.

Article 27
Calcul des délais

Dans le présent chapitre, tout délai expire à la fin de l'année civile au cours de laquelle il arriverait normalement à terme.

Chapitre VI
Titularité des droits

Article 28
Titularité des droits : généralités

L'auteur d'une œuvre est le premier titulaire des droits moraux et patrimoniaux sur son œuvre.

Article 29
Titularité des droits
sur les œuvres de collaboration

Les coauteurs d'une œuvre de collaboration sont les premiers cotitulaires des droits moraux et patrimoniaux sur cette œuvre. Toutefois, si une œuvre de collaboration peut être divisée en parties indépendantes, c'est-à-dire si les parties de cette œuvre peuvent être reproduites, exécutées ou représentées ou utilisées autrement d'une manière séparée, les coauteurs peuvent bénéficier de droits indépendants sur ces parties, tout en étant les cotitulaires des droits de l'œuvre de collaboration considérée comme un tout.

Article 30
Titularité des droits
sur les œuvres collectives

Le premier titulaire des droits moraux et patrimoniaux sur une œuvre collective est la personne physique ou morale à l'initiative et sous la responsabilité de laquelle l'œuvre a été créée et qui la publie sous son nom.

Article 31
Titularité des droits
sur les œuvres créées dans le cadre d'un contrat de travail
ou sur commande

Lorsque l'œuvre est créée pour le compte d'une personne physique ou d'une personne morale, privée ou publique, dans le cadre d'un contrat de travail de l'auteur ou bien lorsque l'œuvre est commandée par une telle personne à l'auteur, le premier titulaire des droits patrimoniaux et moraux est l'auteur, mais les droits patrimoniaux sur cette œuvre sont considérés comme transférés à l'employeur dans la mesure justifiée par les activités habituelles de l'employeur ou de cette personne physique ou morale au moment de la création de l'œuvre.

Article 32
Titularité des droits
sur les œuvres audiovisuelles

1) Dans le cas d'une œuvre audiovisuelle, les premiers titulaires des droits moraux et patrimoniaux sont les coauteurs de cette œuvre tels que le metteur en scène, l'auteur du scénario, le compositeur de la musique. Les auteurs des œuvres préexistantes adaptées ou utilisées pour les œuvres audiovisuelles sont considérés comme ayant été assimilés à ces coauteurs.

2) Sauf stipulation contraire, le contrat conclu entre le producteur d'une œuvre audiovisuelle et les coauteurs de cette œuvre, autres que les auteurs des œuvres musicales qui y sont incluses, emporte cession au producteur des droits patrimoniaux des coauteurs sur les contributions. Toutefois, les coauteurs conservent, sauf stipulation contraire du contrat, leurs droits patrimoniaux sur d'autres utilisations de leurs contributions dans la mesure où celles-ci peuvent être utilisées séparément de l'œuvre audiovisuelle.

Article 33
Présomption de titularité : les auteurs

1) Afin que l'auteur d'une œuvre soit, en l'absence de preuve contraire, considéré comme tel et, par conséquent, soit en droit d'intenter des procès, il suffit que son nom apparaisse sur l'œuvre d'une manière usuelle.

2) Dans le cas d'une œuvre anonyme ou d'une œuvre pseudonyme, sauf lorsque le pseudonyme ne laisse aucun doute sur l'identité de l'auteur, l'éditeur dont le nom apparaît sur l'œuvre est, en l'absence de preuve contraire, considéré comme représentant l'auteur et, en cette qualité, comme en droit de protéger et de faire respecter les droits de l'auteur. Le présent alinéa cesse de s'appliquer lorsque l'auteur révèle son identité et justifie de sa qualité.

Chapitre VII
Cession des droits et licences

Section I
Généralités

Article 34
Cession des droits

1) Les droits patrimoniaux sont cessibles par transfert entre vifs et par voie testamentaire ou par l'effet de la loi à cause de mort.

2) Les droits moraux ne sont pas cessibles entre vifs mais le sont par voie testamentaire ou par l'effet de la loi à cause de mort.

Article 35
Licences

1) L'auteur d'une œuvre peut accorder des licences à d'autres personnes pour accomplir des actes visés par ses droits patrimoniaux. Ces licences peuvent être non exclusives ou exclusives.

2) Une licence non exclusive autorise son titulaire à accomplir, de la manière qui lui est permise, les actes qu'elle concerne en même temps que l'auteur et d'autres titulaires de licences non exclusives.

3) Une licence exclusive autorise son titulaire, à l'exclusion de tout autre, y compris l'auteur, à accomplir, de la manière qui lui est permise, les actes qu'elle concerne.

4) Aucune licence ne doit être considérée comme une licence exclusive sauf stipulation expresse dans le contrat entre l'auteur et le titulaire de la licence.

Article 36
Forme des contrats de cession et de licence

Sous peine de nullité, les contrats de cession de droits patrimoniaux ou de licence pour accomplir des actes visés par les droits patrimoniaux sont passés par écrit.

Article 37
Étendue des cessions et des licences

1) La cession globale des œuvres futures est nulle.
2) Les cessions des droits patrimoniaux et licences pour accomplir des actes visés par les droits patrimoniaux peuvent être limitées à certains droits spécifiques ainsi que sur le plan des buts, de la durée, de la portée territoriale et de l'étendue ou des moyens d'exploitation.
3) Le défaut de mention de la portée territoriale pour laquelle les droits patrimoniaux sont cédés ou la licence accordée pour accomplir des actes visés par les droits patrimoniaux est considéré comme limitant la cession ou la licence au pays dans lequel la cession ou la licence est accordée.
4) Le défaut de mention de l'étendue ou des moyens d'exploitation pour lesquels les droits patrimoniaux sont cédés ou la licence accordée pour accomplir des actes visés par les droits patrimoniaux est considéré comme limitant la cession ou la licence à l'étendue et aux moyens d'exploitation nécessaires pour les buts envisagés lors de l'octroi de la cession ou de la licence.

Article 38

Aliénation d'originaux ou d'exemplaires d'œuvres et cession et licence concernant le droit d'auteur sur ces œuvres

1) L'auteur qui transmet par aliénation l'original ou un exemplaire de son œuvre n'est réputé, sauf stipulation contraire du contrat, avoir cédé aucun de ses droits patrimoniaux, ni avoir accordé aucune licence pour l'accomplissement des actes visés par des droits patrimoniaux.
2) Nonobstant l'alinéa 1), l'acquéreur légitime d'un original ou d'un exemplaire d'une œuvre, sauf stipulation contraire du contrat, jouit du droit de présentation de cet original ou exemplaire directement au public.
3) Le droit prévu à l'alinéa 2) ne s'étend pas aux personnes qui sont entrées en possession d'originaux ou d'exemplaires d'une œuvre par voie de location ou de tout autre moyen sans en avoir acquis la propriété.

Section II
Contrats particuliers

Article 39

Contrat d'édition

1) Le contrat d'édition est celui par lequel l'auteur de l'œuvre ou ses ayants droit cèdent, à des conditions déterminées, à l'éditeur le droit de fabriquer ou de faire fabriquer en nombre suffisant des exemplaires de l'œuvre à charge pour ce dernier d'en assurer la publication et la diffusion.
2) Le contrat d'édition doit être écrit sous peine de nullité. La forme et le mode d'expression, les modalités d'exécution de l'édition et, éventuellement, les clauses de résiliation seront déterminés par le contrat.
3) Le contrat d'édition est soumis aux dispositions du code national réglant les obligations civiles et commerciales.

Article 40

Contrat dit "à compte d'auteur"

1) Ne constitue pas un contrat d'édition, au sens de l'article 39 ci-dessus, le contrat dit "à compte d'auteur".
2) Par un tel contrat, l'auteur ou ses ayants droit versent à l'éditeur une rémunération convenue, à charge pour ce dernier de fabriquer en nombre, dans la forme et suivant les modes d'expression déterminés au contrat, des exemplaires de l'œuvre et d'en assurer la publication et la diffusion.
3) Ce contrat constitue un contrat d'entreprise régi par les usages et les dispositions du code national réglant les obligations civiles et commerciales.

Article 41

Contrat dit "compte à demi"

1) Ne constitue pas un contrat d'édition, au sens de l'article 39 ci-dessus, le contrat dit "compte à demi".
2) Par un tel contrat, l'auteur ou ses ayants droit chargent un éditeur de fabriquer, à ses frais et en nombre, des exemplaires de l'œuvre dans la forme et suivant les modes d'expression déterminés au

contrat et d'en assurer la publication et la diffusion moyennant l'engagement réciproquement contracté de partager les bénéfices et les pertes d'exploitation dans la proportion prévue.
3) Ce contrat constitue une association en participation.

Article 42

Obligations de l'éditeur

L'éditeur est tenu de fournir à l'auteur toutes justifications propres à établir l'exactitude de ses comptes faute de quoi il pourra y être contraint par le tribunal compétent.

Article 43

Contrat de représentation

1) Le contrat de représentation est celui par lequel un auteur ou un organisme professionnel d'auteurs confère à une personne physique ou morale ou à un entrepreneur de spectacles la faculté de représenter ses œuvres ou les œuvres constituant le répertoire dudit organisme à des conditions qu'il détermine.
2) Est dit "contrat général de représentation", le contrat par lequel un auteur ou un organisme professionnel d'auteurs confère à un entrepreneur de spectacles la faculté de représenter, pendant la durée du contrat, les œuvres actuelles ou futures constituant le répertoire de l'auteur ou dudit organisme, aux conditions déterminées par l'auteur ou ses ayants droit ou par cet organisme.

Article 44

Forme du contrat de représentation

1) Le droit de représentation est cessible à titre gratuit ou onéreux.
2) Le contrat de représentation doit être écrit sous peine de nullité. Il est conclu pour une durée déterminée ou pour un nombre déterminé de communications au public. Les droits d'exclusivité, les modalités d'exécution et, éventuellement, les clauses de résiliation seront déterminés par le contrat.

Article 45

Obligations de l'entrepreneur de spectacles

1) L'entrepreneur de spectacles est tenu de déclarer à l'auteur ou à ses représentants le programme exact des représentations ou exécutions publiques et de leur fournir un état justifié de ses recettes.
2) L'entrepreneur de spectacles doit assurer la représentation ou l'exécution publique dans des conditions techniques propres à garantir les droits intellectuels et moraux de l'auteur.
3) L'entrepreneur de spectacles ne peut transférer le bénéfice du contrat sans l'autorisation de l'auteur.

deuxième partie
droits des artistes interprètes ou exécutants,
des producteurs de phonogrammes
et des organismes de radiodiffusion (droits voisins)

Chapitre premier

Dispositions introductives

Article 46

Définitions

Les termes suivants et leurs variantes tels qu'ils sont employés dans la présente partie de l'annexe ont la signification suivante :
i) Les "artistes interprètes ou exécutants" sont les acteurs, chanteurs, musiciens, danseurs et autres personnes qui représentent, chantent, récitent, déclament, jouent ou exécutent de toute autre manière des œuvres littéraires ou artistiques ou des expressions du folklore.
ii) La "copie d'un phonogramme" est tout support matériel contenant des sons repris directement ou indirectement d'un phonogramme et qui incorpore la totalité ou une partie substantielle des sons fixés sur ce phonogramme.
iii) La "fixation" est l'incorporation de sons, d'images ou de sons et images dans un support matériel permanent ou suffisamment stable pour permettre leur perception, reproduction ou communication d'une manière quelconque, durant une période plus que simplement provisoire.
iv) Un "phonogramme" est toute fixation exclusivement sonore des sons provenant d'une exécution ou d'autres sons.

v) Le "producteur de phonogrammes" est la personne physique ou morale qui, la première, prend l'initiative et la responsabilité de fixer les sons provenant d'une exécution ou d'autres sons.
2) Les définitions prévues à l'article 2 de la première partie de l'annexe s'appliquent *mutatis mutandis* dans la présente partie.

Article 47

Étendue de l'application de la loi

1) Les dispositions de la présente partie de l'annexe s'appliquent :
i) aux interprétations et exécutions lorsque :
— l'artiste interprète ou exécutant est ressortissant de l'un des États membres de l'Organisation;
— l'interprétation ou l'exécution a lieu sur le territoire de l'un des États membres de l'Organisation;
— l'interprétation ou l'exécution qui n'a pas été fixée dans un phonogramme est incorporée dans une émission de radiodiffusion protégée aux termes de la présente partie de l'annexe;
ii) aux phonogrammes lorsque :
— le producteur est un ressortissant de l'un des États membres de l'Organisation; ou
— la première fixation des sons a été faite dans l'un des États membres de l'Organisation;
iii) aux émissions de radiodiffusion lorsque :
— le siège social de l'organisme est situé sur le territoire de l'un des États membres de l'Organisation; ou
— l'émission de radiodiffusion a été transmise à partir d'une station située sur le territoire de l'un des États membres de l'Organisation.
2) Les dispositions pertinentes de l'Accord portant révision de l'Accord de Bangui du 2 mars 1977 s'appliquent *mutatis mutandis* dans cette partie de l'annexe.
3) Demeurent réservées les dispositions des traités internationaux.

Chapitre II

Droits d'autorisation

Article 48

Droits d'autorisation des artistes interprètes ou exécutants

1) Sous réserve des dispositions des articles 52 à 54, l'artiste interprète ou exécutant a le droit exclusif de faire ou d'autoriser les actes suivants :
i) la radiodiffusion de son interprétation ou exécution, sauf lorsque la radiodiffusion :
— est faite à partir d'une fixation de l'interprétation ou de l'exécution autre qu'une fixation faite en vertu de l'article 54; ou
— est une réémission autorisée par l'organisme de radiodiffusion qui émet le premier l'interprétation ou l'exécution;
ii) la communication au public de son interprétation ou exécution, sauf lorsque cette communication :
— est faite à partir d'une fixation de l'interprétation ou de l'exécution; ou
— est faite à partir d'une radiodiffusion de l'interprétation ou l'exécution;
iii) la fixation de son interprétation ou exécution non fixée;
iv) la reproduction d'une fixation de son interprétation ou exécution;
v) la distribution des exemplaires d'une fixation de son interprétation ou exécution par la vente ou par tout autre transfert de propriété ou par la location.
2) En l'absence d'accord contraire :
i) l'autorisation de radiodiffuser n'implique pas l'autorisation de permettre à d'autres organismes de radiodiffusion d'émettre l'interprétation ou l'exécution;
ii) l'autorisation de radiodiffuser n'implique pas l'autorisation de fixer l'interprétation ou l'exécution;
iii) l'autorisation de radiodiffuser et de fixer l'interprétation ou l'exécution n'implique pas l'autorisation de reproduire la fixation;
iv) l'autorisation de fixer l'interprétation ou l'exécution et de reproduire cette fixation n'implique pas l'autorisation de radiodiffuser l'interprétation ou l'exécution à partir de la fixation ou de ses reproductions.

Article 49
Droits d'autorisation
des producteurs de phonogrammes

Sous réserve des dispositions des articles 52 et 54, le producteur de phonogrammes a le droit exclusif de faire ou d'autoriser les actes suivants :

i) la reproduction, directe ou indirecte, de son phonogramme;

ii) la distribution au public de copies de son phonogramme par la vente ou par tout autre transfert de propriété ou par location.

Article 50
Droits d'autorisation
des organismes de radiodiffusion

Sous réserve des dispositions des articles 52 et 54, l'organisme de radiodiffusion a le droit de faire ou d'autoriser les actes suivants :

i) la réémission de ses émissions de radiodiffusion;

ii) la fixation de ses émissions de radiodiffusion;

iii) la reproduction d'une fixation de ses émissions de radiodiffusion;

iv) la communication au public de ses émissions de télévision.

Chapitre III
Rémunération équitable pour
l'utilisation de phonogrammes

Article 51
Rémunération équitable
pour la radiodiffusion ou la communication au public

1) Lorsqu'un phonogramme publié à des fins de commerce, ou une reproduction de ce phonogramme, est utilisé directement pour la radiodiffusion ou la communication au public, une rémunération équitable et unique, destinée à la fois aux artistes interprètes ou exécutants et au producteur, sera versée par l'utilisateur à l'organisme national de gestion collective des droits.

2) La somme perçue sur l'usage d'un phonogramme sera partagée entre le producteur et les artistes interprètes ou exécutants. Ces derniers se partageront la somme reçue ou l'utiliseront conformément aux accords existants entre eux.

Chapitre IV
Libres utilisations

Article 52
Libres utilisations : généralités

Nonobstant les dispositions des articles 48 à 51, les actes suivants sont permis sans l'autorisation des ayants droit mentionnés dans ces articles et sans paiement d'une rémunération :

i) l'utilisation privée sous réserve des dispositions de l'article 58;

ii) le compte rendu d'événements d'actualité, à condition qu'il ne soit fait usage que de courts fragments d'une interprétation ou exécution, d'un phonogramme ou d'une émission de radiodiffusion;

iii) l'utilisation uniquement à des fins d'enseignement ou de recherche scientifique;

iv) la citation, sous forme de courts fragments, d'une interprétation ou exécution, d'un phonogramme ou d'une émission de radiodiffusion, sous réserve que de telles citations soient conformes aux bons usages et justifiées par leur but d'information;

v) toutes autres utilisations constituant des exceptions concernant des œuvres protégées par le droit d'auteur en vertu de la présente annexe.

Article 53
Libre utilisation
des interprétations ou exécutions

Dès que les artistes interprètes ou exécutants ont autorisé l'incorporation de leur interprétation ou exécution dans une fixation d'images ou d'images et de sons, les dispositions de l'article 48 cessent d'être applicables.

Article 54
Libre utilisation
par des organismes de radiodiffusion

Les autorisations requises aux termes des articles 48 à 51 pour faire des fixations d'interprétations ou d'exécutions et d'émissions de radiodiffusion et reproduire de telles fixations et pour reproduire des phonogrammes publiés à des fins de commerce ne sont pas exigées lorsque la fixation ou la reproduction est faite par un organisme de radiodiffusion par ses propres moyens et pour ses propres émissions, sous réserve que :

i) pour chacune des émissions d'une fixation d'une interprétation ou d'une exécution ou de ses reproductions, faites en vertu du présent article, l'organisme de radiodiffusion ait le droit de radiodiffuser l'interprétation ou l'exécution dont il s'agit;

ii) pour chacune des émissions d'une fixation d'une émission, ou d'une reproduction d'une telle fixation, faites en vertu du présent article, l'organisme de radiodiffusion ait le droit de radiodiffuser l'émission;

iii) pour toute fixation faite en vertu du présent article ou de ses reproductions, la fixation et ses reproductions soient détruites dans un délai ayant la même durée que celui qui s'applique aux fixations et reproductions d'œuvres protégées par le droit d'auteur en vertu de l'article 19 de la présente annexe, à l'exception d'un exemplaire unique qui peut être gardé à des fins exclusives de conservation d'archives.

Chapitre V
Durée de protection

Article 55
Durée de protection
pour les interprétations ou les exécutions

La durée de protection à accorder aux interprétations ou exécutions en vertu de la présente partie de l'annexe est une période de cinquante années à compter de :

i) la fin de l'année de la fixation, pour les interprétations ou exécutions fixées sur phonogrammes;

ii) la fin de l'année où l'interprétation ou l'exécution a eu lieu, pour les interprétations ou exécutions qui ne sont pas fixées sur phonogrammes.

Article 56
Durée de protection
pour les phonogrammes

La durée de protection à accorder aux phonogrammes en vertu de la présente partie de l'annexe est une période de cinquante années à compter de la fin de l'année de la fixation.

Article 57
Durée de protection
pour les émissions de radiodiffusion

La durée de protection à accorder aux émissions de radiodiffusion en vertu de la présente partie de l'annexe est une période de vingt-cinq années à compter de la fin de l'année où l'émission a eu lieu.

troisième partie
dispositions communes

Article 58
Rémunération pour copie privée

1) Les auteurs d'œuvres littéraires et artistiques, les artistes interprètes ou exécutants pour leurs interprétations ou exécutions fixées sur phonogrammes, ainsi que les producteurs de phonogrammes, ont droit à une rémunération au titre de la reproduction desdites œuvres, interprétations ou exécutions et phonogrammes, destinée à une utilisation strictement personnelle et privée et réalisée dans les conditions prévues aux articles 11 et 52 de la présente annexe.

2) Les législations nationales des pays membres ont la faculté de déterminer les conditions éventuelles de cette rémunération pour copie privée.

Article 59
Domaine public payant
et exploitation des expressions du folklore

1) L'exploitation des expressions du folklore ainsi que celle des œuvres ou productions tombées dans le domaine public à l'expiration des périodes de protection visées aux chapitres V des première et deuxième parties de la présente annexe, est subordonnée à la condition que l'exploitant souscrive l'engagement de payer à l'organisme national de gestion collective des droits une redevance y afférente.

2) S'agissant des œuvres ou productions tombées dans le domaine public, la redevance sera égale à la moitié du taux des rétributions habituellement allouées d'après les contrats ou usages en vigueur aux auteurs et aux titulaires de droits voisins sur leurs œuvres et productions protégées. Le produit des redevances ainsi perçues est consacré à des fins sociales et culturelles.

3) Une partie des redevances perçues au titre de l'exploitation des expressions du folklore est consacrée à des fins sociales et culturelles.

quatrième partie

gestion collective

Article 60

Gestion collective

1) La protection, l'exploitation et la gestion des droits des auteurs d'œuvres et des droits des titulaires de droits voisins tels qu'ils sont définis par la présente annexe ainsi que la défense des intérêts moraux seront confiées à un organisme national de gestion collective des droits dont la structure, les attributions et le fonctionnement sont déterminés par l'autorité nationale compétente de chaque État membre de l'Organisation.

2) Les dispositions de l'alinéa 1) ci-dessus ne portent, en aucun cas, préjudice à la faculté appartenant aux auteurs d'œuvres et à leurs successeurs, et aux titulaires de droits voisins, d'exercer les droits qui leur sont reconnus par la présente annexe.

3) L'organisme national de gestion collective des droits gère sur le territoire national les intérêts des autres organismes nationaux et étrangers dans le cadre de conventions ou d'accords dont il sera appelé à convenir avec eux.

cinquième partie

mesures, recours et sanctions

à l'encontre de la piraterie et d'autres infractions

Article 61

Détermination

des personnes ayant qualité à agir

Ont notamment qualité à agir :

i) les titulaires de droits violés ou leurs ayants droit;

ii) l'organisme national de gestion collective des droits;

iii) les associations professionnelles d'ayants droit régulièrement constituées pour la défense des intérêts collectifs de leurs adhérents.

Article 62

Mesures conservatoires

1) À la requête des personnes citées à l'article précédent, le tribunal ayant compétence pour connaître des actions engagées sur le plan civil en vertu de la présente annexe a autorité, sous réserve des dispositions pertinentes des codes nationaux de procédure civile et pénale, et aux conditions qu'il jugera raisonnables, pour :

i) rendre une ordonnance interdisant la commission, ou ordonnant la cessation, de la violation de tout droit protégé en vertu de la présente annexe;

ii) ordonner la saisie des exemplaires d'œuvres ou des enregistrements sonores soupçonnés d'avoir été réalisés ou importés sans l'autorisation du titulaire de droit protégé en vertu de la présente annexe alors que la réalisation ou l'importation des exemplaires est soumise à autorisation, ainsi que les emballages de ces exemplaires, les instruments qui ont pu être utilisés pour les réaliser et les documents, comptes ou papiers d'affaires se rapportant à ces exemplaires.

2) Les dispositions des codes nationaux de procédure civile et pénale qui ont trait à la perquisition et à la saisie s'appliquent *mutatis mutandis* aux atteintes à des droits protégés en vertu de la présente annexe.

3) Les dispositions des codes nationaux des douanes traitant de la suspension de la mise en libre circulation de marchandises soupçonnées d'être illicites s'appliquent *mutatis mutandis* aux objets ou au matériel protégés en vertu de la présente annexe.

Article 63

Sanctions civiles

1) Les personnes visées à l'article 61 dont un droit reconnu a été violé ont le droit d'obtenir le paiement, par l'auteur de la violation, de dommages-intérêts en réparation du préjudice subi par elles en conséquence de l'acte de violation, ainsi que le paiement des frais occasionnés par l'acte de violation, y compris les frais de justice.
Le montant des dommages-intérêts est fixé conformément aux dispositions pertinentes du code civil national, compte tenu de l'importance du préjudice matériel et moral subi par le titulaire de droit, ainsi que de l'importance des gains que l'auteur de la violation a retirés de celle-ci.
2) Lorsque les exemplaires réalisés en violation des droits existent, les autorités judiciaires ont autorité pour ordonner que ces exemplaires et leur emballage soient détruits ou qu'il en soit disposé d'une autre manière raisonnable, hors des circuits commerciaux, de manière à éviter de causer un préjudice au titulaire du droit, sauf si le titulaire de droit demande qu'il en soit autrement.
3) Lorsque le danger existe que du matériel soit utilisé pour commettre, ou pour continuer à commettre, des actes constituant une violation, le tribunal, dans la mesure du raisonnable, ordonne qu'il soit détruit, qu'il en soit disposé d'une autre manière hors des circuits commerciaux de manière à réduire au maximum les risques de nouvelles violations, ou qu'il soit remis au titulaire de droit.
4) Lorsque le danger existe que des actes constituant une violation se poursuivent, le tribunal ordonne expressément la cessation de ces actes. Il fixe en outre un montant à verser à titre d'astreinte.

Article 64

Sanctions pénales

1) Toute violation d'un droit protégé en vertu de la présente annexe, si elle est commise intentionnellement ou par négligence grave et dans un but lucratif, est, conformément aux dispositions pertinentes du code pénal national et du code national de procédure pénale, punie d'un emprisonnement ou d'une amende suffisamment dissuasive, ou de ces deux peines.
2) Le tribunal a autorité pour :
i) porter la limite supérieure des peines édictées à l'alinéa 1) au double lorsque le prévenu est condamné pour un nouvel acte constituant une violation des droits moins de cinq ans après avoir été condamné pour une violation antérieure ou lorsqu'il est établi qu'il se livre habituellement à de tels actes;
ii) ordonner la confiscation des recettes saisies au profit du titulaire des droits violés;
iii) ordonner la confiscation et la destruction des œuvres contrefaisantes ainsi que des matériels ayant servi à la commission de l'infraction;
iv) ordonner la fermeture provisoire ou définitive de l'établissement d'édition, de reproduction, de représentation ou d'exécution, de communication de l'œuvre ou de tout lieu où l'infraction est commise;
v) ordonner la publicité de la condamnation à la charge du condamné.
3) Le tribunal applique aussi les mesures et les sanctions visées aux articles 62 et 63 dans le procès pénal, sous réserve qu'une décision concernant ces sanctions n'ait pas encore été prise dans un procès civil.

Article 65

Mesures, réparations et sanctions
en cas d'abus de moyens techniques

1) Les actes suivants sont considérés comme illicites et, aux fins des articles 62 à 64, sont assimilés à une violation des droits des auteurs et autres titulaires du droit d'auteur :
i) la fabrication ou l'importation, pour la vente ou la location, d'un dispositif ou moyen spécialement conçu ou adapté pour rendre inopérant tout dispositif ou moyen visant à empêcher ou à restreindre la reproduction ou à détériorer la qualité des copies ou exemplaires réalisés (ce dernier dispositif ou moyen étant ci-après dénommé "dispositif ou moyen de protection contre la copie ou de régulation de la copie");

ii) la fabrication ou l'importation, pour la vente ou la location, d'un dispositif ou moyen de nature à permettre ou faciliter la réception d'un programme codé radiodiffusé ou communiqué de toute autre manière au public, par des personnes qui ne sont pas habilitées à le recevoir.

2) Aux fins de l'application des articles 62 à 64, un dispositif ou moyen spécialement conçu ou adapté pour rendre inopérant tout dispositif ou moyen de protection contre la copie ou de régulation de la copie mentionné à l'alinéa 1) est assimilé aux copies ou exemplaires contrefaisants d'œuvres.

3) L'auteur d'une œuvre ou tout autre titulaire du droit d'auteur sur une œuvre a droit aux dommages-intérêts prévus à l'alinéa 1) de l'article 62 de la même manière que lorsque ses droits ont été violés, dans le cas où :

i) alors que des copies ou exemplaires de l'œuvre ont été réalisés par lui-même, ou avec son autorisation, et offerts à la vente ou à la location sous forme électronique assortis d'un dispositif ou d'un moyen de protection contre la copie ou de régulation de la copie, un dispositif ou moyen de protection ou de régulation est fabriqué ou importé pour être vendu ou loué;

ii) alors que l'œuvre est incluse dans un programme codé radiodiffusé ou communiqué de toute autre manière au public par lui-même, ou avec son autorisation, un dispositif ou moyen permettant ou facilitant la réception du programme par des personnes qui ne sont pas habilitées à le recevoir est fabriqué ou importé pour être vendu ou loué.

sixième partie

dispositions particulières

Article 66

Effet rétroactif

1) Sous réserve des dispositions de l'article 59, les dispositions de la présente annexe s'appliquent aussi aux œuvres qui ont été créées, aux interprétations ou exécutions qui ont eu lieu ou ont été fixées, aux phonogrammes qui ont été fixés et aux émissions qui ont eu lieu avant la date d'entrée en vigueur de la présente annexe, à condition que ces œuvres, interprétations ou exécutions, phonogrammes et émissions de radiodiffusion ne soient pas encore tombés dans le domaine public en raison de l'expiration de la durée de la protection à laquelle ils étaient soumis dans la législation précédente ou dans la législation de leur pays d'origine.

2) Demeurent entièrement saufs et non touchés les effets légaux des actes et contrats passés ou stipulés avant la date d'entrée en vigueur de la présente annexe.

TITRE II
DE LA PROTECTION ET DE LA PROMOTION DU PATRIMOINE CULTUREL

Chapitre premier
Définitions

Article 67

Patrimoine culturel

1) Le patrimoine culturel est l'ensemble des productions humaines matérielles ou immatérielles caractéristiques d'un peuple dans le temps et dans l'espace.

2) Ces productions concernent :

i) le folklore,

ii) les sites et monuments,

iii) les ensembles.

Article 68

Folklore

1) On entend par folklore l'ensemble des traditions et productions littéraires, artistiques, religieuses, scientifiques, technologiques et autres des communautés transmises de génération en génération.

2) Entrent notamment dans cette définition :

a) les productions littéraires de tout genre et de toute catégorie orale ou écrite, contes, légendes, proverbes, épopées, gestes, mythes, devinettes;

b) les styles et productions artistiques :

i) danses,
ii) productions musicales de toutes sortes,
iii) productions dramatiques, dramatico-musicales, chorégraphiques, pantomimiques,
iv) styles et productions d'art plastique et décoratif de tout procédé,
v) styles architecturaux;
c) les traditions et manifestations religieuses :
i) rites et rituels,
ii) objets, vêtements, lieux de culte,
iii) initiations;
d) les traditions éducatives :
i) sports, jeux,
ii) codes de bonnes manières et du savoir-vivre;
e) les connaissances et œuvres scientifiques :
i) pratiques et produits de la médecine et de la pharmacopée,
ii) acquisitions théoriques et pratiques dans les domaines des sciences naturelles, physiques, mathématiques, astronomiques;
f) les connaissances et les productions de la technologie :
i) industries métallurgiques et textiles,
ii) techniques agricoles,
iii) techniques de la chasse et de la pêche.

Article 69

Sites

Les sites sont des œuvres de l'homme ou œuvres conjuguées de l'homme et de la nature ainsi que les zones, y compris les sites archéologiques, qui sont désignés d'importance du point de vue historique, esthétique, ethnologique ou anthropologique, paléontologique ou archéologique.

Article 70

Monuments

1) On entend par monuments, les œuvres architecturales, sculpturales ou de peinture monumentale, éléments ou structures de caractère archéologique, stations rupestres, inscriptions, grottes et groupes d'éléments dont la conservation présente un intérêt public du point de vue de l'histoire de l'art ou de la science, de la paléontologie ou de l'environnement, de l'archéologie, de la préhistoire, de l'histoire.
2) Ainsi, sont considérés comme monuments, les biens meubles ou immeubles qui, à titre religieux ou profanes, sont désignés d'importance pour l'archéologie, la préhistoire, l'histoire, la littérature, l'art ou la science, et qui appartiennent aux catégories ci-après :
a) collections et spécimens rares de zoologie, de botanique, de minéralogie et d'anatomie, objets présentant un intérêt paléontologique;
b) les biens concernant l'histoire, y compris l'histoire des sciences et des techniques, l'histoire militaire et sociale ainsi que la vie des dirigeants, penseurs, savants et artistes nationaux et les événements d'importance nationale;
c) le produit des fouilles archéologiques, tant régulières que clandestines, ainsi que les découvertes archéologiques, notamment les gisements paléontologiques, les sites archéologiques bâtis, les stations rupestres et les objets archéologiques d'importance nationale;
d) les éléments provenant du démembrement de monuments artistiques ou historiques et de sites archéologiques;
e) les objets d'antiquité tels qu'inscriptions, monnaies et sceaux gravés, poids et mesures;
f) les produits de caractère ethnographique, tels qu'ornements et parures, objets de culte, instruments de musique, objets d'ameublement, langues et dialectes, systèmes d'écritures, produits de la pharmacopée, médecine et psychothérapie traditionnelles, traditions culinaires et vestimentaires;
g) les biens d'intérêt artistique tels que :
i) tableaux, peintures et dessins faits entièrement à la main sur tout support et en toute matière à l'exclusion des dessins industriels et des articles manufacturés décorés à la main;
ii) productions originaires de l'art statuaire et de la sculpture en toutes matières;
iii) gravures, estampes et lithographies originales;

iv) tapisseries, tissages, assemblages et montages originaux en toutes matières;
h) manuscrits rares et incunables, livres, documents et publications anciens d'intérêt spécial notamment historique, artistique, scientifique, littéraire, isolés ou en collections;
i) timbres-poste, timbres fiscaux et analogues isolés ou en collections;
j) archives, y compris les archives photographiques, phonographiques, cinématographiques, informatiques et multimédia;
k) objets d'ameublement, mosaïques et instruments anciens de musique.

Article 71

Ensembles

Les ensembles sont des groupes de constructions isolés ou réunis qui, en raison de leur architecture, de leur unité ou de leur intégration dans le paysage, sont désignés d'importance du point de vue esthétique, ethnologique ou anthropologique, paléontologique ou archéologique.

Chapitre II

De la protection

Section I

Dispositions générales

Article 72

Procédure de protection

1) La protection, la sauvegarde et la promotion du patrimoine culturel tel que défini aux articles 68, 69 et 70 ci-dessus sont assurées par l'État.
2) En vue d'en assurer la protection, la sauvegarde et la promotion, l'État procédera à l'inventaire, à la fixation, au classement, à la mise en sécurité et à l'illustration des éléments constitutifs du patrimoine culturel.

Article 73

Actes prohibés

1) Sont interdits la dénaturation, la destruction, l'exportation, la vente, l'aliénation et le transfert illicites de tout ou partie des biens constitutifs du patrimoine culturel.
2) Demeurent interdites, sauf autorisation spéciale délivrée par l'autorité nationale compétente désignée à cet effet, lorsqu'elles sont faites dans un but lucratif :
a) toute publication, reproduction et toute distribution d'exemplaires de tout bien culturel classé ou non, recensé ou non, ancien ou récent et considéré par le présent Acte comme constitutif du patrimoine culturel national;
b) toute récitation, représentation ou exécution publique, toute transmission par fil ou sans fil et toute autre forme de communication au public de tout bien culturel classé ou non, recensé ou non, ancien ou récent et considéré par le présent Acte comme constitutif du patrimoine culturel national.

Article 74

Libre utilisation

1) Les dispositions de l'article 73, alinéa 2), ne s'appliquent pas dans les cas suivants :
a) l'utilisation au titre de l'enseignement;
b) l'utilisation à titre d'illustration d'une œuvre originale d'un auteur, pour autant que l'étendue de cette utilisation soit compatible avec les bons usages;
c) les emprunts pour la création d'une œuvre originale d'un ou plusieurs auteurs.
2) Les dispositions de l'article 73, alinéa 2), ne s'appliquent pas aux cas prévus au chapitre IV du titre I de la présente annexe.

Article 75

Contrôle de l'État

Afin de prévenir leur pillage, leur perte ou leur détérioration, l'État assure le contrôle de l'exportation, de la circulation, de l'aliénation et de la vente des biens culturels classés ou non, recensés ou non, anciens ou récents.

Article 76

Droit de préemption

L'État jouit d'un droit de préemption sur tout bien susceptible d'enrichir le patrimoine culturel de la nation.

Section II
Procédures de l'inventaire
et du classement

Article 77

Notification de l'inscription

L'inscription à l'inventaire d'un bien culturel est notifiée au propriétaire, au détenteur ou à l'occupant.

Article 78

Délais de classement

1) L'inscription devient caduque si elle n'est pas suivie, dans les six mois de sa notification, d'une décision de classement.
2) L'inscription peut être prorogée en cas de besoin; dans tous les cas, la durée totale ne peut excéder 18 mois.

Article 79

Notification du classement

Le classement est notifié au propriétaire, au détenteur ou à l'occupant par l'autorité nationale compétente.

Section III
Effets de l'inventaire et du classement

Article 80

Autorisation préalable

L'inscription à l'inventaire entraîne pour le propriétaire, le détenteur ou l'occupant, l'obligation de solliciter auprès de l'autorité nationale compétente une autorisation préalable avant de procéder à toute modification des lieux ou de l'objet, ou d'entreprendre des travaux autres que ceux d'entretien normal ou d'exploitation courante.

Article 81

Droit d'opposition

1) L'inscription permet en outre à l'autorité administrative de s'opposer :
a) à tous travaux susceptibles de porter atteinte à l'intégrité du bien culturel;
b) à l'exportation ou au transfert des objets mobiliers inscrits.
2) L'opposition a pour effet d'interdire les travaux jusqu'à l'expiration de la durée totale de l'inscription.

Article 82

Effets du classement

Les effets du classement suivent le bien culturel en quelque main qu'il passe.

Article 83

Conditions d'aliénation

1) Quiconque aliène un bien classé soit par vente, soit autrement est tenu, avant accomplissement de l'acte d'aliénation, sous peine de nullité de celle-ci :
a) de faire connaître au bénéficiaire le statut de ce bien;
b) d'informer l'autorité compétente dans les quinze (15) jours précédant l'acte d'aliénation dudit bien.
2) Tout bien classé appartenant à une personne morale de droit public ne peut être aliéné qu'avec l'autorisation expresse de l'autorité administrative compétente.

Article 84

Droit de restauration de biens classés

L'État peut faire exécuter à ses frais des travaux indispensables à la restauration ou à la conservation des biens classés ne lui appartenant pas. À cet effet, il peut d'office prendre possession desdits biens pendant le temps nécessaire à l'exécution de ces travaux.

Article 85

Droit à l'indemnité

Les propriétaires, détenteurs ou occupants peuvent prétendre, s'il y a lieu, à l'attribution d'une indemnité de privation de jouissance, celle-ci étant déterminée conformément aux dispositions nationales en vigueur en la matière.

Article 86

Droit de visite

En raison des charges ainsi supportées par l'État, et lorsque le bien classé est de nature à être ouvert au public ou exposé à sa vue, il pourra être établi, au profit du fonds spécial prévu à l'article 95, alinéa 2), ci-après, un droit de visite dont le montant sera fixé par l'autorité compétente.

Article 87

Violation de l'autorisation préalable

Lorsque les travaux visés à l'article 80 ci-dessus sont entrepris sans l'autorisation préalable et dès qu'elle en a connaissance, l'autorité nationale compétente ordonne l'interruption immédiate de ces travaux et la remise en l'état antérieur, aux frais des délinquants, du bien culturel dont elle assure la garde ou la surveillance jusqu'à ce que le bien ait retrouvé son identité intégrale.

Article 88

Aliénation illicite de matériaux ou de fragments

1) L'aliénation de matériaux ou de fragments illégalement détachés d'un bien culturel classé ou inscrit sur l'inventaire, de même que tout acte ayant pour effet de transférer à des tiers la possession ou la détention de tels matériaux ou fragments, sont nuls de nullité absolue.

2) Les tiers, solidairement responsables avec les propriétaires de la remise en place desdits matériaux et fragments qui leur auraient été livrés, ne peuvent prétendre à aucune indemnité de la part de l'État.

3) Toutefois, l'indemnité due en vertu du premier alinéa de l'article 90 ci-dessous ne peut être demandée et versée que si, dans l'année qui suit la date de déclaration, le procès-verbal d'accord amiable sur l'indemnité d'expropriation ou la décision judiciaire d'expropriation n'est pas encore intervenu.

Article 89

Protection des biens immeubles classés

1) Aucune construction ne peut être édifiée sur un terrain classé ou adossée à un immeuble classé; aucune servitude conventionnelle ne peut être établie à la charge d'un immeuble classé sans l'autorisation de l'autorité nationale compétente.

2) Les servitudes légales de nature à dégrader des immeubles ne sont pas applicables aux immeubles classés ou inscrits sur l'inventaire.

3) Tout terrain classé inclus dans un plan d'urbanisme constitue une zone *non aedificandi.*

4) Sous réserve des sanctions pénales et administratives prévues en l'espèce, l'apposition d'affiches ou l'installation de dispositifs de publicité étrangère sont interdites sur les monuments classés et éventuellement dans une zone de voisinage déterminée par voie réglementaire dans chaque cas d'espèce.

Article 90

Conditions de classement

1) Le classement d'un bien peut donner lieu au paiement d'une indemnité en réparation du préjudice pouvant en résulter.

2) Les actes administratifs de classement déterminent les conditions du classement à l'amiable.

3) À défaut de consentement du propriétaire, le classement est prononcé d'office. La demande d'indemnisation doit être présentée à l'Administration nationale compétente dans les six (6) mois de la notification de l'acte de classement d'office, sous peine de forclusion. Les contestations sur le principe ou le montant de l'indemnité sont portées devant la juridiction compétente dans le ressort duquel est situé, ou détenu, le bien classé d'office.

Article 91

Expropriation pour cause d'utilité publique

1) L'État peut exproprier, dans les formes prévues par la législation sur l'expropriation pour cause d'utilité publique, des propriétaires de leurs biens classés ou inscrits sur l'inventaire, ainsi que les propriétaires de biens dont l'acquisition est nécessaire pour isoler, dégager ou assainir les biens classés.

2) La déclaration d'utilité publique entraîne de plein droit le classement du bien inscrit sur l'inventaire.

Article 92

Exception à l'expropriation

Aucun bien classé ou inscrit dans l'inventaire ne peut être compris dans une enquête aux fins d'expropriation pour cause d'utilité publique ou dans une zone spéciale d'aménagement foncier, s'il n'est préalablement déclassé, ou si l'inscription dans l'inventaire n'est rapportée en raison de la priorité, hautement justifiée, accordée à l'opération foncière envisagée sur les considérations d'ordre culturel; il n'y a d'exception que si ladite opération ne nuit en rien à la conservation et à la préservation du bien classé.

Chapitre III

De la sauvegarde

Article 93

Moyens de sauvegarde

La sauvegarde du patrimoine culturel est assurée notamment par :

a) la création et le développement des musées, la constitution de collections de toutes sortes, de fonds, de fondations et de structures de conservation;

b) le recensement, l'inventaire et la restauration des sites et monuments;

c) la fixation par l'image et le son des traditions culturelles de la nation;

d) l'organisation des archives écrites, visuelles et sonores;

e) la réglementation de l'accès de sites, monuments et ensembles protégés.

Chapitre IV

De la promotion

Article 94

Droit au patrimoine culturel

L'État reconnaît :

a) à tout citoyen le droit d'accès aux valeurs du patrimoine culturel;

b) aux artisans, artistes et autres créateurs, le droit à l'aide et à l'encouragement.

Article 95

Moyens de promotion du patrimoine culturel

L'État garantit et assure l'exercice du droit visé à l'article 94 :

a) par l'information et l'éducation sous toutes leurs formes, en particulier par l'insertion des valeurs du patrimoine culturel dans les programmes d'éducation, d'enseignement et de formation des établissements, tant publics que privés à tous les niveaux;

b) par la création d'un fonds spécial consacré à des fins culturelles et sociales, et notamment :

i) à l'entretien, la conservation et l'enrichissement du patrimoine culturel;

ii) à l'exploitation des richesses du patrimoine culturel;

iii) aux investigations et fouilles archéologiques;

iv) au soutien et à l'encouragement :

— des artistes, des artisans, des auteurs et autres créateurs;

— des initiatives et activités culturelles de toutes sortes;

— par des mesures favorisant l'intégration prioritaire des œuvres nationales ou africaines, individuelles et collectives de toute nature dans la vie nationale; et

— par l'affectation d'au moins un pour cent du coût des édifices publics ou ouverts au public, à la décoration et à l'ameublement, par des artistes et artisans nationaux ou africains.

Chapitre V

Sanctions

Article 96

Pénalités pour infraction à la protection des biens culturels

1) Toute infraction aux dispositions des articles 80 et 81 de la présente annexe est punie d'une amende dont le montant est fixé conformément aux dispositions des législations nationales en la matière, sans

préjudice de l'action en dommages et intérêts qui peut être exercée par l'autorité nationale compétente.
2) Quiconque intentionnellement enfreint les dispositions de l'article 73 de la présente annexe est puni d'une peine d'emprisonnement et d'une amende conformément aux dispositions des législations nationales en la matière sans préjudice de tous dommages-intérêts.
3) Est frappée d'une peine d'emprisonnement ou d'une amende ou de ces deux peines à la fois, toute infraction aux dispositions des articles 83 et 88 de la présente annexe.
4) Quiconque enfreint les dispositions de l'article 92 ci-dessus est passible d'une amende dont le montant est fixé par les textes réglementaires. Lorsque les travaux visés à l'article susmentionné portent atteinte à l'intégrité du bien, le contrevenant est passible des peines prévues à l'alinéa 3) précédent.

Chapitre VI
Dispositions diverses et finales

Article 97
Commission supérieure du patrimoine culturel national

Il est institué dans chaque État membre, une Commission supérieure du patrimoine culturel. Cette commission est consultée sur toute question concernant la protection, la sauvegarde et la promotion du patrimoine culturel.

Article 98
Modalités d'application

Les modalités d'application des dispositions des articles 72, 75, 76, 86 et 87 sont fixées par des textes réglementaires.

Article 99
Dispositions finales

Est abrogée, l'annexe VII de l'Accord de Bangui, Acte du 02 mars 1977.

Schéma simplifié de la protection de la propriété littéraire et artistique dans le cadre de l'OAPI (Annexe VII)

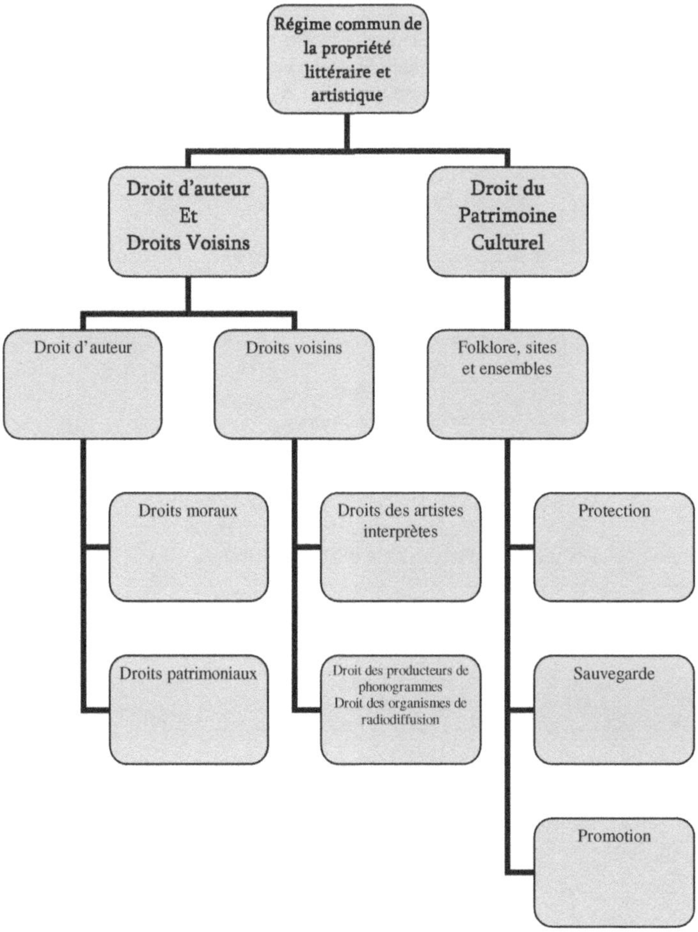

Liste des principaux textes étudiés[1]

1/ Textes nationaux

a) textes africains

ALGERIE
Ordonnance 03-05 du 19 juillet 2003 relative à la protection des droits d'auteur et des droits voisins
Décret exécutif n°98-366 portant statuts de l'office national du droit d'auteur

ANGOLA
Loi n°4/90 du 10 mars 1990 sur le droit d'auteur

BENIN
Loi n° 2005-30 du 5 avril 2006 relative à la protection du droit d'auteur et droits voisins en république du Bénin

BURKINA FASO
Loi N° 032-99 AN du 22 décembre 1999 portant protection de la propriété littéraire et artistique

BURUNDI
Loi n°1/9 du 4 mai 1978 et Loi n° 1/021 du 31 décembre 2005 portant protection du droit d'auteur et des droits voisins au Burundi

CAMEROUN
Loi n°200/011 du 19 décembre 2000 relative au droit d'auteur et aux droits voisins

CONGO
Loi n°24/82 du 07 juillet 1982 sur le droit d'auteur et les droits voisins

COTE D'IVOIRE
Loi n°96-564 du 25 juillet 1996 relative à la protection des œuvres de l'esprit et aux droits des auteurs, des artistes interprètes et de producteurs de phonogrammes et vidéogrammes

DJIBOUTI
Loi n°154/AN/06 du 23 juillet 2006 relative à la protection du droit d'auteur et des droits voisins

EGYPTE
Loi unifiée sur la protection des droits de propriété intellectuelle (n°82) du 3 juin 2002, Livre III

ETHIOPIE
Code civil (Titres XI et XVI)

GABON
Loi n°1/87 du 29 juillet 1987 instituant la protection du droit d'auteur et des droits voisins

---

[1] Sources : UNESCO, OMPI pour les lois spéciales sur le droit d'auteur, <www.cefod.org> (Tchad), et <www.droit-afrique.com>.

GHANA
Loi de 2005 sur le droit d'auteur

GUINEE
Loi N°O43/APN/CP du 9 août 1980

KENYA
Loi de 2001 sur le droit d'auteur

LESOTHO
Ordonnance n°13-1989 sur le droit d'auteur (Ordonnance destinée à assurer la protection des œuvres littéraires artistiques et scientifiques au titre du droit d'auteur, à préserver les expressions du patrimoine culturel traditionnel et à régler les questions annexes)

LIBERIA
Loi du 24 mai 1972 adoptant nouveaux Droit des brevets, droit des marques et droit d'auteur

LIBYE
Loi du 16 mars 1968 sur le droit d'auteur

MADAGASCAR
Loi de 1994 sur le droit d'auteur
Arrêté 1505/86 du 25 mars 1986 portant règlement de répartition des droits d'auteur.

MALAWI
Loi n°9 du 26 avril 1989 sur le droit d'auteur

MALI
Loi N° 8426/AN-RM du 7 juin 1984 sur le droit d'auteur

MAROC
Loi 2-00 du 15 février 2000 relative aux droits d'auteur et aux droits voisins

MAURICE
Loi n°12 du 28 juillet 1997 sur le droit d'auteur

MOZAMBIQUE
Loi n°4/2001 du 27 février 2001 portant ratification du droit d'auteur et abrogation du code du droit d'auteur approuvé par le décret n°46 980 du 27 avril 1966

NAMIBIE
Loi de 2002 sur la protection du droit d'auteur et des droits voisins

NIGERIA
Loi n°47 du 19 décembre 1988 modifiée et complétée en denier lieu en 1999

OUGANDA
Loi de 2006 sur le droit d'auteur et les droits voisins

Loi de 2005 sur la contrefaçon

REPUBLIQUE DEMOCRATIQUE DU CONGO
Ordonnance loi N°86-033 du 5 avril 1986

RWANDA
Loi n°27/1983 du 15 novembre 1983

SENEGAL
Loi n°73-52 du 4 décembre 1973 relative à la protection du droit d'auteur
Loi du 28 janvier 2008 relative au droit d'auteur

SEYCHELLES
Loi du 1er avril 1984 sur le droit d'auteur (révisée en 1991)

SIERRA LEONE
Loi du 5 mai 1965 sur le droit d'auteur

SOUDAN
Loi de 1996 sur la protection des droits d'auteur et des droits voisins

TANZANIE
Loi de 1999 sur le Droit d'auteur et les droits voisins

TCHAD
Loi n°005/PR/2003 du 2 mai 2003 portant protection du droit d'auteur, des droits voisins et des expressions du folklore

TOGO
Loi n°91-12 du 10 juin 1991 portant protection du droit d'auteur, du folklore et des droits voisins

TUNISIE
Loi n°94-36 du 24 février 1994 relative à la propriété littéraire et artistique

ZAMBIE
Loi n°44 de 1994 sur le droit d'auteur et les droits afférents aux prestations des artistes interprètes ou exécutants

ZIMBABWE
Ordonnance du 26 février 1982 sur le droit d'auteur

b) autres textes nationaux

- Code de la propriété intellectuelle (France)
- Copyright Act, 1988 (Royaume Uni)
- Code du droit d'auteur et des droits voisins (Portugal)
- Loi bolivienne sur le droit d'auteur (1992)

2/ Textes régionaux et internationaux

- Loi-type de Tunis sur le droit d'auteur à l'usage des pays en développement (1976)
- Accord relatif à la création d'une organisation africaine de la propriété intellectuelle constituant révision de l'accord relatif à la création d'un office africain et malgache de la propriété industrielle (accord de Bangui, 02 mars 1977), Annexe VII de l'accord
- Charte de la renaissance culturelle africaine, 2006 (remplaçant la charte culturelle de l'Afrique de 1976)
- Charte africaine des droits de l'homme et des peuples, du 27 juin 1981
- Accord de Bangui, Annexe VII, révisée le 24 février 1999

- Convention de Berne pour la protection des œuvres littéraires et artistiques du 9 septembre 1886(acte de paris 1971 modifié le 28 septembre 1979)
- Convention Universelle sur le Droit d'auteur révisée à Paris le 24 Juillet 1971
- Accord ADPIC (1994)
- Traité de l'OMPI sur les droits d'auteur (20 décembre 1996)
- Traite de l'OMPI sur la protection des interprétations et des phonogrammes (20 décembre 1996)
- Déclaration Universelle de l'Unesco sur la diversité culturelle (2 Novembre 2001)
- Convention pour la protection et la promotion de la diversité des expressions culturelles (Octobre 2005)

Principales décisions de justice citées

*BSDA c/ OPT (T*ribunal de première instance de Dakar, 6 décembre 1975 [SENEGAL]

CFAO c./ Archibald : Supreme Court of Ghana, *CFAO v. Archibald*, February 28, 1964 [GHANA]

Teklu Negash c./. Ashfaw Teffera and Ethiopian Printing Corporation (for Central Printing Press), Affaire civile n°1511/78 [ETHIOPIE]

ICIC Ltd. v. Ekko Delta Nig. Ltd. [NIGERIA]

Trib. 1ère instance Cotonou, 8ème ch. Civ. 8 avr. 1998 [BENIN]

Alemayehu Fanta c/. Alemayehu Eshete (affaire civile n°350/64) [ETHIOPIE]

Trib. 1ère instance Tunis, 14 juill. 1994 [TUNISIE]

Trib. 1ère instance Ouagadougou, 19 juillet 2005,BBDA c/Compaoré et cons [BURKINA FASO]

Trib. 1ère instance Bamako, Commune IV, ch. corr. 16 nov. 2004 [MALI]

Accra, High Court, January 28, 1976, *Ransome Kuti v. Phonogram (Ghana) Ltd:* [1976]

C.A. Dakar, arrêt N°412, Société Lagon II c/ BSDA [SENEGAL]

Trib. 1ere instance Dakar, 23 juillet 2003, *El Hadj Faye c/ Viviane Ndour* [SENEGAL]

Cour de cassation égyptienne, chambre civile, n°1352, vol. 53, 7 janvier 1987 [EGYPTE]

Christine Rosano c/ Société Sovingab [GABON]

Cour suprême, décision n°034/OSE/CA/CS/2008 du 17 décembre 2008 [CAMEROUN]

Remerciements

Je remercie vivement tous ceux qui (de Ouagadougou, de Kinshasa, Brazzaville, Abuja...) m'ont permis, en me communiquant des documents ou des informations, de mettre à jour et d'enrichir la présente monographie. Merci en particulier au professeur André Lucas (Nantes) et à M. John O. Asein (Abuja).

Je remercie également la direction de la Bibliothèque Cujas (Paris) et le personnel du centre de documentation de l'Institut de Recherche en Propriété Intellectuelle Henri Desbois (Paris).

Bibliographie sélective[1]

Sur l'Afrique et les pays en développement

- *Recommandations de la Réunion d'étude sur le droit d'auteur de Brazzaville (1963)*: *Revue Internationale du Droit d'Auteur n°XXXI,* Oct .1963, p.242
- *Consultation régionale UNESCO/OMPI pour l'Afrique sur la protection du folklore : Bulletin du Droit d'auteur,* Vol. XXXIII, n°4, 1999, pp.44 et s.
- *Savoirs traditionnels : Besoins et attentes en matière de propriété intellectuelle. Rapport de l'OMPI sur les missions d'enquête consacrées à la propriété intellectuelle et aux savoirs traditionnels (1998-1999),* OMPI, Genève, 2001
- *La propriété intellectuelle, un levier de croissance. L'expérience africaine : Revue de l'OMPI,* Nov - Déc. 2002, p.6
- *Programme anti-piraterie pour l'industrie musicale africaine : Revue de l'OMPI,* juill.- sept. 2002, p. 10

ABDALAH, E., *Principes fondamentaux de la loi-type de Tunis : Dr. auteur,* 1977, p. 294

ENDESHAW, A., *Intellectual Property Policy for non-Industrial Countries,* Aldershot, Brookfield, Singapore and Sidney, Darmouth, 1996

FRANCON, A., *Le droit d'auteur et les pays en voie de développement : JDI,* 1968, p. 889

KABRE, D., *Droit des bases de données et pays en développement : RIDA* avril 2008, p.3

KONGOLO, T and SHYLLON, F., *Panorama of Most Controversial IP Issues in Developing Countries: EIPR,* Vol. 26, Issue 6, June 2004, p. 258

MASOUYE, C., *La convention de Berne depuis Stockholm : RIDA,* janv. 1984, p.3

MASOUYE, C., *Décolonisation, indépendance et droit d'auteur. Les nouveaux Etats de l'union de Berne : RIDA,* juill.-oct. 1962, p.85

MATHUR, S. K., *Trade-Related Aspects of Intellectual Property Rights and Copyright Provisions, Some Issues with Special Reference to Developing Countries: JWIP,* Vol. 6, n°1, Janv. 2003, p. 65

MEZGHANI, N, *Interaction de la Convention de Berne et des pays en développement dans l'évolution du droit d'auteur : Dr. auteur,* 1986, p.151

MOREIRA DA SILVA, M., *Le droit d'auteur et l'Afrique* : *RIDA,* Sept. 1965, p.5

NDIAYE, N., *La convention de Berne et les pays en voie de développement : Quid?*: *RIDA,* janv.1987, p.3

---

[1] Bibliographie limitée aux ouvrages et articles traitant essentiellement de l'Afrique ou des pays en développement ou y consacrant des développements substantiels. Se reporter aux notes de bas de page pour une bibliographie plus détaillée. La présente bibliographie n'inclut pas les thèses de doctorat citées en note de bas de page.

NDIAYE, N., *L'évolution du droit d'auteur en Afrique depuis les révisions de 1971 dans les conventions de Berne et de Genève : RIDA,* oct. 1994, p.227

NDIAYE, N., *L'influence du droit d'auteur sur le développement de la culture dans les pays en voie de développement : RIDA,* oct.1975, p.59

NDIAYE, P. T., *L'importance économique du droit d'auteur et des droits voisins dans l'industrie culturelle des pays d'Afrique ayant le français en partage : Bull. dr. auteur,* Vol. 30, n°1, 1996, p.3

NGOMBE, L. Y., *Propriétés artistiques et acculturation juridique. Réflexions sur la réception du droit d'auteur et du copyright en Afrique : RRJ,* 2002-4, p. 2011

NGOMBE, L., Y, *De quelques aspects du droit d'auteur en Afrique. Regard furtif sur la propriété littéraire et artistique en Afrique au début du 21ème siècle : RIDA,* juill. 2004, p. 127

NGOMBE, L., Y., *Protection of African Folklore by Copyright Law. Questions that are raised in Practice: Journal of the Copyright Society of the USA,* Vol. 51, n°2, 2004, p.437.

NGOMBE, L., Y., *Chronique d'Afrique : RIDA* juillet 2009

NWAUCHE, E. S., *An Evaluation of the African Regional Intellectual Property Systems: JWIP,* Vol. 6, n°1, 2003, p. 101

NWAUCHE, E. S., *African Countries' Access to Knowledge and the WIPO Digital Treaties. : JWIP,* Vol. 8, n°3, 2005, p. 361

OUMA, M., *Copyright and the Music Industry in Africa: JWIP,* Vol. 7, n°3, 2004, p.919

RAMON OBON LEON, J., *Le droit d'auteur considéré comme moteur du développement : Bull. dr. auteur,* Vol. 16, n°4, 1982, p.21

SHRADER, *Analysis of The Protocol Regarding Developing Countries: Bulletin of The Copyright Society of The USA,* Vol. 17, 1970, p.160

SHYLLON, F. *Voir* KONGOLO T.

SODIPO,B., *Piracy and Counterfeiting. GATT, Trips and developing Countries,* London, The Hague, Boston, Kluwer Law International, 1997

WATAL, J., *Intellectual Property Rights in The WTO and developing Countries,* The Hague, London, Boston, Kluxer Law International, 2001

Droit international et droit comparé

AKESTER, P., *The Draft of WIPO Broadcasting Treaty and Its Impact on Freedom of Expression: e-Bull. dr. auteur*, avr. 2006

BURKITT, D. *Copyright Culture – The History and Cultural Specificity of the Western Model of Copyright: IPQ,* 2001, Issue 2, p. 146

BOUREL, P., *Réalités et perspectives du droit international privé en Afrique noire francophone dans le domaine des conflits de lois : JDI –Clunet,* 1975, n°1, p. 17

BOYTHA, G., *Le droit international privé et la protection des droits d'auteurs. Analyse de certains aspects spécifiques : dr. auteur* 1988, p. 422

COLOMBET, C., *Grands principes du droit d'auteur et des droits voisins dans le monde, approche de droit comparé*, 2ème édition, Litec/UNESCO, 1992

DE BURLET, *Précis de droit international privé congolais*, Kinshasa, Université Lovanium, Bruxelles, Maison Ferdinand Larcier, 1971
comparé, 2ème édition, Litec/UNESCO, 1992

D'AMATO, A. and LONG, D. E. (edited by), *International Intellectual Property Law*, London, The Hague, Boston, Kluwer Law International, 1997

DESBOIS, H., KEREVER, A. et FRANCON, A., *Les conventions internationales du droit d'auteur et des droits voisins*, Dalloz, 1976

DREIER, T., *Réflexions sur le projet de traité de l'OMPI et son impact sur la liberté d'expression : e-Bull. dr. auteur*, juill. 2006

FRANCESCAKIS, Ph., *Problèmes de droit international privé de l'Afrique noire indépendante : Recueil des Cours de l'Académie de Droit International de La Haye*, 1964, vol. II, p.296

FRANCON, A., *Le droit d'auteur au-delà des frontières. Une comparaison des conceptions civilistes et de Common Law : RIDA* juill. 1991, p.3

GERVAIS, D., *The TRIPs Agreement: Drafting History and Analysis*, 2nd edition, London, Sweet & Maxwell, 2003

HAMILTON, M., *The Trips Agreement : Imperialistic, Outdated, and Overprotective: Vanderbilt Journal of Trans-national Law*, 1996, vol. 29, p.613

HAUGEN, H.M., *General Comment n°17 on "Author's Rights": JWIP* Vol. 10, n°1. 2007, p.53

IBRAHIM, I. A., *L'évolution de la condition des auteurs étrangers en Egypte*, in *Mélanges Victor Nhaban*, CPI, Hors-Série, 2004, p. 209

IDASS, M., *Droit international privé, Tome I : Les règles de conflit*, Publisud, 1986

KEREVER, A., *Le niveau de protection des droits d'auteur et voisins dans l'Accord ADPIC de Marrakech : Bull. dr. auteur*, Vol. 25, n°4, 1994, p. 3

KEREVER, A, *La règle du « traitement national » ou le principe d'assimilation : RIDA*, oct. 1993, p. 75

KOUMANTOS, G., *Le droit international privé et la convention de Berne : Dr. auteur* 1988, p. 439

LEWINSKI, S. Von, *Le rôle et l'avenir de la Convention Universelle sur le droit d'auteur : e.Bull. dr. Auteur*, oct. – déc. 2006

LYPSZIC, D., *Droit d'auteur et droits voisins*, Unesco, 1997

LONG, D. E., *Globalization: A future Trend or A satisfying Mirage?: Journal of The Copyright Society of The USA*, vol. 49, 2001, p.313

LUCAS, A., *La Protection internationales des organismes de Radiodiffusion. Observations sur le projet de traité de l'OMPI*, in *Droit et technique (Mélanges X. Linant de Bellefonds)*, Litec, 2007

MATHUR, S. K. , *Trade-Related Aspects of Intellectual Property Rights and Copyright Provisions, Some Issues with Special Reference to Developing Countries: JWIP*, Vol. 6, n°1, Janv. 2003, p. 65

MASOUYE, C., *Guide de la Convention de Berne pour la protection des œuvres littéraires et artistiques (Acte de Paris, 1971)*, OMPI, Genève, 1978

MASOUYE, C., *La convention de Berne depuis Stockholm : RIDA*, janv. 1984, p.3

MEYER, P., *Droit international privé burkinabé et comparé*, Namur, éditions André Boland, 1993

MEZGHANI, N, *Interaction de la Convention de Berne et des pays en développement dans l'évolution du droit d'auteur : Dr. auteur*, 1986, p.151

NGOMBE, L. Y., *Propriétés artistiques et acculturation juridique. Réflexions sur la réception du droit d'auteur et du copyright en Afrique : RRJ*, 2002-4, p. 2011

NGOMBE, L. Y., *Mise en œuvre du droit d'auteur dans les Etats de l'organisation africaine de la propriété intellectuelle et questions de droit international privé : Journal du droit international - Clunet*, 2006, n°2, p. 563

NGOMBE, L.Y., *Le droit d'auteur français hors de France :Comm. Com. Electr.* 2009, étude 9

RICKETSON, S. and GINSBURG J., *International Copyright Law and Neighbouring Rights: The Berne convention and Beyond*, Oxford University Press, 2006

SUN, H., *Copyright under Siege. An Inquiry into The Legitimacy of Protection of Copyright in The Context of the Global Digital Divide: IIC*, Vol. 36, n°2, 2005, p. 192

TAWFIK, M. J., *La législation internationale sur le droit d'auteur et "l'utilisation équitable" comme "droit des utilisateurs" : e. Bull. dr. auteur*, avr.-Juin 2005

WATAL, J., *Intellectual Property Rights in The WTO and developing Countries*, The Hague, London, Boston, Kluxer Law International, 2001

Sur l'Organisation africaine de la propriété intellectuelle (OAPI)

BOHOUSSOU, D., *La conformité à l'accord sur les ADPIC des lois relatives au droit d'auteur : le cas des membres de l'OAPI : Penant*, 2001, p.269

CAZENAVE, B. *L'organisation africaine de la propriété intellectuelle (OAPI) de Libreville à Bangui : Propr. Ind.*, 1989, p.311

KONGOLO, T., *The New OAPI Agreement as Revised in February 1999. Complying With Trips: JWIP*, Vol. 3, n°5, 2000, p.717

KONGOLO, T, *The African Intellectual Property Organizations – The necessity of Adopting One Uniform System: JWIP*, Vol.3, N°2, 2000, p. 265

NGOMBE, L. Y., *A propos de la supranationalité de la législation de l'organisation africaine de la propriété intellectuelle (OAPI) sur le droit d'auteur : RDPI,* n°176, oct. 2005, p.9

NGOMBE, L., Y, *Le droit d'auteur dans les Etats Membres de l'organisation africaine de la propriété intellectuelle. Une harmonisation inachevée? : e. Bull. dr. auteur,* Janv. - Mars 2005

NGOMBE, L. Y., *L'œuvre audiovisuelle dans les Etats de l'organisation africaine de la propriété intellectuelle : CPI,* Vol. 17, n°2, 2005, p.337

NGOMBE, L. Y., *Mise en œuvre du droit d'auteur dans les Etats de l'organisation africaine de la propriété intellectuelle et questions de droit international privé : Journal du droit international - Clunet,* 2006, n°2, p. 563

NGOMBE, L. Y., *Sûretés mobilières et propriétés intellectuelles dans les Etats de l'OHADA et de l'OAPI. Un aspect de la concurrence de législations supranationales en Afrique : RRJ* 2006-4, p. 2551

NGOMBE, L. Y. *Trente ans de droit d'auteur dans l'espace OAPI (Organisation africaine de la propriété intellectuelle) : Revue Juridique Thémis,* Vol.41 (2007), p.759

NWAUCHE, E. S., *An Evaluation of the African Regional Intellectual Property Systems: JWIP,* Vol. 6, n°1, 2003, p. 101

Sur des pays en particulier

ADEYINKA, A. G., *Intellectual Property in Developing Countries : Nigeria's Copyright Decree 1988,* in *The Law and Economic Development in Third World,* New York, Praeger, 1992, pp.43-83

AMEGATCHER, A. O, *Ghanaian Law of Copyright,* Accra, Omega Law Publishers, 1993

AMEGATCHER, A. O., *Les problèmes posés par la gestion du droit d'auteur dans les pays africains ayant en commun l'usage de l'anglais. L'exemple du Ghana : Bull. dr. auteur* vol. 32, n°2, 1996, p.37

ASEIN, J.O. (Introduction and note by), *The Nigerian Copyright Act,* Publication of The Nigerian Copyright Council, Ibadan, Sam Bookman, 1994

ASEIN, J.O., *Nigerian Copyright, Law and Practice,* Abuja, Nigerian Copyright Commission, 2004

BENCHENEB, A., *Les contrats et le droit d'auteur en Algérie : Revue algérienne des sciences juridiques, économiques et politiques,* Vol. XX, n°3, sept. 1983, p.183

HIDASS, A., *Le droit d'auteur au Maroc : Bull. dr. auteur,* Vol. 35, n°2, 2001, p.67

IBRAHIM, I. A., *L'évolution de la condition des auteurs étrangers en Egypte,* in *Mélanges Victor Nhaban,* CPI, Hors-Série, 2004, p. 209

JOUBERT, C., *Commentaires sur la loi sénégalaise sur le droit d'auteur : RIDA,* juill. 1974, p.35

KIKINE, T., *Lettre du Lesotho. L'ordonnance n°13 de 1989 sur le droit d'auteur : Dr. auteur,* 1991, p.198

KONGOLO T., *Does the Congo's Copyright and Neighbouring Rights Law Conflict with Trips Agreement? : JWIP,* vol. 2, n°2, 1999, p. 311

LANCON, R. et VILBOIS, J., *Le Droit d'auteur en Egypte ; RIDA* n°V, oct. 1954, p. 91

LIDOVHO, G. J., *The Internet and the Piracy of Copyrightable Computer Software in South Africa: The South African Perspective: The South African Law Journal (SALJ),* Vol. 123, Part 2, (2006), p. 338

MAKEEN, M. F., *Moral Rights Protection Under Egyptian Author's Right Law: IIC,* 2007, n°1, p.51

MAKEEN, M. F., *The Protection of Audiovisual Works under the Copyright Laws of Egypt and Lebanon: J. Copyr. Soc'y* Vol. 55, n°2-3, 2008, p.223

MEZGHANI, N., *La protection des créations traditionnelles et populaires au Maghreb (Algérie, Maroc, Tunisie),* in *Intérêt culturels et Mondialisation, Tome I, Les protections nationales,* éditions L'Harmattan, 2004

MEZGHANI, N, *Situation de la propriété littéraire et artistique en Tunisie à la veille du troisième millénaire : Gazette du Palais,* 1999, p.1733

MEZGHANI, N, *Le statut juridique de l'architecte en Tunisie : RTD,* 1986, P.255

MEZGHANI, N, *Le droit d'auteur sur les œuvres cinématographiques en Tunisie : RIDA* oct. 1985, p.3

NDOYE, B., *La protection des expressions du folklore au Sénégal : Dr. auteur,* 1989, p.396

NGOMBE, L. Y., *La loi tchadienne du 2 mai 2003 sur le droit d'auteur : RIDA,* Juill. 2005, p. 487

NWAUCHE, E. S., *A Critical Evaluation of the Provisions of Nigerian Copyright Law on Folklore: IIC,* 2002, p. 599

OLUEZE, I. M., *La protection des expressions du folklore comme vecteur de la diffusion culturelle dans le cadre du droit nigérian : Bull. dr. auteur,* Vol. 34, n°2, 2000, p.52

OUMA, M., *The Copyright Act 2001. A New Era for Copyright in Kenya: e. Bull. dr. auteur,* Juill.-Sept. 2004

PILLAY, A. G., *La loi mauricienne sur le droit d'auteur: Dr. auteur* mai 1990, p. 183

RIVIERE, E., *La nouvelle loi mauricienne sur le droit d'auteur: Bulletin du droit d'auteur,* Vol.33, n°2, 1999, p.48

SEUNA, C., *Les organismes de gestion collective au Cameroun : e. Bull. dr. auteur,* Juill. - Sept. 2004

SEUNA, C., *La nouvelle loi camerounaise relative au Droit d'auteur et aux droits voisins* : *RIDA*, avril. 2001, p. 394

SHYLLON, F., *Recent Developments in Copyright Law and Enforcement Procedure in Nigeria : IIC* 2001, p.298

SODIPO, B., *Ownership of Copyright Under the 1988 decree: The journal of Private & Property Law,* Vol. 13-14-15, 1990-1991, p. 89

SOUMARE, Y., *Dimension juridique de l'industrie musicale,* in *L'industrie musicale au Sénégal, essai d'analyse,* Cordesia 2008, p. 115

VILBOIS, Voir LANCON

VILLIERS (DE), R., *Computer Programs and Copyright. The South African Perspective: The South African Law Journal (SALJ),* Vol. 123, Part 2, (2006), p.315

__Autres questions__

Folklore

- *Recommandations de la Réunion d'étude sur le droit d'auteur de Brazzaville (1963)*: *Revue Internationale du Droit d'Auteur n°XXXI,* Oct .1963, p.242
- *Consultation régionale UNESCO/OMPI pour l'Afrique sur la protection du folklore : Bulletin du Droit d'auteur,* Vol. XXXIII, n°4, 1999, pp.44 et s.
- *Savoirs traditionnels : Besoins et attentes en matière de propriété intellectuelle. Rapport de l'OMPI sur les missions d'enquête consacrées à la propriété intellectuelle et aux savoirs traditionnels (1998-1999),* OMPI, Genève, 2001
- *La culture matière, première? La propriété intellectuelle et les expressions culturelles traditionnelles : Revue de l'OMPI* Juill. -Août 2003, p.9

AMEGATCHER, A. O., *La protection du folklore par le droit d'auteur. Une contradiction dans les termes : Bull. dr. auteur,* Vol. 36, n°2, 2002, p. 36

CHOISY, S., *L'appropriation de la culture,* in J.M. Bruguière (sous la direction de), *Droit d'auteur et culture,* Dalloz 2007, p. 95

FICSOR, M., "Indigenous peoples and local communities: exploration of issues related to intellectual property protection of traditional culture (expressions of folklore) in *Collection of Papers Presented at ATRIP Annual Meeting (1999),* WIPO 1999, pp. 35-52

FOMETEU NGAOUDERE J., *La protection du patrimoine culturel par le droit de la propriété intellectuelle: Verfassung und Recht in übersee,* Vol. 37, Issue 3 (2004), p. 331

GENDREAU, Y., *Pour un renouveau du droit moral à travers les revendications des autochtones : Propr. intell.* n°14, janv. 2005, p.15

GIBSON, J., *Community Resources. Intellectual Property, International Trade and Protection of Traditional Knowledge,* Ashgate, 2005

KURUK, P., *Le droit coutumier africain et la protection du folklore : Bull. dr. auteur,* Vol.36, n°2, 2002, p. 4

KURUK, P., *Protecting Folklore Under Modern Intellectual Property Regimes. Reappraisal of the Tensions Between Individual and Communal Rights in Africa and United States: American University Law Review,* 1999, vol. 49, Book 3, p. 769

KURUK, P., *Bridging the Gap between Traditional Knowledge and Intellectual Property Rights. Is Reciprocity an Answer?: JWIP,* Vol. 7, n° 3, 2004, p. 429

LUCAS-SCHLOETER, A., *Protection juridique du folklore : J-Cl.,* PLA, Fascicule 1962 (2003)

MASOUYE, C., *La protection des expressions du folklore* : *RIDA,* janv.1983, p.3

NDOYE, B., *La protection des expressions du folklore au Sénégal : Dr. auteur,* 1989, p.396

NGOMBE, L., Y., *Protection of African Folklore by Copyright Law. Questions that are raised in Practice: Journal of the Copyright Society of the USA (J. Copyr. Soc'y),* Vol. 51, n°2, 2004, p. 437.

NGOMBE, L., Y, *Brèves observations sur la protection du folklore par le droit d'auteur: RRJ,* 2004-4, p.2367

NWAUCHE, E. S., *A Critical Evaluation of The Provisions of Nigerian Copyright Law on Folklore: IIC,* 2002, p. 599

OLUEZE, I. M., *La protection des expressions du folklore comme vecteur de la diffusion culturelle dans le cadre du droit nigérian : Bull. dr. auteur,* Vol. 34, n°2, 2000, p.52

ROMAN PEREZ, R., *Comparaison entre le système du domaine public et le modèle du projet de dispositions pour la protection des expressions culturelles traditionelles/expressions du folklore de L'OMPI : RIDA,* Avr. 2007, p.66

SHYLLON, F., *Conservation, Préservation et Protection juridique du folklore en Afrique : un tour d'horizon* : *Bull. dr. auteur,* Vol. 32, n°4, 1998, p.40

VERMA, S. K., *Protecting Traditional Knowledge. Is A sui generis System an Answer ?: Journal of World Intellectual Property,* Vol. 7, n°6, 2004, p. 765

WEINER, J. G., *Protection of Folklore. A Political Challenge: IIC,* Vol. 18, n°1, 1987, p.56

Oeuvres audiovisuelles

MAKEEN, M. F., *The Protection of Audiovisual Works under the Copyright Laws of Egypt and Lebanon: J. Copyr. Soc'y* Vol. 55, n°2-3, 2008, p.223

MEZGHANI, N, *Le droit d'auteur sur les œuvres cinématographiques en Tunisie : RIDA* oct. 1985, p.3

NGOMBE, L. Y., *L'œuvre audiovisuelle dans les Etats de l'organisation africaine de la propriété intellectuelle : CPI,* Vol. 17, n°2, 2005, p.337

Régimes matrimoniaux

NIKIEMA, K., *Le droit d'auteur et les régimes matrimoniaux en droit burkinabé : Rev. Burkinabé de droit,* n°25, 1994, p.9

Droit des sûretés

NGOMBE, L. Y., *Sûretés mobilières et propriétés intellectuelles dans les Etats de l'OHADA et de l'OAPI. Un aspect de la concurrence de législations supranationales en Afrique : RRJ* 2006-4, p. 2551

Musique

OUMA, M., *Copyright and the Music Industry in Africa: JWIP,* Vol. 7, n°3, 2004, p.919

SOUMARE, Y., *Dimension juridique de l'industrie musicale,* in *L'industrie musicale au Sénégal, essai d'analyse,* Cordesia 2008, p. 115

Contrats

BENCHENEB, A., *Les contrats et le droit d'auteur en Algérie : Revue algérienne des sciences juridiques, économiques et politiques*, Vol. XX, n°3, sept. 1983, p.183

Gestion collective

AMEGATCHER, A. O., *Les problèmes posés par la gestion du droit d'auteur dans les pays africains ayant en commun l'usage de l'anglais. L'exemple du Ghana : Bull. dr. auteur*, vol.30, n°2, 1996, pp. 37-41

SEUNA, C., *Les organismes de gestion collective au Cameroun : e. Bull. dr. auteur*, Juill. - Sept. 2004

UCHTENHAGEN, U., *La gestion collective du droit d'auteur dans la vie musicale*, OMPI, 2005, n°58

Oeuvres architecturales

MEZGHANI, N, *Le statut juridique de l'architecte en Tunisie : RTD*, 1986, P.255

Logiciels

KIMINOU, R., *La protection du logiciel en droit africain : Penant*, 1990, p. 246

LIDOVHO, G. J., *The Internet and the Piracy of Copyrightable Computer Software in South Africa: SALJ*, Vol. 123, Part 2, (2006), p.338

VILLIERS (DE), R., *Computer Programs and Copyright. The South African Perspective: SALJ*, Vol. 123, Part 2, (2006), p. 315

WAFO, D. *La protection, par le droit d'auteur, du logiciel en Afrique*, : *Penant*, 1995, p.156

Bases de données

KABRE, D., *Droit des bases de données et pays en développement : RIDA* avril 2008, p.3

Exceptions – Accès à la connaissance

NWAUCHE, E. S., *African Countries' Access to Knowledge and the WIPO Digital Treaties.* : *JWIP*, Vol. 8, n°3, 2005, p. 361

Contrefaçon

BOHOUSSOU, D, *Les atteintes aux droits d'auteur : La piraterie des œuvres* in F. Dessemontet and R. Gani (editors), *Creative Ideas for Intellectual Property – The ATRIP Papers 2000-2001*, CEDIDAC, Lausanne, 2002, p.489

BOHOUSSOU, D, *Vers l'établissement d'un cadre juridique pour le fonctionnement du système de « banderole » dans les pays francophones d'Afrique : Analyse des programmes de « banderole » au Bénin, en Côte d'Ivoire et au Togo*, in *Creative Ideas for Intellectual Property – The ATRIP Papers 2000-2001*, CEDIDAC, Lausanne, 2002, p.477

SODIPO,B., *Piracy and Counterfeiting. GATT, Trips and developing Countries,* London, The Hague, Boston, Kluwer Law International, 1997

Aspects économiques

- *La culture, matière première? La propriété intellectuelle et les expressions culturelles traditionnelles : Revue de l'OMPI* Juill. –août 2003, p.9

IDRISS, K. *Intellectual Property, A Power Tool for Economic Growth,* WIPO, 2003

PIERRAT, E., *La Guerre des Copyrights,* éditions Fayard, 2006

Sites Internet utiles

www.ompi.org
www.oapi.ompi.net
www.cisac.org
www.aripo.org
www.unesco.org
www.wto.org
www.droit-afrique.com
www.lexadin.nl

INDEX

A

B

C

E

TABLE DES MATIERES

L'Harmattan, Italia
Via Degli Artisti 15 ; 10124 Torino

L'Harmattan Hongrie
Könyvesbolt ; Kossuth L. u. 14-16
1053 Budapest

L'Harmattan Burkina Faso
Rue 15.167 Route du Pô Patte d'oie
12 BP 226
Ouagadougou 12
(00226) 76 59 79 86

Espace L'Harmattan Kinshasa
Faculté des Sciences Sociales,
Politiques et Administratives
BP243, KIN XI ; Université de Kinshasa

L'Harmattan Guinée
Almamya Rue KA 028
En face du restaurant le cèdre
OKB agency BP 3470 Conakry
(00224) 60 20 85 08
harmattanguinee@yahoo.fr

L'Harmattan Côte d'Ivoire
M. Etien N'dah Ahmon
Résidence Karl / cité des arts
Abidjan-Cocody 03 BP 1588 Abidjan 03
(00225) 05 77 87 31

L'Harmattan Mauritanie
Espace El Kettab du livre francophone
N° 472 avenue Palais des Congrès
BP 316 Nouakchott
(00222) 63 25 980

L'Harmattan Cameroun
BP 11486
Yaoundé
(00237) 458 67 00
(00237) 976 61 66
harmattancam@yahoo.fr

630434 - Novembre 2015
Achevé d'imprimer par
1livre.com
du rêve à la réalité !